JN120103

エネルギー自立と持続可能な地域づくり

Energy Autonomy for Local Sustainability in Austria

環境先進国オーストリアに学ぶ

的場信敬
平岡俊一
上園昌武
=編

Nobutaka MATOBA
Shunichi HIRAOKA
Masatake UEZONO

昭和堂

はじめに

気候変動対策の国際条約は京都議定書からパリ協定へとかわり，脱炭素社会の構築が世界の目標となった。日本では，政府が2050年に温室効果ガス排出実質ゼロを表明し，175自治体が脱炭素・排出ゼロ宣言を出した。しかしながら，国や自治体の政策は脱炭素社会に向けた具体像やロードマップが練り上げられているわけではない。そこで，海外に目を向ければ，日本でも参考になる先進例が見つかるのではないかと考えて，私たちの共同研究が始まった。ドイツやスイス，オーストリアの官公庁，都市部や農山村の現場を視察していく中で，序章で説明されているとおり，オーストリアに絞って調査に取り組むことになった。

オーストリアに惹かれた最大の理由は，視察先の住民や自治体，事業者の皆さんがいきいきと活動に勤しんでいる姿に感銘を受けたことであろう。もちろん活動には課題が山積しているわけだが，どこを訪れても対応者は活動内容を熱心に嬉しそうに説明してくれた。調査を通じて，試行錯誤しながらも事業を積み重ねていくことで，エネルギー自立という社会変革を実感できたことは，貴重な経験であった。今の時代，文献やネット情報を使えばある程度の政策や制度の状況をつかめるが，現場の臨場感を味わい，経験談を現地で聞かない限り，オーストリアの優れた持続可能な地域づくりの実態を体系的で立体的に示すことは難しい。本書で取り上げられた事例が日本での脱炭素社会に向けた地域づくりや政策研究の一助になれば，筆者らにとってこの上ない喜びである。

龍谷大学社会科学研究所の本研究プロジェクトでは，「エネルギー自立と持続可能性の追求」というテーマの性質上，「実践に資する研究」を志向し，多彩な実務家と共にこれまで共同研究を行ってきた。今回，研究メンバー以外の執筆者が多数参加しているのはこれが理由である。共同研究で得た新たな視座や方法論は，実務家メンバーを中心に現場での検討がすでに進んでおり，また研究面でも，2015年に日本環境学会の共同研究プロジェクト「地域協働型エネルギー事業推進に向けた政策研究」を立ち上げ，学会誌などで論文等を公表し学会報告を重ねてきた。社会科学研究所の研究プロジェクトをベースとして，より広く現場や学界に貢献する研究に発展し得たことは，本書の出版と並ぶ大きな成果であった。

本書で訪問した70ヶ所余りの視察先は，スイス在住の滝川薫氏に選定していただき，調査にも同行し通訳としてご尽力いただだいた。おかげで濃密で充実した調査となったことに御礼申し上げたい。また，この場を借りて，視察先で丁寧に説明していただいたオーストリアの関係者にも感謝申し上げたい。最後に，編集者の松井久見子氏と昭和堂に本書の執筆機会をいただいたことに感謝したい。

本研究は，龍谷大学社会科学研究所の研究助成「統合的エネルギー政策による持続可能な地域づくりの検討：オーストリアにおける社会的基盤整備と人材育成の分析」と出版助成，JSPS 科研費（課題番号16H01800，16H00285，16K00688，18H00557，18K14500，18K11746，19K01630，26380301）の助成を受けたものである。

2020年12月

執筆者を代表して

上園昌武

図　調査で訪問した州，自治体，自治体連合組織

目　　次

第Ⅱ部　自治体支援の仕組みと組織

第Ⅲ部　エネルギー自立と持続可能な地域づくりの実践

序　章

なぜオーストリアに注目するのか

的場信敬・平岡俊一・上園昌武

1　エネルギー政策を考える今日的意味

1-1　持続可能な地域社会を見据えた脱炭素化への挑戦

温室効果ガス排出削減の国際的目標を定めたパリ協定の締結・批准や，グレタ・トゥーンベリさんら若年世代の活動家の活躍，化石燃料を利用する自動車販売の禁止の方針など，「気候変動対策」と「脱炭素社会の実現」は，世界共通の喫緊の課題として国際社会の中で完全に定着した。また同時に，チェルノブイリや福島第一原子力発電所（以下，原発）における歴史的な大惨事は，将来世代への責任として我々に「脱原発」という重いテーマも突きつけている。

これらの課題はしばしば「エネルギー問題」という個別のテーマとして捉えられてきた。しかし，エネルギーとは，家電や情報機器などを動かす際や工場での生産活動の際に必要となる「電気」はもちろん，温水や暖房を生み出すための「熱」，人やモノの移動を司る「運輸」など，人間社会のあらゆる営みに関わっている。つまり，どのエネルギー源を用いるか，そしてどのようにエネルギーを消費するのかが，「人間社会のあり方」そのものを規定していくことになる。

この「人間社会のあり方」についての国際的な議論を長年支え続けてきたのが，「持続可能な発展（Sustainable Development: SD）」の考え方である。SDは，国連総会が，2000年とそれ以降の人間社会の発展のあり方について検討することを目的として設置した「ブルントラント委員会」（委員長に就任した元ノルウェー首相のブルントラント女史の名に由来する）が，1987年に公開した報告

書 *Our Common Future* で提唱した概念（WCED 1987）で，1992年の国連環境開発会議（地球サミット）において，人類社会共通の「永久原則（permanent principle)」として設定された。一時期その取り組みが国際的に停滞した時期があったものの，近年では，SDGs（Sustainable Development Goals: 持続可能な開発目標）の急激な取り組みの普及に見られるように，改めてその概念が今後の人間社会の行動規範として見直されており，その出現から30年以上経過した現在も，世界共通の目標概念として機能している。

SD 概念の詳細な説明については，それこそこの30年に及ぶ膨大な研究の蓄積があるためほかに譲るが，特に重要かつ特徴的な要素として，「環境・社会・経済の３つの持続性の包括的な検討」と「長期的な視点とコミットメント」，そして「あらゆる政治レベルにおける多様な利害関係者の参画とパートナーシップ」があげられる。端的にいえば，SD の実現には，人間社会のあらゆるアクターが積極的に協力して，人間社会で生じている様々な諸課題に包括的かつ長期的に取り組まなくてはいけないことを意味している。SDGs では，16の個別課題とそれらの課題解決の共通アプローチとして，「17. パートナーシップで目標を達成しよう」という17の要素で SD を説明しているが，これは，人間社会が取り組むべき要素を分かりやすく箇条書きにしているだけで，実際にはこれらの個別課題を横断的・包括的に考える必要がある。例えば「11. 住み続けられるまちづくりを」の実現には，「１. 貧困をなくそう」や「３. すべての人に健康と福祉を」といった，経済的・社会的な指標のほか，「７. エネルギーをみんなにそしてクリーンに」「13. 気候変動に具体的な解決を」といった環境・エネルギー関連など，包括的に検討・実践していく必要がある（的場 2018）。

このように，気候変動対策や脱炭素社会などエネルギーに関する取り組みは，持続可能な社会への挑戦とほぼ同義である。しかしながら，日本を含め，取り組みが限定的な地域においては，エネルギー政策が限定的に扱われ，広く人間社会の持続性の議論に接続されていない，ゆえに社会全体を見直す大きな動きになりえていない現状がある。

1-2　地域エネルギー・ガバナンスとは

ここで，SDに加えてもう一つキーワードを紹介しておきたい。本書の執筆陣は過去6年にわたり，オーストリアをはじめ，ドイツ，スイス，北部イタリアなど，ドイツ語圏の国々のエネルギー政策を継続的に研究してきた。その中で特に印象的で感銘を受けたのが「エネルギーヴェンデ（Energiewende）」という考え方である。これは，これらのドイツ語圏でスローガン的によく使用されるフレーズで，直訳すれば「エネルギー源の転換」という意味になる。しかし先進地域においては，単なるエネルギー源の転換（化石燃料や原子力から再生可能エネルギーへの）の意味に留まらない。現在のエネルギーの生産と消費のあり方を見直し，持続的な社会の発展を目指す，そのための人間社会の政治，政策，経済，技術，習慣，倫理など，あらゆる面の変革を視野に入れた，社会の大転換の意味を有している。この意味で，エネルギーヴェンデはまさにSDの実現に等しい考え方であり，オーストリアにおけるこのエネルギーを介した「社会の大転換」への挑戦の素晴らしさこそが，本書で我々が読者に届けたいメッセージでもある。

この大転換を実現しうる地域社会の形として，筆者らは「地域エネルギー・ガバナンス」という考え方を提起した（的場他 2018）。ガバナンスという言葉は，例えばコーポレート・ガバナンスに見られるような組織の統治のあり方における議論や，近年の公共政策分野における利害関係者の関係性の議論など，様々な分野で使用され多様な意味合いを持つが，ここでは，これらの要素を含みつつも，よりゆるやかに「地域の運営のあり方」といった意味で捉えている。それをふまえて「地域エネルギー・ガバナンス」を端的に説明するとすれば，持続可能な地域社会を実現するためのエネルギー政策を中核に据えた地域運営のあり方，ということになるだろうか。そのような地域運営に必要な要素は何か，そしてその実現に地域社会がどのように向き合っているのか，このような視点で様々な事例を分析してきた。

それら先進事例の分析から，地域エネルギー・ガバナンスを実現するための社会的基盤として，3つの要素——政治・行政の意志，その意志を実現する制度・政策，その政策を受け入れ活用する市民・組織——が同時に成立している

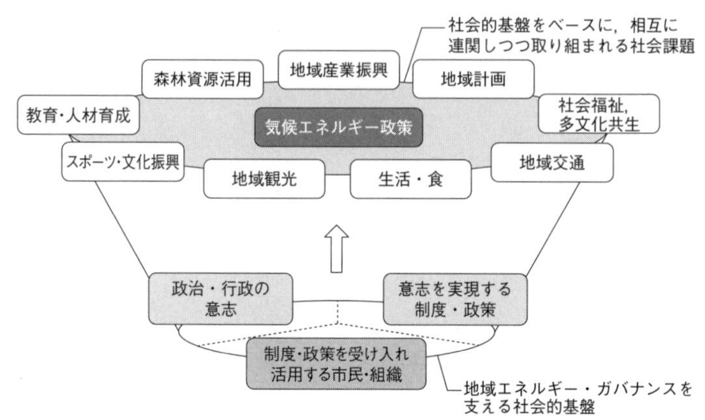

図0－1　持続可能な社会を見据えた地域エネルギー・ガバナンスのイメージ

ことが重要であることを明らかにした。その社会的基盤をもとに，再生可能エネルギーの創出や省エネルギー対策といった地域のエネルギー政策によって生まれた付加価値を活用して，地域における様々な社会課題を分野横断的，包括的に検討・解決していくという地域運営が，我々が思い描く望ましい社会のあり方である（図0－1）。絵空事のように聞こえるかもしれないが，オーストリアにおいては，この地域エネルギー・ガバナンスを高次元で実現している先進地域が多数存在している。

図にあげた社会課題はあくまで一部に過ぎず，地域エネルギー・ガバナンスはその地域社会のあらゆる営みを包含するものである。例えば，福祉政策については，フォアアールベルク州のクルムバッハ（Krumbach）という小村において，低所得者や片親世帯向けの公営住宅を，エネルギー効率の高いパッシブハウス基準を満たした建物にすることで，CO_2削減という気候変動対策と，生活費に占めるエネルギー費用を抑えるという福祉政策をリンクさせた取り組みを展開している（的場 2020）。また，これは本書でも取り上げているが，都市計画と交通政策の分野においても，同じフォアアールベルク州の地方都市フェルトキルヒ（Feldkirch）市では，旧市街の景観保護とCO_2排出削減の観点から，市街中心部の駐車場をあえて少なくする，旧市街には車でしか運ぶことができない大型商品を売る店を立地させないといった，分野横断型の取り組みを行っている（木原 2018，本書第９章も参照）。

このように，エネルギーのこれからを考えるということは，持続可能な社会の実現に挑むということである。本書は，この考え方をベースとして，これまで情報や研究が比較的手薄であったオーストリアの取り組みにフォーカスをあてたものである。この６年間ですべての州を訪問し，国，自治体，中間支援組織，大学・研究所などでヒアリングを行い，研究を深めてきた。ではなぜ，ヨーロッパにはドイツやスイス，デンマークをはじめとした北欧諸国など，先進的な気候エネルギー政策で日本でもよく知られる国々が多く存在するにもかかわらず，あえてオーストリアに注目するのか。

2　なぜオーストリアなのか

上述したヨーロッパの先進諸国については，日本でも専門書籍が多数出版されている。オーストリアについても，特に近年，地域再生や農村政策の分野で注目されており，それらを専門的に扱った書籍も見られるようになってきた（寺西・石田編 2018）。しかし，他の先進地域に劣らず先進的な興味深い取り組みを行っており，また森林地帯の割合が高く条件不利地域の農村が多いなど，日本との地理的共通性も多いため参考になることが多いにもかかわらず，エネルギー政策を中核に据えた持続可能な社会の構築という視点で詳細にオーストリアの経験を紹介・分析した書籍は，これまで出版されてこなかった。この「本テーマにおける学術的な情報の少なさ」の解消に少しでも貢献することが，「なぜオーストリアなのか」という問いの最初の答えであり，本研究プロジェクトのスタート地点でもあった。

それでは，研究対象としての「オーストリアの面白さ」はどこにあるのだろうか。これはいいかえれば，我々執筆陣が６年もの間一つの国を研究し続けるモチベーションがなぜ維持できたのか，ということでもある。本書は執筆者が多くそれぞれに想いは異なるため，なかなか共通の要素に収斂させることは難しいが，おおむね以下の５つにまとめることができる。

①原子力発電に明確な反対姿勢を打ち出し，再生可能エネルギーの導入を積極的に進めていること

オーストリアでは1970年代に原発利用の機運が高まり，実際に首都ウィーンからほど近いニーダーエスターライヒ州のツヴェンテンドルフ（Zwentendorf）村に最初の原子力発電所が建設された。しかし，原子力発電所の是非を問う1978年の国民投票では，49.5％対50.5％という僅差で反対が上回り，直後に制定された「放射線防護法（Strahlenschutzgesetz）」により原子力発電所の国内立地が禁止された。さらに2015年には，電源証書（Herkunftsnachweis）のついていない電気の輸入を禁止する（これにより消費者は原子力由来以外の電気を選択できる）法律も施行されている[*1]。

原子力にかわるエネルギー源として，オーストリアは再生可能エネルギーの活用に力を入れており，電気，熱，交通を含む最終エネルギー消費量に対する再生可能エネルギーの割合は33.4％で，ヨーロッパで第4位，電気に限れば72.6％（2016年）と第1位を誇る。政府は2030年までに国内の電力を再生可能エネルギーで100％賄う目標を掲げているが，実際に2020年4月には，国内最後の石炭火力発電所が閉鎖されており，再生可能エネルギーへの移行は着実に進んでいる[*2]。

州レベルでは，例えばニーダーエスターライヒ州では，2010年に設定した「エネルギー行動計画2030」で打ち出した，2015年までに再生可能エネルギーで電力100％を賄う，という目標をすでに達成している。これにはドナウ川の水力発電や500を超える小水力発電所が大きく貢献している。また，基礎自治体レベルにおいては，エネルギー生産量で地域の電気・熱・交通のすべてでほぼ自立しているシュタイアーマルク州のムレック（Mureck）村や，電気と熱供給の割合が高くヨーロピアン・エナジー・アワード（第6章参照）でも上位に位置するチロル州のフィルゲン（Virgen）村，フォアアールベルク州のランゲンエック（Langenegg）村など，エネルギー自立を視野に活発な活動を展開している地域はいくつも存在する。

②政治・行政が明確なビジョンを持ちながら真摯に取り組んでいること

この6年間の訪問調査で特に印象に残っているのが，これまで訪問してきた国，州，基礎自治体のどのレベルの政治家や行政職員も，エネルギー政策を議論する際に，EU の制度やパリ協定などの国際的枠組み，そして人類の課題としての SD など，自分たちのエリアを超えたレベルで目標やビジョンを語ることであった。そこには，単に自分の地域や世代だけでない，人類共通の長期的な課題としての意識が明確にある。筆者らは仕事上，日本の政治家や行政職員と接触する機会も多いが，このような人類的かつ世代を超えたレベルで話を聞くことは意外なほど少ない。

また，基礎自治体や州政府レベルでエネルギー政策や気候変動対策などを決議する際に，議会の全会一致にこだわるところが多かったことも興味深い。例えば，ケルンテン州のエネルギー・マスタープランは，州政府内閣および議会とも全会一致で決議を行い，気候変動対策が州の最重要課題の一つであるということを明確に内外に示した。また，チロル州のヴェルグル（Wörgl）市においても，自治体と地域の自治体公社（シュタットベルケ）が協力して策定した将来戦略「ヴェルグル・私たちのエネルギー（Wörgl unsere Energie）」を，議会の全会一致で可決することに大きな労力と時間を費やしていた（ヴェルグル市については第 9 章も参照）。そうして政治の完全な「お墨つき」を得ることで，その後のエネルギー政策や気候変動対策をより実践しやすくすることが狙いであった。

気候変動対策や環境保全といったテーマは，人々はその重要性も認識し関心も高く，何かしたいという思いもあるが，実際にエネルギー会社をエネルギー源で選択する，自家用車から公共交通にシフトする，高いお金を払って自宅の省エネルギー改修を行う，といった痛み（＝経済的負担や不自由さの受容）を伴う行動を，環境への想いや倫理観だけでとれる人は一部にすぎない。だからこそ，まずは自治体が率先して，エネルギーや気候変動に関する様々な取り組みを行い，成果を示し，そのような取り組みをサポートする政策や補助金を準備することが重要になる。そのような自治体としてのスタンスをしっかりと示し，実践するためにも，政治の意志表示（特に全会一致）にこだわっているということであった。もちろん日本にも，全会一致とはいわないまでも気候変動対策に熱心な自治体は存在するが，オーストリアは，実に多くの自治体が以上のような視点で，能動的に動いていることが特徴的である。

③自治体レベルをベースにした制度・組織づくりを実現していること

次にオーストリアで大きな感銘を受けたのが，国のエネルギー政策が基礎自治体レベルの取り組みをベースに考えられており，そのために自治体をサポートする制度や組織などが，州レベルそして国レベルと重層的に整備されていることである。[*3]

オーストリアの自治体の多くは人口3000人に満たない小規模な自治体のため，資金，人材，専門知識などあらゆるリソースが十分でない。特に，気候変動やエネルギーなど，専門知識が必要な政策テーマについては，政策策定もその実践も難しくなる。これに対応すべくオーストリアでは，自治体のエネルギー政策や事業をサポートするエネルギー・エージェンシーという中間支援組織（詳細は第7章参照）や，自治体のエネルギー政策のクオリティを評価しつつ高めていく「e 5 プログラム（e5-Programm: e5)」という自治体向けのクオリティ・マネジメント・システム，そして，具体的なプロジェクトを進めるための資金プログラム（例えば気候エネルギーモデル地域）など（以上，第6章参照），国・州・自治体が連動してエネルギー政策を実践していく基盤がしっかりと整備されている。

また，これらの制度・組織における専門知識を有する人材の重要性がしっかりと認識されており，専門職としての雇用（行政も含む）や組織内外のトレーニングなども充実している。日本では特に組織や人材への投資が弱い傾向にあり，オーストリアの重層的フレームワークが実際に自治体レベルで多くの成功例を生んでいるところは，日本にも大変参考になる。

④市民参画とパートナーシップが政策や事業の前提になっていること

上述のとおり，持続可能な社会の実現には，市民の積極的な参画と利害関係者のパートナーシップによる政策開発・実践が欠かせないが，オーストリアでは，国から地方自治体のあらゆるレベルで，これらの概念に対する理解度，熟度がとても高い。これは単に，市民参画のプロセスを紋切り型に行っているという意味ではない。市民参画やパートナーシップを目的化することなく，あくまで持続可能な地域社会実現の「ツール」として，どのように地域に合った使い方を行うのかをしっかりと考えている。

農村部の比較的小規模な自治体（例えば第8章で紹介するザンクト・コロマン〔St. Koloman〕村）では，エネルギー戦略の策定や事業の実践の際に，意思決定に直接関与できる形での市民参画プロセスが進められることが多い。一方で，例えばファアアールベルク州の中心都市ドルンビルン（Dornbirn）市（人口約4.6万人）のように，通常は大学研究者や関連業種のスタッフなど専門家によるワーキンググループを組織し議論をするが，そこは常にオープンで，いつでも市民が議論に参加できるようにしているところもある。また，首都ウィーン（Wien）市では，1992年の国連環境開発会議において，SDの実現ツールとして設定された「ローカル・アジェンダ21（Local Agenda 21: LA21）」を用いて，区単位で市民の意見を吸い上げつつプロジェクト化し実践することで，市民の意見を大都市の戦略フレームにつなげる形を作り上げている。

ザルツブルク州ではさらに進んで，LA21を，地域の民主主義の熟度を高めるツールとして明確に位置づけて運用している。LA21の州内自治体の実践を支える中間支援組織を整備した上で，各自治体の特徴に合わせたLA21のサポート（場合によってはあえてプロセスを勧めない）を提供している。政治家による「議会制民主主義」と，市民の投票行動による「直接民主主義」に加えて，LA21のような市民の積極的参画による「参加型民主主義」をガバナンスの中に位置づけつつ，あくまで議会制民主主義を補完する機能として明確なスタンスを示している（図0-2）。市民参画という言葉は，ともすれば「絶対

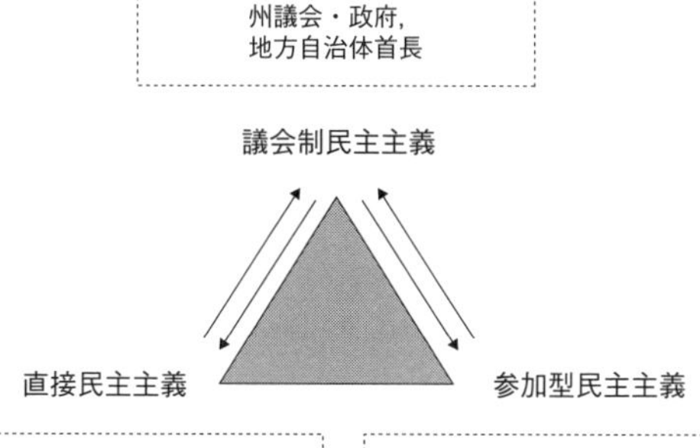

図0-2　地域民主主義のトライアングル
出所：SIRのプレゼンテーション資料。

善」として常にあるべきものとして捉えられがちだが，ザルツブルク州では，冷静にこれら３つの民主主義の形を地域の実態に即して組み合わせる考えで，むしろそれが，地域民主主義に対する意識の高さを感じさせる（的場・平岡 2020，LA21については第８章も参照）。

パートナーシップの例としては，例えば，カトリック教会系の組織「カリタス（Caritas）」が貧困層救済を目的として，エネルギー関連のサポートを提供するためのプログラムを，国内最大のエネルギー会社のフェアブンド（Verbund）やシーメンス（Siemens）といった企業と協力して提供している（第11章参照）。また，大学と自治体の連携の事例も多く，例えば前出のドルンビルン市では，地域の技術大学の大学院生に，修士論文の研究テーマとしてエネルギーに関連する調査（例えば，市域の廃熱効率をマップ化する）を依頼している。院生側にとっては地域の現場に貢献できる研究テーマを得られる，また自治体側にとっては比較的安価に政策開発のための基礎データを収集できるということで，win-win の関係が生まれている。

熟度の高さは，筆者らが実施してきたインタビューで得たコメントにも見られる。ここでいくつか紹介したい。

「LA21の一番重要な要素は，政治的かつ民主的なフィールドで影響力を発揮させることです」（ウィーン LA21職員）。

「エネルギーヴェンデは，草の根からの動きでしか，住民との協働でしかなしえない。住民はその際，感動・信念・確信のみでしか動かない。人は義務では動かないのです」（ヴェルグル自治体公社職員）。

「気候変動への取り組みは，市民参加だけでも難しいのは確か。EU も含めたトップダウンの政策と，自治体レベルのボトムアップの市民参加の両方が必要になると考えています」（エネルギー・チロル職員）。

「市民の啓蒙に対する投資は絶対に失われないのです。環境に関するあらゆる政策を実践する際に，意識の高い住民を増やすことは絶対に必要です」（ニーダーエスターライヒ州環境エネルギー経済課職員）。

このような市民参画や民主主義に関する議論は，政治家，行政職員，NPO

スタッフ，大学研究者など，訪問先の属性にかかわらず，常に話題にのぼる共通の要素であった。

これら市民参画やパートナーシップを現場で支える「中間支援組織」の活躍もまた，オーストリアの重要な特徴である。エネルギー・エージェンシーやLA21オフィスなどがこれにあたるが，これらの組織の多くは，政府セクターからの資金提供を受けつつも，完全に独立した対等のパートナーとして，地域の利害関係者や市民のサポートを行っている。このような組織の必要性が認識され，地域のガバナンスにしっかりと組み込まれていることが，オーストリアの先進性の大きな要因の一つになっている（詳細は第7章参照）。

⑤エネルギーを軸に地域の持続性に包括的に取り組む自治体が多く存在すること

オーストリアの自治体にエネルギー政策に関する調査を依頼すると，多くの場合，エネルギー担当部局に加えて，都市計画や建築，森林，交通の部局などから，複数の担当職員の方の参加を得られる。ウィーン市にいたっては，エネルギー，都市計画，市民参画を同じ部局が担当していた。これは，エネルギーを地域の包括的な課題として認識・対応していることを表している。

また，上でも少し触れたように，フォアアールベルク州フェルトキルヒ市では，エネルギー政策が都市計画および交通政策と密接に結びついている。市中

写真0－1　フェルトキルヒ市の旧市街（2017年，的場撮影）

心部の民間の私有地を買い取り緑化する，中心部の店舗開発には電動自動車の充電スペースや自転車置き場の設置を義務づける，伝統的な街並みを残す旧市街では，車に載せないと運べない商品の販売を禁止することで車の侵入を制限するなど，エネルギー政策を軸に地域の持続性や生活の質を高める取り組みを行っている（写真0-1）。

エネルギーが教育につながっている事例も多い。例えば，ケルンテン州のアイゼンカッペル・フェッラハ（Eisenkappel-Vellach）村やザルツブルク州のザンクトヨハン・イム・ポンガウ（St. Johann im Pongau）市では，地域の小学校や養護学校を，パッシブハウス建築や地中熱ヒートポンプ，国産のCLT（Cross Laminated Timber）材の活用など，最新の技術や素材を惜しみなく使用して地域の小学校や養護学校の校舎を建設している。その建設プロセスや完成した校舎そのものを利用して環境教育を提供しているが，幼少期からそのような省エネルギー建築での生活を経験しその重要性を理解すること自体が，何よりの教育であるという意識がある。当然通常の校舎よりも建設費は高額になるが，将来世代のために地域のお金を費やすことに反対意見は出ず，むしろこのレベルの建築が当たり前，という認識が住民にあったとのことであった。ザンクトヨハン・イム・ポンガウ市長は，もちろんこれらの地域でもそのような住民意識を醸成するまでは長い時間がかかったが，いったんそのレベルに到達すれば，他の政策でも持続可能性を意識した政策を実施しやすくなる，と話してくれた。

エネルギー政策を軸に，地域の政策が分野横断的に連動して生活の質を高めているこれらの事例は，まさに上述した地域エネルギー・ガバナンスの実践例といえる。これらの地域では，エネルギー効率の改善によるエネルギー費支出の削減や，エネルギーおよび関連事業の新たな雇用創出による経済活性化などにより，地域に新たな経済的付加価値を生み出し，それを地域の様々な社会サービスに還元している。

オーストリアの脱炭素化と持続可能な社会づくりへの挑戦を追い続けてきたこの6年間，毎年のように新たな発見があり，そして新たな感動があった。何よりの感動は，エネルギー政策に関わる人々が常にエネルギーにあふれ楽しそうに仕事に取り組んでおり，それが地域住民の生活の質の向上につながっている，つまりは「我慢するエネルギー政策」とは対局のエネルギー政策を目の当たりにしてきたことである。我々執筆陣が思い描く理想的な社会像を，一部でも実現しているオーストリアという国の実情をぜひ日本の読者に紹介したい，我々が得た感動を日本に伝え，日本でも脱炭素化，持続可能な社会づくりの新たなモチベーションを高めるのに少しでも貢献したい，という想いを常に持ち続けてきた。実はこの想いこそが，「なぜオーストリアなのか」の最も大きな理由である。

注

＊1　2010年に制定された電気事業法（Gesamte Rechtsvorschrift für Elektrizitätswirtschafts- und -organisationsgesetz）では，直接的な文言としては原子力由来の電源証書を禁じてはいないが，列記されている証書の中に原子力由来のものは含まれていない。実際に現在輸入・販売されている電力についても原発の証書のものは入っていない。ただ，欧州の電力市場では，電源証書と物理的な電力は別々に取り引きされているため，原子力由来の電力を物理的に完全にシャットダウンするのは現状では不可能ということになる。

＊2　pv magazine, https://www.pv-magazine.com/2020/04/17/austrias-last-coal-power-plant-shuts-down/

＊3　この重層性にはEUも含まれる。EUのエネルギー政策が国を超えた「強制力」として働くことで，オーストリアはもちろん，多くのEU諸国で積極的なエネルギー政策が進められている。

参考文献

石田信隆　2018「ここに幸せがある――オーストリアの農業・農山村」寺西俊一・石田信隆編『輝く農山村――オーストリアに学ぶ地域再生』中央経済社，1-21頁。

木原浩貴　2018「オーストリア・フェルトキルヒ――暮らしの質を高めるためのエネルギー政策」的場信敬・平岡俊一・豊田陽介・木原浩貴著『エネルギー・ガバナンス――地域の政策・事業を支える社会的基盤』学芸出版社，74-78頁。

寺西俊一・石田信隆編　2018『輝く農山村――オーストリアに学ぶ地域再生』中央経済社。

的場信敬　2018「地域エネルギー・ガバナンスとは」的場信敬・平岡俊一・豊田陽介・木原浩貴著『エネルギー・ガバナンス――地域の政策・事業を支える社会的基盤』学芸出版社，9-16頁。

的場信敬　2020「エネルギー政策と地域運営――オーストリア・フォアアールベルク州

の先進性」焦従勉・藤井誠一郎編『これからの公共政策学　第4巻　政策と地域』ミネルヴァ書房，169–192頁。
的場信敬・平岡俊一　2020「オーストリア・ザルツブルク州の持続可能な社会づくり――LA21と中間支援組織による複合的な民主的プロセスの構築」『人間と環境』46（2）：37–42。
的場信敬・平岡俊一・豊田陽介・木原浩貴　2018『エネルギー・ガバナンス――地域の政策・事業を支える社会的基盤』学芸出版社。
WCED（World Commission on Environment and Development）1987. *Our Common Future*. Oxford: Oxford University Press.
Lokale Agenda 21: Zukunft gemeinsam gestalten（SIR 訪問時のプレゼンテーション資料）（2019年9月9日訪問）

第Ⅰ部

オーストリアの
気候エネルギー政策のフレームワーク

アルプスと山村（フォアアールベルク州，2017年，平岡撮影）

第1章

オーストリアという国

的場信敬

1 歴 史[*1]

ヨーロッパの中心部に位置するオーストリアは，現在の形になるまでに近隣諸国との抗争や域内の多様な民族間の政略・対立など，実に波乱万丈な歴史を歩んできた。

「オーストリア」という国名が歴史に登場したのは，バーベンブルク（Babenberg）家がこの地方を支配し始めた970年頃といわれている。バーベンブルク家は，その後300年近くかけて，現在の首都ウィーン（Wien）からドナウ河流域を中心に，地域の有力者との婚姻を利用しつつ領土を広げながら（この婚姻や政略による領土拡大策は，その後のハプスブルク〔Habsburg〕家でも積極的に採用された），様々な人種や部族の文化を融合した現在のオーストリアの基盤を築き上げた。

オーストリアが歴史上最も栄華を誇ったのが，1270年代後半から600年の長きにわたる支配を築いた，神聖ローマ帝国のハプスブルク家による治世である。最も強大であった16世紀には，現在のオーストリア，ドイツに加えて，オランダ，ハンガリー，ボヘミア，イタリア，ウクライナ，スペイン，といったヨーロッパの広大なエリアを領地とし，現在のヨーロッパ諸国の政治，宗教，哲学，文化的な発展に多大な貢献を行った。

この長い治世の中でも特にオーストリアの近代化に貢献した統治者として知られるのが，1740年にオーストリア初のそしてハプスブルク家唯一の女帝となった，マリア・テレジア（Maria Teresia）である。40年の長きにわたる在位中に，中央集権化や市民サービス，公教育の整備，軍隊や経済のリフォームを次々と実現した。それらの中には，農奴制の廃止や修道院・教会支配地域の世俗化，音楽・芸術の都ウィーンの確立など，現在のオーストリア社会にも重要な影響を与えた施策も存在する（写真1－1）。

このような権勢を誇った神聖ローマ帝国も，平等と民主主義を求めた隣国のフランス革命（1789年）の影響による思想的な揺さぶりと，そしてより直接的には，その後フランス皇帝となったナポレオン・ボナパルト（Napoléon Bonaparte）の侵略により終焉を迎える。神聖ローマ帝国の最後の皇帝となったフランツ２世は，新たにオーストリア帝国フランツ１世として，現在のオーストリア，ハンガリー，チェコ，クロアチアなどの地域を統治することとなった。その後も，ヨーロッパ各地で発生した1848年革命や，クリミア戦争におけるロシア帝国との関係悪化，サルデーニャ王国やプロイセン王国との戦争における相次ぐ敗北などにより，オーストリア帝国の国際的な権威は徐々に低下した。

このような国力の低下を機に，ドイツ人の支配に不満を持つ国内他民族による変革への圧力は高まり，最終的にはドイツ系民族によるオーストリア帝国とドイツ人に次ぐ人口を持つマジャール人（ハンガリー人）を中心とした，オーストリア＝ハンガリー帝国が成立（1867年）することとなった。なお，現在も続くオーストリアの二大政党，オーストリア国民党とオーストリア社会民主党の前身である政党（オーストリアキリスト教社会党とオーストリア社会民主労働党）が成立し，初の普通選挙（1907年）が実現したのも，このオーストリア＝ハンガリー帝国の時代である。

写真１－１　マリア・テレジアが夏の離宮として利用したシェーンブルン宮殿（2017年，木原撮影）

自身が直接的なきっかけとなった第一次世界大戦の

敗戦直後，オーストリア革命が起こる。最後の皇帝となったカール１世は，共和制への移行を宣言し，ここに600年にわたるハプスブルク家の統治は終わりを告げる。戦後の処理を定めたサンジェルマン条約による領土の割譲やハンガリー，チェコスロバキアの独立の結果，新たに成立したオーストリア共和国（第一共和国）は，人口700万人，領土も帝国時代の４分の１程度の小国となってしまった。

国難はさらに続く。第一次世界大戦後のオーストリアは，敗戦による政治・経済の不安定への不満の高まりから，スケープゴート的に反ユダヤ主義を強め，また隣国ナチスドイツの影響もあり，次第にファシズムに傾倒していく。第二次世界大戦中の1938年には，自国オーストリア出身のアドルフ・ヒトラー（Adolf Hitler）によりドイツに併合され，いったんは国家としての形を失うことになる。独立が完全に回復し，現在のオーストリア共和国（第二共和国）が成立するのは，戦後の1955年になってからである。同年に永世中立国を宣言し，1995年には欧州連合にも加盟している（Gieler 2018, Ainsley 2019）。

以上見てきたように，オーストリアは現在の国家として成立するまでに，ヨーロッパ全域の国や民族との間で，実に複雑な関係性を経験してきた。オーストリアでは，９つの州や各自治体の住民は，地域への帰属意識が強いとよくいわれるが，それは地域の諸侯の存在とこのような長年の侵略・抗争の歴史によるところも大きい（Neisser 2015）。また一方で，現在も他国からの移民に比較的寛容なのは，このような歴史を経て，多種多様な民族や国籍が入り混じった国であることがその一因と思われる。

2　社会・経済

次に，オーストリアの社会経済状況を，統計を交えて見ていく（表１-１）。なお，エネルギー関連の統計情報は，補章で詳細に分析している。

現在の国土が定まった1950年代以降，オーストリアの人口は増加し続けており，2000年に800万人に到達した後も，2019年の始めには880万人を超え，現在の計算だと，2080年には1000万人に限りなく近づくという予想がなされている。この人口増加の主要な要因が，他国からの移民である。2019年には，総人

表１－１　オーストリアの主な社会・経済関連情報

国土面積	83,882.32km^2（北海道とほぼ同じ）
森林面積	約40,000km^2（国土の約47.6%）
人口	8,858,775人（男性4,357,033人，女性4,501,742人）
平均寿命	男性79.29歳，女性84.01歳
主要言語	ドイツ語（73.6%），ハンガリー語（12%），セルビア語（4.2%）など
宗教	カトリック（73.8%），プロテスタント（4.9%）など
国家予算	約804億ユーロ（約9.8兆円，日本は約101兆円）
名目 GDP	約3,990億ユーロ（約48.7兆円で世界27位。日本は約558兆円で同３位）
主要産業	機械産業，食品・嗜好品産業，電気・電子産業，木材産業，観光業
失業率	4.52%（日本は2.36%）

出所：Statistics Austria *ed.* 2020，外務省「オーストリア基礎データ」（https://www.mofa.go.jp/mofaj/area/austria/data.html），グローバルノート（https://www.globalnote.jp/）。

口の16.2%にあたる143万8923人が他のEU諸国などの外国籍を有している。これらの移民をどのように社会に包摂し良好なコミュニティを形成するかは，多くの自治体における共通の主要課題の一つになっている。

年代別の人口比は，15歳未満の義務教育就学児が14.4%，15歳から64歳までのいわゆる労働人口が66.7%，65歳以上の高齢者が18.8%となっており，それほど高齢化が進んでいるわけではないが，2020年以降，オーストリアのベビーブーム世代が退職する時代に入るため，これから徐々に高齢化の課題が出てくることが懸念されている。

主要言語や宗教については，データによってかなりのばらつきがある。近年の急激な移民の増加により，特にこれらのデータの変動が大きいためと思われる。なお共通言語はドイツ語である。またこれは筆者の経験上の話になるが，都市部農村部にかかわらず，ホテルや多くの店舗では，特に若い世代にはほぼ問題なく英語が通用した。

人口900万人足らずの小国にもかかわらず，GDPが世界27位ということからも分かるように，オーストリアはヨーロッパでも有数の経済的に豊かな国として知られている。主要産業のうち機械産業については，特にエンジンやブレーキといった自動車部品が主で，生産の90%以上を国外に輸出している。また，豊かな森林資源を生かした木材産業（詳細は第５章参照）の技術は世界的にも高い水準にあり，日本からも多くの視察が訪れる。美しい自然を活かした観光業も重要な産業であり，そのことが，自然環境や農山村の景観保全，再生可能エネルギーの促進や省エネルギーへの取り組みなど，自然に優しいエネルギー利用への高い理解につながっている。

3　政治・行政

3-1　オーストリアの連邦共和制

オーストリアは，連邦（国），9つの州，2094の基礎自治体の3層からなる連邦共和国家である。首都のウィーンのみ特殊で，9つの州のうちの一つであると同時に，市としての機能・権限も有しており，さらにその下に，直接選挙で選ばれる議員を有する23の区が設置されている（区の行政機能はウィーン市が統合して担っている）。

国家元首である連邦大統領は，国民の直接選挙により，有効投票数の過半数を得た候補者が選ばれる。任期は6年で，現在は，緑の党出身のアレクサンダー・ファン・デア・ベレン（Alexander Van der Bellen）氏が務めている。連邦大統領は，連邦首相の任命および解任権，国民議会の解散権といった権限を有するものの，実質的な政治的権能は伝統的に連邦首相が行使しており，大統領は象徴的な役割を担っているとされる。現在の連邦首相は，2期目を務めるオーストリア国民党（Österreichische Volkspartei: ÖVP）のセバスティアン・クルツ（Sebastian Kurz）氏で，2017年の最初の就任時は，当時最年少（31歳）の実質的な国家指導者であった。

連邦の立法権は，国民（満18歳以上のオーストリア国民）の直接選挙で選出される国民議会（任期5年，定数183人）と，州の人口に比例して議員数が決定される州代表からなる連邦参議院（任期は州議会任期に一致）の二院が担う。立法権については国民議会の権限が優越されている。

国民議会は，伝統的には，中道右派のオーストリア国民党と中道左派のオーストリア社会民主党（Sozialdemokratische Partei Österreichs: SPÖ）の二大政党型であったが，近年は極右政党のオーストリア自由党（Freiheitliche Partei Österreichs: FPÖ）や緑の党（Die Grünen）など，新たな政党への支持が拡大している（表1-2）。特に2020年1月に発足した第二次クルツ政権では，緑の党が初めて連立政権の一翼を担うことになり，国内はもちろんドイツやスイスな

表1－2　現在の国民議会の議席数（2019年9月29日選挙）

政党名	議席数
オーストリア国民党（ÖVP）	71
オーストリア社会民主党（SPÖ）	40
オーストリア自由党（FPÖ）	31
緑の党（Die Grünen）	26
新オーストリア党（NEOS）	15

出　所：Advantage Austria: https://www.advantageaustria.org/international/zentral/business-guide-oesterreich/zahlen-und-fakten/auf-einen-blick/politisches-system.ja.html#

ど近隣の国からも驚きをもって迎えられた。またこの政権は，17人の閣僚のうち8人が女性を占め，法務大臣のアルマ・ザディッチ（Alma Zadic）氏は，ボスニア＝ヘルツェゴビナ生まれで10歳の時に難民としてオーストリアに移住した経歴を持つなど，多彩な人材の参画を体現した政権となっている。緑の党が政権に入ったことで，自動車税の増税，国内公共交通をすべて格安で利用できる年間定期券制度の導入，2030年までに100％再生可能エネルギーによる電力供給，2040年までにカーボンニュートラルの達成，など，環境関連の野心的な政策を打ち出している[*2]。

3－2　州政府の役割と権限

オーストリアの憲法には，連邦政府に付与されていないあらゆる権限や責任は，すべて州政府に付与されると明示されている。州民の直接選挙で選ばれる独立した州議会と独自の州憲法を有し，連邦政府の認める範囲内での立法権と条約締結権も認められている。州の権限がかなり大きいように感じられるが，現実には，多くの権限が連邦政府によって行使されており，また，州は独自の司法制度も有していないことから，オーストリアの連邦制は，特に中央集権的な連邦制といわれる（CLAIR 2005, Neisser 2015）。連邦レベルでの立法についても，連邦参議院（つまりは州政府の代表）の権限が制限されていることから見ても，フォーマルな仕組みとしては，州の影響力は弱くなるように設定されている（Bußjäger 2015）。

ただ，各州の州首相により半年に一度程度開かれる「州首相会」は，公式には権限を有してはいないものの，州間や自治体間の財政の均衡や連邦政府の業務のコスト面での協業など，州レベルの協力関係のプラットフォームとして発展・機能しており，これが，連邦政府の意思決定にもインフォーマルに影響を及ぼしている。このインフォーマルな州首相会とフォーマルな仕組みである連邦参議院により，連邦と州の関係性が形成されている（Bußjäger 2015）。[*3]

州の行政府は，州行政とともに，連邦政府の権限下にある業務の州レベルでの執行も担っている（例えば，水管理，森林管理，産業振興など）。これは，間接的には，中央集権的な連邦政策に，実践レベルでは，州政府がある程度影響力を及ぼすことができることを意味する。つまり，連邦政策の実践において，州政府のインフォーマルな「参加」が実現している（Bußjäger 2015）。連邦政府の影響力が強い中，州政府が立法権も行政権も有するものとしては，一部の環境保全や農業関連，農村計画，若者・子どもの福祉，地域観光，地方自治体，地域警察などがある。なお，本書に関連の深い地域電力については，連邦政府による大まかな方向性の設定の中で，州政府がより具体的な制度や管理を行うことが認められている（Bußjäger 2015）。

表1－3　オーストリアの州の概要

州	首都	人口	自治体数	政権党	選挙年（投票率）
ブルゲンラント	アイゼンシュタット	293, 433	171	SPÖ	2020（74. 9%）
ケルンテン	クラーゲンフルト	560, 939	132	SPÖ	2018（68. 6%）
ニーダーエスターライヒ	ザンクト・ペルテン	1, 677, 542	573	ÖVP	2018（66. 6%）
ザルツブルク	ザルツブルク	555, 221	119	ÖVP	2018（64. 9%）
シュタイアーマルク	グラーツ	1, 243, 052	286	ÖVP	2019（63. 5%）
チロル	インスブルック	754, 705	279	ÖVP	2018（60. 0%）
オーバーエスターライヒ	リンツ	1, 482, 095	438	ÖVP	2015（81. 6%）
ウィーン	ウィーン	1, 897, 491	23（区）	SPÖ	2015（74. 8%）
フォアアールベルク	ブレゲンツ	394, 297	96	ÖVP	2019（61. 3%）

出所：Statistics Austria 2020, Parties and Elections in Europe, http://www. parties-and-elections. eu/austria3. html

3-3　基礎自治体と地方自治の特徴

オーストリアに存在する2100ほどの基礎自治体のほとんどが１万人に満たない小規模自治体である。平均人口約3400人ほどだが，大都市のウィーン市を除いた平均は3000人を下回る（Bußjäger 2015, CLAIR 2005）。

基礎自治体の権限は州法に基づくものもあり，州によって多少特徴が異なる。連邦憲法において，基礎自治体は地域内における地域の利益に関するあらゆる問題において独自の権限（例えば，地域の公安警察，地域交通行政，地域交通警察など）を有することが定められているが（Bußjäger 2015），実質的には連邦政府の監督を受けているとされる[*4]。なお，立法権はないが条例を制定する権限は認められている。

基礎自治体の首長は，ほとんどの地域で住民の直接選挙で選ばれている。議会についても住民による選挙で選ばれるが，市町村議会議員は名誉職とされており，基本的には賃金は発生しない（首長は有給）。ただ，諸経費については別に法律で定めることとされており，地域によってその金額は異なる（CLAIR 2005）。筆者らの調査時にも，小学校の教員，会社員，コンサルタントなど様々な職を持った議員に出会った。また，首長の中にも，兼業で別の仕事を持っているケースがあった。伝統的に，基礎自治体のうち小規模なところではオーストリア国民党（ÖVP）が優勢だが，都市部の大規模自治体ではオーストリア社会民主党（SPÖ）が政権をとることが多い（Neisser 2015）。

オーストリアでは基本的に，州の下に，郡（Bezirk），都市（Stadt），市町村（Gemeinde），憲章都市（Stadt mit Statut）といった行政区分が存在する（上述のとおりウィーンの区には行政機能は存在しない）。郡は，民主的に選ばれた議会を持たず，あくまで州の行政を地域レベルで処理する出先機関のような存在である。都市は，人口の要件はなく，経済の発展状況や地域の伝統，高度な教育の有無などを基準として市町村の中から州が決定する。ただ，法律上の権限については市町村と同じである。都市および後述する憲章都市以外の基礎自治体はすべて市町村となるが，その中でも，人口規模や経済発展などの要素をふまえた「市」や「町」の区分が別に存在する（自治体の申請制で州法により認定される）。

憲章都市は，現在では少なくとも人口２万人以上という基準があり，都市の申請に基づいて州が認定する。しかし，1919年に指定されたルスト（Rust）市（人口1700人）のような小規模自治体も含まれている。憲章都市は州（郡）の所管する行政事務も行うが，その分の財源が十分に確保されないため，近年では希望する都市はほぼ存在しないようで，最後の指定は1964年のヴェルス（Wels）市となっている（CLAIR 2005）。なお，本書では，都市（Stadt）および憲章都市については「〜市」，その他の市町村（Gemeinde）については，便宜上日本の人口規模に合わせて「〜村」と記述している。

注

＊１　オーストリアの歴史や政治・行政の詳細については，少々情報が古くなっているところがあるものの，CLAIR（2004）に非常に詳しい。

＊２　穂鷹知美「オーストリアの新政権は未来のモデルになるか――今，ヨーロッパで注目されている理由」SYNODOS: Academic Journalism,（https://synodos. jp/international/23245）。

＊３　ただ一方で，連邦参議院の議員は，州の利益よりも所属する政党の利益を中心に考えて動くのが実状で，影響力のある地域政党がほぼ存在しない現状では，連邦政府の政党政治に大きく影響を受けるということも指摘されている（Bußjäger 2015）。

＊４　ウィーン市，https://www.wien.gv.at/english/administration/organisation/austria/structure/index.html

参考文献

（財）自治体国際化協会（CLAIR）　2005『オーストリアの地方自治』。

Ainsley, D. J. 2019. *Austria*（*European Countries Today*）. Pennsylvania: Mason Crest.

Bußjäger, P. 2015. Austria's Cooperative Federalism. In Bischof, G. and Karlhofer, F. eds., *Austrian Federalism in Comparative Perspective*（*Contemporary Austrian Studies Volume 24*）. Innsbruck: Innsbruck University Press, pp. 11–33.

Gieler, P. 2018. *Austria: The Essential Guide to Customs & Culture*（*Culture Smart!*）. London: Kuperard.

Neisser, H. 2015. Federalism and Adoministrative Reform. In Bischof, G. and Karlhofer, F. eds., *Austrian Federalism in Comparative Perspective*（*Contemporary Austrian Studies Volume 24*）. Innsbruck: Innsbruck University Press, , pp. 70–85.

Statistics Austria ed. 2020. *Austria: Data, Figures, Facts.* Vienna: Statistics Austria.

第2章

オーストリアの持続可能な社会づくり

的場信敬

1　持続可能な発展への取り組みとエネルギー政策

本書のメインテーマは，エネルギー・ガバナンス，つまりエネルギー政策を中核に据えた社会運営のあり方を考えることであるが，序章でも触れたように，それはエネルギーを手がかりに持続可能な社会を構想することでもある。実際に，これまでのオーストリアでの我々の調査はそのほとんどがエネルギー政策や事業のヒアリングであるが，特に政治や政策分野の議論の際には，頻繁に「持続可能な発展（Sustainable Development: SD）」という言葉が登場した。それほど，オーストリアでは地域運営の現場でもSDが基本的なコンセプトとして根づいている。

一方で，先に結論をいえば，SDの実践を明確な目標として，それにエネルギーを軸とした包括的戦略をもって取り組む具体的な事例には，ほとんど出会うことができなかった。これはオーストリアに限ったことではないが，現状では，SDは政治的なコンセプトとしては広く理解されポジティブに受け入れられているものの，より具体的な政策開発・実践の段階においては，エネルギーとSDが，意識的には十分に結びつけられていないということである（Casado-Asensio and Steurer 2014）。

いずれにしても，SDの概念がどのように理解され，実際に取り組まれてきたのか，特にその包括性や市民参画・協働といった特徴に注目して理解することは，エネルギー・ガバナンスのあり方を検討する上でも有益である。そこで本章では，オーストリアにおけるSDへの取り組みについて，主に国と州レベルでの動きを概観する。

2　国レベルにおける取り組みの柱 ――オーストリア持続可能な発展戦略

オーストリアにおいて，政策レベルにおいてはじめてSDに関連する議論がスタートしたのは，国の「環境計画」の策定時であった。1992年の国連環境開発会議において国際的に共有されたSDのコンセプトをふまえて，自然科学・社会科学の研究者，行政，環境関連組織，NGOの代表者など，関連する幅広い利害関係者が参画し，エネルギー，産業，交通，農林業・水管理，観光・レジャー，資源消費・管理，消費者の7つのワーキンググループにより検討され，1996年に策定された。次世代の担い手としての若者の参加にフォーカスが当てられ，「若者の環境計画」というパートも特に設けられている（Schiitz 1998）。

しかし，オーストリアにおけるSDとしての取り組みは，この環境計画のような個別のテーマにおけるマスタープランの策定を除いては，欧州各国と比べてもそれほど早かったわけではない（Astleithner and Hamedinger 2003）。連邦政府レベルで最初の包括的戦略としてまとめられたのは，2002年に策定された「オーストリア持続可能な発展戦略（Nachhaltigkeitsstrategie des Bundes）」（以下，オーストリアSD戦略）である。2001年の「欧州理事会（European Council）」（スウェーデン・ヨーテボリ）において，国別のSD戦略を2002年8月の「持続可能な発展に関する世界首脳会議（WSSD）」に提出することをEU各国に義務づけたことが，この策定の直接的な動機であった。ちなみに，EUでは2006年にこの国別SD戦略の見直しについても決議を行っている（Casado-Asensio and Steurer 2014）。

オーストリアSD戦略は，連邦政府の自主的な義務として，すべての関係者のボトムアップによる取り組みのガイダンスを示すことを目的に策定された。その一番大きな特徴は，これまでの環境課題別や，いわゆる持続可能性のトリプル・ボトム・ライン（環境・社会・経済）に沿った戦略としなかったことである。より現状に即した，かつ分野を横断するコンセプトの構築を目指して，

オーストリアの クオリティ・オブ・ライフ 現在とこれからの課題	ダイナミックなビジネス拠点としての オーストリア 革新とネットワークによる成功
1. 持続可能なライフスタイル 教育・意識啓発と価値の変革による持続可能な社会に向けたライフスタイルの転換 2. すべての世代のエンパワメントの機会 人口動態に応じた家族や社会の福利厚生，医療サービス，年金の資金調達の設計と健康の増進 3. ジェンダーの機会均等 ジェンダー問題の社会化と労働や家庭における男女間の真の平等の確保 4. 教育と研究を通した課題解決 研究，教育，生涯学習を通じた知識社会の活用 5. 現在と将来世代の満足な生活 貧困の克服，社会的連帯，すべての人々の機会均等	6. 競争力を高める革新的な構造 革新と構造・社会変革をもたらすシステムソリューションのためのニーズ志向の研究，技術，開発 7. ビジネスと経営の新たな理解 社会的責任の強化と適切な経営構造・プロセスの構築 8. 資源とエネルギーの適切な価格 持続可能な社会を目指す態度へのインセンテイブとなる価格設定 9. 環境効率による効果的な管理 経済成長と資源エネルギー消費のさらなる分離：再生可能な資源やエネルギーのさらなる活用促進 10. 持続可能な製品・サービスの強化 持続可能な商品・サービスのシェア拡大に向けた刺激策と持続可能なツーリズムの促進
生活空間としてのオーストリア **多様性と質の確保**	**オーストリアの責任** **欧州と世界における積極的な役割**
11. 環境媒体と気候の保全 品質目標と責任ある化学物質政策 12. 生物や景観の保全 動植物の種，生活空間，自然・農村景観の保全 13. 責任ある土地利用と地域開発 クオリティ・オブ・ライフ向上のための空間関連政策の調整 14. 持続可能なモビリティの構築 モビリティ負荷の軽減とモビリティへのニーズの持続的充足 15. 交通システムの最適化 最も環境にやさしい，エネルギー効率のよい，安全な交通の促進	16. 貧困への挑戦と国内および国家間の社会経済的均衡の創出 安全，平和，人権の強化への貢献 17. 世界的な持続可能な経済 自然環境保全と社会的平等を保証する世界経済の構築 18. 生活空間としての世界 すべての人々の自然・社会的生活空間の長期にわたる確保 19. 国際的協力と資金調達 パートナーの国々が資金的に無理なく取り組める持続可能な発展 20. 欧州持続可能性連合 EUを新たな持続可能性連合へ

持続可能な発展のための健全な財政 健全な国家予算，新たな赤字の抑制，国民の税負担軽減

図2−1　オーストリアの持続可能な発展戦略の20の活動分野

出所：Federal Government of Austria 2002: 20.

４つの活動分野と各分野に５つずつの目的を設定し，さらにそのそれぞれの目的について，課題説明と目標設定およびスタートアップとなる活動例があげられている（図２−１）。さらに，それぞれの活動フィールドには８～19の持続可能性指標が設定されており，そのうち約半数が環境系，残りの半数が社会経済的な指標となっている（Martinuzzi and Steurer 2003）。ちなみに，本書に関係が深いエネルギーに関しては，「目的８：資源とエネルギーの適切な価格」で直接的にエネルギーという言葉が出てくるほか，本文中の各目的の説明の中で広くその語句が出てきており，エネルギーが分野横断的な取り組みとして認識されていることが窺える。またこの段階では，州政府や自治体レベルの役割や関係性といった視点は特に含まれていない（Federal Government of Austria 2002）。

オーストリアSD戦略は，連邦政府の官僚４名（当時の農業・林業・環境・水管理省）と２名の大学教員（ウィーン経済大学）それに専門のモデレーター１名の７名からなる運営チームを中心として，１年間で策定された。その策定プロセスの間には，他の連邦省やNGOなどのパートナー組織からの参画の機会が設けられており，特に最終ドラフトの作成時には，８つの連邦省，６つのNGO，各州政府のサステイナビリティ・コーディネーター（以後，SC）（後述）らも加えたグループにより検討が進められている。連邦政府のリードによるプロセスであったが，ドラフトの内容は政治的な介入はほぼなく，関係者の思いが反映されたものであったようだ（Martinuzzi and Steurer 2003）。

この策定プロセスでは，ドラフト策定に直接関わっていない外部者からのインプットを広く集める仕組みも準備されていた。

- 策定プロセスの議事録をウェブサイトで公開し，コメントを集める。
- 最終ドラフトの基礎となったグリーンペーパーを国内の500名の大学研究者に送付しコメントを得る。
- 15名の専門家に，国のSD戦略の質の向上についてインタビューを行う。
- 州政府の代表を迎えた公開のラウンドテーブルを開催する。

しかしながら，これらの機会は十分に機能しなかった。ウェブ上のコメントは20に満たず，大学研究者からの返答も500のうち20に過ぎなかった。ラウンドテーブルでは，州政府担当者など50を超える参加者による議論があったものの，全体としては，オーストリアSD戦略の策定プロセスは，社会的な注目度や利害関係者の参加は極めて限定的だったようだ（Martinuzzi and Steurer 2003）。

オーストリアSD戦略で示された国全体の方向性を実践レベルに反映させるために，各省レベルで具体的な「活動プログラム」が開発された。この活動プログラムは，2年に一度の内部評価でその内容がチェックされている。また，外部評価の仕組みも整備されており，オーストリアSD戦略の策定や実践に関わっていない外部研究者によって，2005年に実践評価が行われた（Gjoksi *et al.* 2010）。

3　持続可能な発展への取り組みをサポートする仕組み

オーストリアの取り組みの特筆すべき点は，オーストリアSD戦略をベースにSDのコンセプトを具体的に実践するための仕組みを複数整備し，かつそのいくつかは現在も機能し続けていることである。ここではそのいくつかを紹介する。

まず，オーストリアSD戦略の一部かつ実践の評価プロセスとして策定されたSD指標がある。オーストリアSD戦略が策定された翌年の2003年から3年間かけたプロジェクトで，こちらも特に利害関係者の広汎な参加を重視して進められた。これは，利害関係者の専門知識の活用とともに，SDへの取り組みに対する関係者の理解醸成やコミットメントを引き出すことが狙いであった。

プロジェクトは，連邦政府の農業・水管理・環境省（当時）のリーダーシップで，行政官僚と数名の専門家からなるコアプロジェクトチームを中心に進められた。このプロセスの間に，関連する連邦政府と州政府の省庁の職員，大学研究者，NGOの代表，学生など多様な利害関係者から，アンケートや個別インタビュー，ワークショップなど様々な参画ツールを用いて意見を収集している。最終的には，「人間・社会」と「環境」という2つの柱を設定し，そのそれぞれに主だった指標，そのさらに下により具体的な指標が設定されたが，それらの指標には，コアプロジェクトチームのみならず参加した利害関係者のアイディアが色濃く反映されている（Zwirner *et al.* 2008）。

次に，すべての連邦省および州政府の代表，各州のSC，そしてNGOなど外部のパートナーからなる「サステイナブル・オーストリア委員会」がある。この委員会の目的は，オーストリアSD戦略で設定された20の目標のそれぞれについて，上述の具体的な「活動プログラム」を設定することであった。省庁横断でかつ州レベルのメンバーも参画しているため，横断的・重層的な情報共有や意思決定に大きく貢献している（Gjoksi *et al.* 2010）。ここで策定されたプログラムをベースとして，オーストリアSD戦略の巻末資料として掲載された60のファーストステップの活動例が開発されている。

このサステイナブル・オーストリア委員会をサポートする組織として「サステイナブル・オーストリア・フォーラム」も設置された。委員会から任命された40名の大学研究者および専門家とNGOの代表からなっており，委員会や他の組織のオーストリアSD戦略の実践をチェックして，毎年フィードバックする役割を担っている。そのフィードバックをもとに，委員会が毎年実践報告書を作成する（Martinuzzi and Steurer 2003）。

SDの実践ツールとして現在でも特に重要な役割を担っているのが「ローカル・アジェンダ21（Local Agenda 21: LA21）」である。LA21の内容や国内での取り組みの詳細については第８章に譲るが，1992年の国連環境開発会議において，SDの挑戦における市民参画や協働，ボトムアップの取り組みの重要性が認識されたのを受けて，基礎自治体レベルにおける「アジェンダ＝行動計画」の策定が各国に求められたのがその起源である。オーストリアにおいては，LA21への取り組み自体は，1990年代から取り組みが進んだ他の欧州諸国（例えばドイツや英国，北欧諸国など）に比べれば，必ずしもはじめから盛んだったわけではない。しかし，オーストリアSD戦略の策定とその後の政策展開に伴い，LA21を国内のSDの挑戦における特に市民参画を促進するツールとして明確に位置づけて以降は，全国共通のLA21品質基準の策定と４度にわたる改定，担当省によるLA21のスタートに向けたガイドブック（BLFUW 2017a）の作成，各種プロジェクト補助金設定，LA21のプロセスもサポートするSC[*1]の新設など，現在も積極的な推進の体制が整備されている。

4　重層的な取り組みの強化――国・州共通の持続可能性戦略

2002年に策定されたオーストリアSD戦略の内容に，各州の戦略を沿わせることを目的として，国と州が協力して，新たな共通のSD戦略「国・州共通の持続可能性戦略（ÖSTRAT-Nachhaltigkeitsstrategie des Bundes und der Lände）」が策定された。この策定には2009年５月から翌年６月まで１年を費やし，国連のミレニアム開発目標（MDGs）やEUの持続可能な発展戦略（2006年），国のオーストリアSD戦略などが参照された。これは，欧州初の国と州の重層的な連携と役割を示す共通のSD戦略となった[*2]。

策定は，国と州のSCによる専門委員会（Expertenkonferenz der Nachhaltigkeitskoordinatorinnen und -koordinatoren[*3]）が主に担った。国や州政府および各省庁のそれぞれのSDに関連する個別戦略やマスタープランなどに，SD挑戦に向けた共通の方向性を示すフレームワークとして開発され，将来的な課題や主な活動テーマ，優先的課題などが設定された。SDの実現には，技術的な変革のみならず，創造的で包括的な社会変革プロセスが必要であることを指摘し，国・州・基礎自治体の政治・行政的連携や市民社会組織などとの協働の重要性を示している。この戦略を契機として，「LA21ネットワーク」の設置や「グリーンイベント」「サステイナビリティ・アクション・デイ」といった関連イベントなど，様々な新たな動きが現実化した（Gjoksi *et al.* 2010）。

5　「持続可能な開発のための2030アジェンダ」へのコミットメント

2015年９月に開催された「国連持続可能な開発サミット」において採択された「我々の世界を変革する――持続可能な開発のための2030アジェンダ」とその行動計画である「持続可能な開発目標（Sustainable Development Goals: SDGs）」へのオーストリアの対応は，当初のSDやLA21への対応とは対照的に迅速であった。2016年初頭にはすべての省において，2030アジェンダとSDGsの内容を各省の戦略や政策，事業に組み入れること，必要に応じて新たな政策や行動計画などを策定することが通達された。また，最底辺のコミュニティから州まであらゆるレベルにおける利害関係者の参画の重要性も確認されている。この結果，SDGsは「オーストリアの政治・行政のすべての活動に，明確な目標のもとに効率的かつ責任ある形で組み入れられている[*4]」。

これと同時に，大臣評議会により，連邦首相府と欧州・統合・外務省のリーダーシップのもとに，実践のための省庁横断型ワーキンググループを設置することが決定され，新たに各省に設置されたSDGs担当者がメンバーとして参加している。特に，労働・社会問題・消費者保護省，農業・林業・環境・水管理省，科学・研究・経済省，持続可能性・観光省（省名は設置当時の名称）などが主たる役割を担っており，このワーキンググループにより，定期的な進捗報告書の策定と，実践の優先事項の設定などが行われる（Mulholland 2018）。つまりは，政府の最高位の連邦首相府が，アジェンダ2030およびSDGsの実践とコーディネーションに責任を持ち，すべての省庁がそれに参画する形を整えているということである（Gottenhuber and Mulholland 2019）。また，進捗を図るための指標についても，国連およびEUの国際指標をもとに2017年に開発済みである。これらをベースに，2020年７月には，最初のSDGs進捗報告書を発表予定である。

上述した省レベルのSDGsへの取り組みのさきがけとなったのは，当時，国レベルのSDの挑戦に関する役割をメインで担っていた農業・林業・環境・水管理省（BLFUW）による，国内の管轄分野のSDGsに照らした進捗状況の把握と報告書「SDGsに関する進捗レポート2017年９月（1. Fortschrittsbericht Zu Den Sustainable Development Goals September 2017）」の策定であった。このプロセスで，省内の200を超える対策がSDGsに沿って調整され，あるいは新たな目標が設定された。この時点で，17のSDGsのうち16のフィールドですでに何かしらの対策を展開していることが明らかになっている（BLFUW 2017b）。

その後，省再編で新たに担当省（当時）となった持続可能性・観光省（BNT）は，環境と気候保全に関する2019年までの達成状況と今後の活動計画（SDG-Aktionsplan 2019+: Nachhaltigkeit forcieren -Zukunft gestalten）もとりまとめている。行動の４つの柱「自然の尊重」「生活と観光」「責任ある農業」「機械均等のための地域開発」のもとに，環境・気候・農業・林業・水管理・観光についての約40の優先活動事項を設定している。ちなみに，地域における市民参画のツールとして，LA21を活用すること，そのための資金面を含めたサポートを提供することについても，優先活動の一つとして設定されている（BNT 2019）。

今後は，さらなる省再編により現在の担当省となった農業・地域・観光省の管轄する分野（交通含む）についても，順次カバーされることになっている。なお，この行動計画は，今後他の省が同様の行動計画を作成する際のガイドとしても活用されることになっている。

6　州・基礎自治体レベルの取り組み

我々の調査では，エネルギー政策という切り口から州・基礎自治体での調査を行ってきたため，SDとしての取り組みについては直接話を聞いてこなかった。その調査の範囲でいえば，基礎自治体レベルにおいては，包括的なSD戦略という形でSDを地域で追求しているような事例に出会うことはなかった（後述するLA21の取り組みは除く）。9つの州については，ウェブサイトの情報を調査した結果だが，その取り組みには濃淡がある。熱心なところとしては，例えばチロル州では，2012年の段階で188ページからなる州のSD戦略「未来ある生活――持続可能なチロルへ（Leben mit Zukunft: Tirol nachhaltig positionieren）」を策定しており，国連の2030アジェンダへの対応としても，SDGsをベースにした州独自の指標を用いた実践報告書を策定している[*5]。また，ケルンテン州は，国連の2030アジェンダを受けて，既存の気候変動適応戦略やエネルギー戦略などでカバーされていない分野も含めた包括的な持続可能な発展戦略を策定する準備があることをウェブ上で表明している[*6]。

一方で，近年世界的に取り組みが進むSDGsについては，どの州も独立したページを立ち上げている。ただ，その多くはSDGsの設定の歴史や内容の説明に留まっており，SDGsのための行動計画などの策定にまでは至っていないようだ。例外はウィーン市[*7]で，2014年に策定された総合戦略「スマートシティ・ウィーン」の2019年のアップデートにより，戦略の内容すべてをSDGsのターゲットに沿わせる形で策定して，正式にSD戦略としても位置づけた[*8]。他方，気候変動対策や，エネルギー，交通，都市計画などの個別のテーマごとに戦略やアクションプランが策定されているところは多く，例えばザルツブルク州では，気候・エネルギー戦略である「ザルツブルク2050」を，SDのための州の包括的なガイド戦略として設定している。[*9] ニーダーエスターライヒ州では，SDGsの17の目標にちなんで新たに「17と私たち（17 und wir）」プロジェクトを立ち上げ，毎年一つテーマを決めて（2020年は「土壌の価値」），それに関する様々な情報発信やイベントなどを行っている。[*10]

7　持続可能な発展への取り組みがもたらしたもの

本章の冒頭でも述べたように，オーストリアにおいては，国，州，基礎自治体のどのレベルにおいても，エネルギーや気候変動に関する戦略を，SDのコンセプトに意識的に結びつけて，地域の総合的・包括的な戦略として機能させているような事例はほぼ見られなかった。それではこのことがオーストリアのSDへの取り組みが，地域エネルギー・ガバナンスに貢献しなかったのかといえば必ずしもそうとは言い切れない。本章のまとめとして，SDの取り組みがオーストリアにもたらしたものについて分析を試みたい。

まずは，オーストリアのSDの取り組みの基礎となるオーストリアSD戦略の策定時に，しっかりと自国のSD像を議論・明確化したことが，その後の国内の様々なレベル・政策フィールドにおける，統合的かつ参加・協働型の政策形成に寄与していると考えられることである。オーストリアSD戦略で示された４つの柱と20の活動分野（図２−１）は，環境・社会・経済のトリプル・ボトム・ラインをベースにした典型的（かつしばしば退屈）なSD戦略とは一線を画すものであり，現在のSDGsなどと比べてもまったく引けを取らない。また，オーストリアSD戦略の実践ツールとして新たに設定された，サステイナブル・オーストリア委員会やLA21は，分野横断性や重層的取り組み，市民参画・協働といったSDの最も重要な主要素を特に意識して運営されている。これらの分野横断的なコンセプトや仕組みが，エネルギー・気候変動政策などに直接的な影響を与えたという具体的な根拠を示すことはできないが，少なくとも我々の調査においては，政府，企業，NPOのセクターにかかわらず，誰もがSDへの挑戦を当然のこととして捉え，これらの主要素の重要性についてもしっかりと理解がなされていた。また，「エネルギー」戦略であっても，その内容が交通や建築，空間計画などを含む分野横断的であることが総じて多い。

次に，オーストリアSD戦略のアップデートや指標開発，上述の実践のための組織・ツール，2030アジェンダへの迅速な対応などにより，国としてのSDへの継続的コミットメントの意志を明確にしたことで，州や基礎自治体レベルにもその政策志向性が広がっている点である。特に様々なリソースが不足しがちな地方の小規模自治体においては，上層（国や州）の明確なメッセージとサポート体制が，本書で紹介しているエネルギー・ガバナンスに関する様々な先進的な分野横断型・市民参画型の政策実践を可能にしている。

そして，上の２つと重なるが，国がLA21をSDの実践ツールとして明確に位置づけ，サポート体制を含めて整備したことで，基礎自治体レベルまでSDの取り組みが広がっているということである。包括的なSD戦略による取り組みはないとしても，SDの主要素をしっかりと含んだLA21の取り組みが地域で広がることで，そのエッセンスが草の根の実践面でも根づく可能性がある。例えば，第８章でも紹介しているザルツブルク州では，州の外部に自治体をサポートする専門の中間支援組織を設置し，そこに基礎自治体のLA21に関するサポートを委任することによって，しっかりとしたプロセスの質を確保しつつ州内の参加型ガバナンスを実現している（的場・平岡 2020）。また同じく第８章で紹介している大都市ウィーンにおいても，区レベルでの実践を広げて積み上げることで，草の根レベルの意思や取り組みを大都市全体に取り込んでいく体制を整備している。このように，LA21というツールを用いることで，国レベルの意思と草の根レベルのニーズや取り組みをつなぐ体制が整備されている。

本章ではあえてポジティブな評価を試みたが，もちろんここでの取り組みがすべてうまく機能しているわけではない。例えば，自身が策定プロセスの委員であった筆者による論文（Martinuzzi and Steurer 2003）では，オーストリアSD戦略の先進的なコンセプトが実際の政策に十分に組み込まれず，具体的な政策数値目標の設定も少なかったことを課題としてあげている。また，実践のための組織についても，SDの実践のためには，より根本的な組織改革が必要であったという指摘も行っている（Martinuzzi and Steurer 2003）。

また，これはオーストリアに限ったことではないが，パリ協定などの影響で近年台頭している気候変動対策や適応戦略は，正しくデザインされるとSD戦略的な要素を含むため（それでも地域社会全体を包括する戦略とはならないが），SDそのものへの注目やコミットメントが低下しているという指摘もある。そのような気候変動政策が，コンセプト的にも組織的にもSDの要素とリンクしていればよいのだが，残念ながら多くの欧州の戦略では，そのリンクが比較的少ないことが危惧されている（Casado-Asensio and Steurer 2014）。またSDGsのような，より具体的かつ分野別にSDを追求できる仕組みの登場が，皮肉にも包括的なSD戦略や取り組みへのモチベーションを結果的に下げているようにも思われる。

とはいえ，欧州の34ヶ国[＊11]がメンバーとして参加し，SD戦略担当者のコミュニケーションプラットフォームとして機能している「欧州持続可能な発展ネットワーク（European Sustainable Development Network: ESDN）[＊12]」において，たびたび先進事例として紹介されていることからも分かるとおり，オーストリアのこれまでのSDの取り組みは，国際的にも高い評価を受けてきた（Gjoksi *et al.* 2010）。連邦国家という共通の政策目標や取り組みが難しいシステムにもかかわらず，SDが全国的な政策目標として受け入れられている現状を見ると，国からの明確なコンセプトの提示と継続的なコミットメントというメッセージの重要性を改めて感じることができる。

注

＊1　サステイナビリティコーディネーターの最大のタスクは，従来の環境保全の視点を他の経済社会分野に組み入れることとされた（Astleithner and Hamedinger 2014）。

＊2　Bundesministerium Landwirtschaft, Regionen und Tourismus（農業・地方・観光省），https://www.bmlrt.gv.at/umwelt/nachhaltigkeit/nachh_strategien_programme/oestrat.html

＊3　少なくとも年に一度は会合を開き，国と州の連携事業の開発や連携報告書の執筆などの役割を担っている。

＊4　Bundeskanzleramt（連邦首相府），https://www.bundeskanzleramt.gv.at/themen/nachhaltige-entwicklung-agenda-2030/implementierung.html

＊5　チロル州，https://www.tirol.gv.at/landesentwicklung/nachhaltigkeits-und-klimakoordination/nachhaltige-entwicklung/

＊6　ケルンテン州，https://www.ktn.gv.at/Service/News?nid=26388

＊7　ウィーンは市としても州としてもある。

＊8　スマートシティ・ウィーン，https://smartcity.wien.gv.at/site/der-wiener-weg/historie/

＊9　ザルツブルク州，https://www.salzburg.gv.at/themen/umwelt/nachhaltigkeit

＊10　17 und wir, https://17undwir.at/

＊11　欧州域外のカナダとトンガを含む。

＊12　ESDN, https://www.sd-network.eu

参考文献

的場信敬・平岡俊一　2020「オーストリア・ザルツブルク州の持続可能な社会づくり――LA21と中間支援組織による複合的な民主的プロセスの構築」『人間と環境』46（2）：37–42。

Astleithner, F. and Hamedinger, A. 2003. Urban Sustainability as a New Form of Governance: Obstacles and Potentials in the Case of Vienna. *Innovation* 16（1）: 51–75.

BLFUW（Bundesministerium für Land- und Forstwirtschaft, Umwelt und Wasserwirtschaft）2017a. *12 Gute Gründe Für Lokale Agenda 21*. BLFUW.

―― 2017b. *1. Fortschrittsbericht Zu Den Sustainable Development Goals September 2017*, BLFUW.

BNT（Bundesministerium Nachhaltigkeit und Tourismus）2019. *SDG-Aktionsplan 2019+: Nachhaltigkeit forcieren -Zukunft gestalten*. Bundesministerium Nachhaltigkeit und Tourismus.

Casado-Asensio, J. and Steurer, R. 2014. Integrated Strategies on Sustainable Development, Climate Change Mitigation and Adaptation in Western Europe: Communication rather than Coordination. *Journal of Public Policy* 34（3）: 437–473.

Federal Government of Austria 2002. *The Austrian Strategy for Sustainable Development: An Initiative of the Federal Government*. Federal Government of Austria.

Gjoksi, N. Sedlacko M. and Berger G. 2010. National Sustainable Development Strategies in Europe: Status Quo and Recent Developments（ESDN Quarterly Report September 2010）, Vienna: European Sustainable Development Network.

Gottenhuber, S. and Mulholland, E. 2019. *The Implementation of the 2030 Agenda and SDGs at the National Level in Europe- Taking Stock of Governance Mechanisms*（*ESDN Quarterly Report 54*）. European Sustainable Development Network.

Martinuzzi, A. and Steurer, R. 2003. The Austrian Strategy for Sustainable Development: Process Review and Policy Analysis. *European Environment* 13: 269–287.

Mulholland, E. 2018. *The Implementation of the 2030 Agenda and the SDGs in Europe: Overview and Updates* (*ESDN Quarterly Report 49*). European Sustainable Development Network.

Schiitz, O. 1998. Austria: A Late Start with a Strong Potential. In William, M., Lafferty, W. M. and Eckerberg, K. eds., *From the Earth Summit to Local Agenda 21: Working Towards Sustainable Development*. London: Earthscan.

Zwirner, W., Berger, G. and Sedlacko, M. 2008. *Participatory Mechanisms in the Development, Implementation and Review of National Sustainable Development Strategies* (*ESDN Quarterly Report September 2008*). European Sustainable Development Network.

第3章

国・州の気候エネルギー政策

上園昌武・歌川学・木原浩貴・滝川薫

1　脱原発と脱炭素社会にむけて

オーストリアの気候エネルギー政策は，脱原発や脱炭素社会の構築に向けた取り組みで特筆すべき特徴が見られる。まずオーストリアでは，原子力による国内での発電と電力輸入が法制度で禁止されており，国内電力供給網から原発が排除されている（序章参照）。次に，オーストリアでは，再生可能エネルギー（再エネ）の普及や建築物の断熱化などの省エネ対策に精力的に取り組まれているが，地域社会の発展や地域経済の活性化という視点を重視したエネルギー自立地域づくりに取り組む州と基礎自治体が多く現れ（第4章参照），それぞれで地理条件や産業構造，地域構造などをふまえた政策や事業が展開されている。また，アルプスの氷河の後退や気候変動による被害が顕在化しており，国や各自治体はこうした被害を回避する適応策にも取り組み始めている。

本章では，欧州連合（EU）や国連の気候エネルギー政策をふまえながら，オーストリアでの国や州の政策の変遷や特徴について考察していく。

2　国の気候エネルギー政策の枠組みと戦略

2-1　EU政策との関係

オーストリアは，加盟国としてEUの気候エネルギー政策に呼応して取り組んできた（表3-1）。京都議定書では，EUの温室効果ガス（GHG）排出目標（2008～12年）が8％削減であったが，オーストリアの目標は13％削減に設定された。2002年に政府は「気候戦略」(2007年に改訂) を策定し，再エネ普及や省エネ対策による緩和策が進められた。しかし，排出量は「土地利用，土地利用変化および林業 (LULUCF)」と京都メカニズムクレジットを含めても２％削減に留まり，目標を達成できなかった。そのため，７億ユーロ分のクレジットを購入して不足分を相殺した (Niedertscheider *et al.* 2018)。

2009年に欧州議会で承認されたEUの「20-20-20」政策 (気候エネルギーパッケージ戦略) では，加盟国は2020年までにエネルギー消費量の20％削減，最終エネルギー消費量に占める再エネの割合を20％に引き上げ，GHG排出量を1990年比で20％削減する目標が設定された。オーストリア政府は，2010年に「オーストリア・エネルギー戦略 (Energiestrategie Österreich)」を策定した。この戦略の2020年目標として，2005年比で20％のエネルギー効率の向上，最終エネルギー消費に占める再エネの割合を35％に増加，2005年比で欧州排出量取引制度 (EUETS) により21％のGHG排出量の削減が設定された。また，2020年の最終エネルギー消費量は，2005年の1106PJ (ペタジュール) とほぼ同じ1100PJに設定された。この戦略では，14分野 (農林業，水資源管理，ツーリズム，エネルギー・電力，建設と住宅，自然災害からの保護，健康，生物多様性，交通インフラとモビリティ，空間計画，ビジネス・産業・貿易，都市など) で，10の指針 (情報共有，協力関係，不確実性に対処する柔軟性，幅広い施策など) に基づいた行動計画が策定された。

2-2　ミッション2030

EUは「2020～30年の気候エネルギー政策枠組み」において，2030年までにGHG排出量を1990年比で40％削減する目標 (再エネ比率32％に引き上げ，エネルギー効率化32.5％以上に向上) を掲げた (表3-2)。ETS対象部門 (大規模工場や火力発電所) はGHG排出量を2005年比で43％削減し，ETS対象外部門は同比で30％削減することが求められている。加盟国は2030年までの具体策を盛り込んだ「国家エネルギー気候計画 (NECPs)」を提出する義務がある。

そこで政府は，2018年に「ミッション2030――低炭素転換のためのオーストリアの戦略 (# mission 2030)」を策定した。オーストリアの2030年のGHG排出量は2005年比で36％削減に設定され，一次エネルギー原単位を2015年比で25

表3－1　オーストリアとEU／国連の気候エネルギー政策の変遷

年	オーストリア	EU／国連
2001		再エネ電力促進指令（2001/77/EC）
2002	気候戦略	
2003	グリーン電力法	
2004	Klimaaktiv	
2005		国連・京都議定書発効 欧州排出量取引制度（EUETS）開始
2006		
2007	気候戦略KUEN 鉱油税	
2008		
2009		気候エネルギーパッケージ戦略
2010	オーストリア・エネルギー戦略	欧州2020年エネルギー戦略（COM/2010/0639）
2011	気候保護法（KSG）	2050年エネルギーロードマップ（COM/2011/0885）
2012	気候変動適応戦略（2017年改正） グリーン電力法改正	エネルギー効率化指令（2012/27/EU）
2013		EU気候変動適応戦略（COM/2013/216）
2014		2020～30年気候エネルギー政策枠組み（COM/2014/015） エネルギー安全保障戦略（COM/2014/330）
2015	エネルギー効率化法（EEffG） 放射線防護法	エネルギー統合戦略（COM/2015/080）
2016		国連・パリ協定発効
2017		
2018	ミッション2030	
2019		全欧州人のためのクリーンエネルギーパッケージ 欧州グリーンディール（COM/2019/ 640）
2020	2040年気候中立宣言	欧州気候法（COM/2020/80）

出所：上園作成。

表3－2　EUの気候エネルギー政策の数値目標

	2020年	2030年	2050年
温室効果ガス排出量（1990年比）	▲20％	▲40％	気候中立（正味ゼロ排出）
再エネの割合	20％	32％	－
エネルギー効率の改善	20％	32.5％	－

出所：上園作成。

注：欧州理事会は2020年12月に，2030年の温室効果ガス排出削減目標を1990年比で55％とすることに合意した。

～30％改善して一次エネルギー供給量を1200PJ 以下に抑制し，発電量の再エネ100％，最終エネルギー消費量の45～50％を再エネ供給するとしている（表3－3）。EU は，2050年の GHG 排出量を80～95％削減する脱炭素社会の構築に向け，競争力，持続可能性，エネルギー安定供給の３つの目的を同時に実現することを謳っている。ミッション2030は EU の３つの目的に加え，予算の持続可能性という観点からも手頃な価格でユーザーにエネルギーを提供することを重視している。

ミッション2030では，12の重点政策（①輸送の効率向上，②鉄道網につながる公共交通機関の強化，③電気自動車の普及促進，④建物の断熱強化，⑤再生可能エネルギー熱による地域暖房，⑥太陽電池パネルと小型エネルギー貯蔵装置を備えた10万軒の屋根，⑦再生可能資源からの水素とバイオメタン生産，⑧グリーンファイナンス，⑨エネルギー研究イニシアチブ――将来のエネルギーシステムの基礎，⑩エネルギー研究イニシアチブ――ミッションイノベーションオーストリアプログラム，⑪コミュニケーション――教育と持続可能な発展への意識の形成，⑫バイオ経済戦略）が策定されている。

前戦略と比べると，建築部門や運輸部門の対策が具体化されていることや，

表３－３　ミッション2030で示された主な数値目標

	対象	現状（2016年）	目標（2030年）
GHG 削減	非 ETS 部門の排出削減	5060万 t	3640万 t
	運輸部門の排出削減	2290万 t	1570万 t 2050年までに排出ゼロ
	建設部門の排出削減	800万 t	500万 t
再エネ	電力の再エネ割合	70％	100％
	最終エネルギー消費総量の再エネの割合	33.5％	45～50％
脱炭素	エネルギー転換部門の化石燃料の割合	66.5％	2050年までにゼロ
	エネルギー効率性		2015年比で25～30％改善
省エネ	交通手段に占める自転車の割合	7％	2025年までに12％
	建物の省エネ改築率(年)	1％	2020～30年に平均２％
	建築基準		2021年から新築では冷暖房・給湯に化石燃料の使用禁止

出所：上園作成。

金融や研究開発などが盛り込まれた点などの特徴が見られる。また注目すべき点は，基礎自治体が地域づくりとして取り組むことを促しており，住民参加のためのコミュニケーションや情報共有などが重視されていることである（第6～8章参照）。ミッション2030の策定プロセスにおいても，様々な主体や多くの市民が対話をしながら立案が進められた。

EUは，パリ協定の目標をより着実に達成するために，2020年に欧州の経済と社会が2050年までに気候中立（CO_2排出の収支ゼロ）を目的とする欧州気候法を採択した。2020年1月に発足したオーストリアの新政権（国民党と緑の党連立）は，遅くとも2040年までに気候中立を達成することを表明した（Die neue Volkspartei 2020: 102–103）。この新たな目標は，EUが掲げた達成期限を10年前倒すもので極めて野心的といえる。対策の強化策として，太陽光発電の屋根設置を10万軒から100万軒に10倍増やすことや，2035年までに石油や石炭による暖房を段階的に廃止することなどが打ち出されており，ミッション2030で掲げた施策をさらに強化することになる。オーストリアは将来も人口増加が見込まれることや電化の進展によって，電力消費量が2030年に最大で23％増加（2017年比），2050年に66％増加すると予測されており（IEA 2020），電力の脱炭素化が不可欠である。

2−3　オーストリアのエネルギー需給とCO_2排出量の特徴

エネルギー供給

オーストリアでは，再エネが一次エネルギーの約3割，電力の約8割を占め（図3−1），欧州内でも再エネ率が高い（図3−2）。林業が主要産業として発達しているため，バイオマスは一次エネルギー供給の約17％，電力の7％，熱供給の約半分を占めている（Eurostat 2020, 第5章参照）。運輸部門は電気自動車が普及しつつあるが，現状ではガソリンやディーゼル車が圧倒的に多いため，輸送燃料の再エネ率は5％に留まっている。

2018年の電力の再エネ率は77％とIEA加盟国の中でも6番目に高い（IEA 2020）。2018年の再エネの発電電力量の全体に占める割合は，水力発電が60％，風力発電が9％，バイオマス発電が7％である。州ごとに見ると，9州のうち5州は大半を再エネで賄い，工業が盛んな3州と大都市ウィーンは再エ

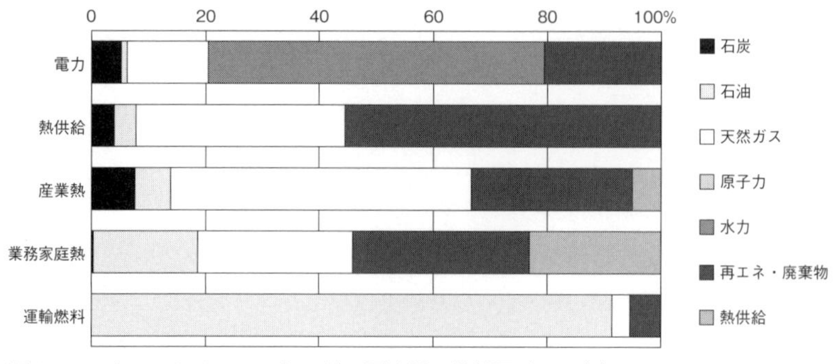

図3－1　オーストリアのエネルギー用途別の燃料源（2018年）
出所：IEA（2019a）より歌川作成。

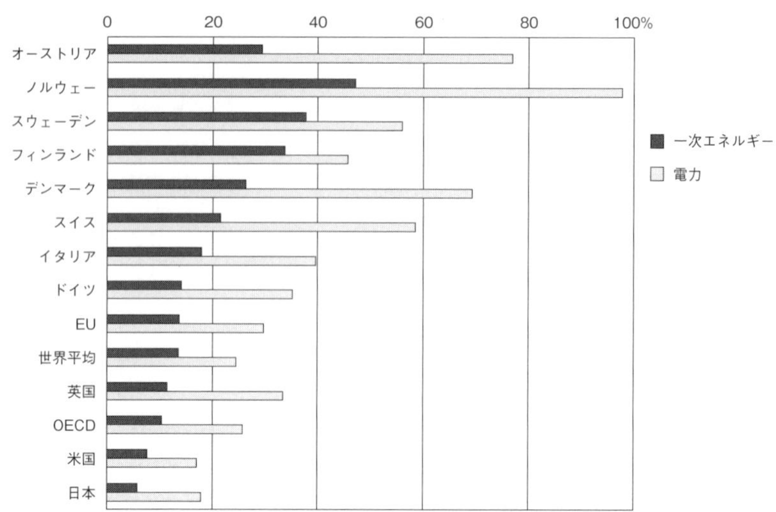

図3－2　先進国の一次エネルギー及び電力に占める再生可能エネルギーの割合（2018年）
出所：IEA（2019a）より歌川作成。
注：世界平均とEUは2017年。

ネ割合が小さい（補章図13-10）。

電力の内訳は，火力発電が占める割合が小さく，原子力がゼロである（補章図13-2）。石炭火力発電は，西欧の大半の国が2030年以前の全廃目標を定めている（ドイツは2038年全廃）。オーストリアでも，2025年に国内石炭火力を全廃する政策目標を前倒しにして，2020年4月に事業用石炭火力をすべて停止した。

エネルギー需要

オーストリアの一次エネルギー供給は1990～2005年に増加し，その後横ばいで推移している（補章図13-3）。部門別に見ると，業務部門が2005年以降，家庭部門が2010年以降にエネルギー消費量が減少傾向となったが，これに対し産業部門と運輸部門が高止まりのままである（補章図13-6～8）。

家庭と業務のエネルギー消費減少は，地域の省エネ対策や断熱化建築の普及などの寄与と考えられるが，総人口がこの10年間で10％増加しているため，省エネ対策の効果を弱めている。また，周辺国の自動車が燃料税を含む燃料代が割安なオーストリアでガソリンや軽油を給油するため，この「燃料輸出」は運輸部門のCO_2排出量の約25％を占める（補章図13-8）。

温室効果ガスとCO_2排出量

オーストリアは，2040年にCO_2排出実質ゼロを目標に掲げている。ただし，2018年のCO_2排出量は1990年比7％増加しており（補章図13-4，5），ゼロ目標を実現するためには，速やかに大幅な排出削減対策が必要である。特に，2005年に1990年比75％増加した運輸部門の対策が重要である。

また，2017年のGHG排出量は，EUETSの対象となる大口排出事業所が国内排出量の37％，その中でも鉄鋼業など製造業の対象事業所が25％を占める（補章図13-1）。残りの63％が業務部門・家庭部門や運輸部門などで気候保護法（Klimaschutzgesetz: KSG）のもとで施策が実施されている。

2005年まではGDP成長とともに，GHGとCO_2排出量，一次エネルギー供給量が増加していたが，2005年以降にはこれらが減少しながら（環境改善），GDP成長（経済成長）していくデカップリング現象が確認されている（図3-3）。GHG排出量などの削減は，気候変動対策が進展した成果と，産業構造転換などの寄与がある。加えてGDP成長についても，省エネ産業・再エネ産業の発展と雇用拡大，対策による光熱費の域外流出減少による地域経済効果などを通じ，気候変動対策は経済活動にもプラスの効果を及ぼしている。

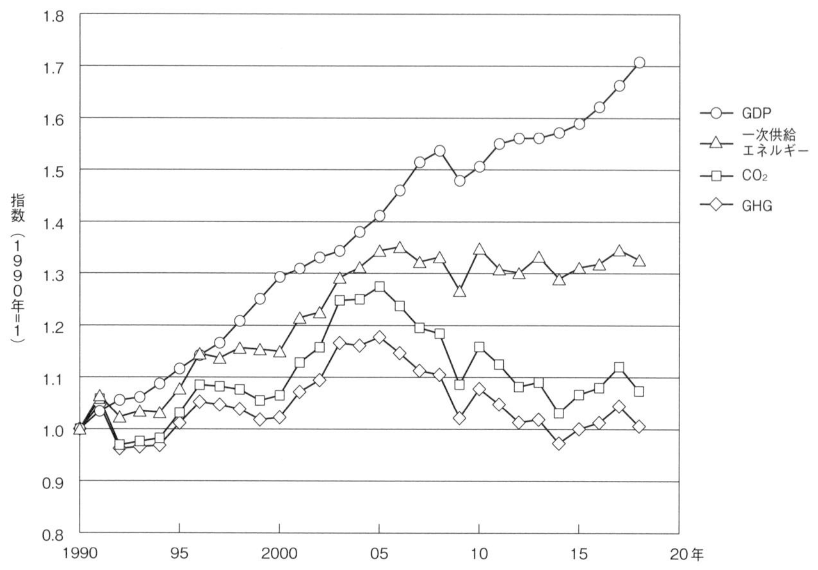

図3－3　オーストリアのデカップリング（GDP, GHG, CO_2，一次エネルギー供給）

出所：IEA（2019a），IEA（2019b），UNFCCC（2020）より歌川作成。

2－4　気候変動適応策

気候変動の脅威はすでに現実のものとなっている。最大限の緩和策を講じたとしてもある程度の気候変動が避けられないことは明らかであり，適応策を着実に推進することが不可欠である。オーストリアの気候変動適応策は，EUの適応戦略に基づいて行われている。そこで，まずはEUの気候変動適応プラットフォームの情報をもとに，EUの適応策を概観しておく。

2012年，適応策に関係する幅広いユーザーの情報を共有し，合意形成を支援することを目的とし，欧州委員会と欧州環境庁（European Environment Agency）の連携によって欧州気候適応プラットフォーム（Climate-ADAPT）が設立された。2013年，欧州委員会はEU気候変動適応戦略（EU Strategy on adaptation to climate change）を採択した。EUは，加盟国間の調整と連携の強化，国境を超える対策（例えば河川），特に大きな影響を受ける地域の支援などのために，加盟国の活動を補完する役割を担うことが定められた。EU気候変

表３－４　EU 適応戦略

〈優先取組１〉加盟国による行動促進
アクション１：適応戦略および適応計画を採択するための加盟国の支援
アクション２：適応優先地域を含む LIFE 基金の提供
アクション３：首長成約への適応策の導入
〈優先取組２〉よりよい情報に基づいた意思決定
アクション４：知識ギャップを埋める戦略
アクション５：ワンストップ窓口としての Climate-ADAPT の発展
〈優先取組３〉主な脆弱セクター
アクション６：共通漁業政策，結合政策，共通農業政策での適応策の推進
アクション７：より強靭なインフラの確保
アクション８：保険および金融市場による製品とサービスの促進

出所：木原作成。

動適応戦略では，次のように３つの優先取組と８つのアクションが示されている（表３－４）。EU 気候変動適応戦略は，国ごとに国家適応戦略および国家適応計画を策定することを求めており，2018年時点で25ヶ国が国家適応戦略を，15ヶ国が国家適応計画を採択している。

オーストリアは，2012年という比較的早い時期に気候変動適応戦略を閣議決定，翌年５月には州知事会議によって承認された。その後2017年には改定案が閣議決定されている。５年ごとに進捗レポートが出されることになっており，2020年に２回目のレポートが発表される予定である。オーバーエスターライヒ州，シュタイアーマルク州，フォアアールベルク州，ザルツブルグ州はすでに独自の適応戦略を有しており，チロル州，ケルンテン州など他の州も，気候保護戦略などに統合するなどの形で適応戦略を立てている。

連邦政府の気候変動適応計画は，気候変動適応戦略の一部という形をとっている。計画では，農業，林業，水管理，観光，防災，健康，交通インフラ，経済，空間計画など14の活動分野が設定され，135の推奨事項が示されており，これに基づいて具体的な適応策が進められている（BMNT 2019）。なお，この計画には，新たな助成プログラム「気候変動適応モデル地域（Klimawandel-Anpassungsmodellregionen: KLAR!）」が盛り込まれており，このプログラムに基づいて国内各地でボトムアップ型の適応策がすでに進められている（第６章参照）。

3　再生可能エネルギー普及と省エネ推進への政策

3－1　再生可能エネルギー普及政策

オーストリアでは，アルプス山岳の豊かな水資源を活用して，水力発電が1950年代以降に次々と設置され2882ヶ所で発電しており，国内電力需要の65％を賄う主力電源に発達してきた（Wagner *et al.* 2015）。電力と熱供給では再エネがかなり普及しているが（本章2－3と補章参照），輸送燃料の再エネ普及は他国と同様に大きく遅れているといえる。ミッション2030の目標達成に向けて，再エネ電力は740～790億 kWh を発電する必要があり，現状よりも220～270億 kWh を増加させることが求められる。2030年の輸送燃料の再エネ率は14％に設定されており，電気自動車やバイオ燃料を増加させる必要がある。

政府は再エネ普及を促進するために，固定価格買取制度やバイオマス熱法，2020年税制改正法（持続可能な自動車の普及促進），環境支援法による環境事業への助成などを行ってきた。国内環境補助金（UFI）は，騒音防止や有害廃棄物防止，再エネ普及，省エネなど環境対策全般を支援しており，1993～2018年に22.9万件のプロジェクトに対して347億ユーロが助成された（BMNT 2020）。2018年には，約6000件のプロジェクトに対して国からの補助金が6400万ユーロ拠出され，6.5億ユーロが投資された結果，6.2億 kWh のエネルギー消費の削減と31.6万 t の CO_2 排出削減，4.3億ユーロの付加価値がもたらされた（BMNT 2019: 7）。

ただし，再エネ普及はやみくもに進めるわけにはいかない。風力発電やメガソーラーの大規模開発は，騒音や景観破壊をめぐって地域紛争を引き起こしやすく，地域住民の受容性が不可欠である。風力発電はオーストリア東部に集中して立地しているが，ザルツブルク州では観光業が盛んなために景観破壊へのリスクが懸念されて住民や地域が反対してほとんど設置されていない。さらに，エネルギー開発の目的として地域経済循環を大きくする事業が重視されつつある。また，日本ではバイオマス発電が拡大しているが，オーストリアではバイオマスは熱供給が原則とされ，高いエネルギー効率性が認められない限り熱電併給（CHP）の設置も法規制で制限されている。

3-2　固定価格買取制度

固定価格買取制度（買取制）は，多くの国や地域で導入されている再エネ普及政策である。買取制は，再エネ事業の価格競争力が乏しい段階（幼稚産業）において，再エネ電力と既存電源（火力発電など）との発電価格の差を補助して買取価格を高く設定し，事業リスクを低減させることで，環境負荷が小さな再エネを普及することが狙いである。補助金に相当する財源は，電気代に賦課金が上乗せされてユーザーから徴収される。再エネ事業が拡大するにつれて発電コストが低減し，買取価格が引き下げられる。やがて他の電源との価格競争力が同等（成熟産業）になれば，こうした支援制度が解消されることになる。

オーストリアの買取制は，当初，州単位で実施されていたため，買取価格や負担額などが異なっていたが，2003年に施行されたグリーン電力法（Ökostromgesetzes）に基づいて国全体で制度が統一された。グリーン電力法は，2001年のEU再エネ電力促進指令（2001/77/EC）を受けて制定され，幾度かの制度改正を経て，2012年法が現行制度である（2016, 17, 19年に買取予算などで改正）。2012年法は，福島第一原発事故を契機に再エネ拡大が目指され，全体の買取予算（資金調達額）を増額した。現行制度の概要は表3-5のとおりである。

まず，買取対象は，太陽光，風力，地熱，バイオマス（CHPが条件），バイオガス，小水力（1万kW以下）などである。買取期間はバイオマスやバイオガスが15年，その他が13年であり，買取価格はグリーン電力令（Ökostromverordnung）で定められている。電源別の買取価格は，バイオマスや廃棄物，小水力が発電規模，新設や増設・改築などで細かく設定されている（表3-5）。2019年の電力系統への再エネ売電量（国内総売電量58.9億kWh）は（表3-6），10.4億kWh（風力6.2億kWh，固形バイオマス1.6億kWh，小水力1.3億kWh，太陽光0.7億kWh他），純買取額は10.8億ユーロ（風力5.6億ユーロ，固形バイオマス1.9億ユーロ，太陽光1.4億ユーロ，小水力0.8億ユーロ他）である（E-Control 2020）。平均買取価格（セント/kWh）は，太陽光19.8，バイオマスガス17.4，固形バイオマス12.4であり，地熱5.3と小水力5.9が安くなっている。なお，グリーン電力法は，社会的弱者の費用負担を軽減するために，社会扶助・長期ケアの給付者や年金受給者，学生に対して再エネ料金と再エネ寄与分の料金を免除している。

買取制は再エネの普及を着実に拡大させてきた。風力発電は，2002年末に設備容量が14万 kW であったが，2003～06年に年平均で20万 kW が設置された。しかし，2006年のグリーン電力法の改正は，再エネ導入量をコントロールするために，買取価格に上限を設け，年間の資金割当を少なくしたため，普及の停滞を招くことになった（石倉 2014）。その後，制度改正で，2010年以降に再び普及することになった。特に2012年法では，買取制の資金調達額が2100万ユーロから5000万ユーロへと増加されたことが普及を後押しすることになった（IG Windkraft, HP）。

こうした買取制や助成金の運用はグリーン電力連邦処理局（OeMAG）が行っている。現行の買取制は資金調達額に上限があるために，買取対象の認可まで再エネ設置が慢性的に待たされる状態が続いてきた。再エネ電力の余剰買取はOeMAG に義務づけられているが，もし買取制が適用されないと再エネ事業者は相当な低価での売電となるため，事業経営が成立しない。このため，国や州が買取制とは別に設備投資への助成金を用意している。また，いくつかの電力会社は条件を課すことで OeMAG よりも高値で買い取っている。こうした情報はユーザー向けの比較サイト stromliste（電力リスト）のホームページで公開されている。

政府が100％保有するエネルギーコントロール（E-Control）は，消費者の利益のためにオーストリアのガスと電力市場を監督・管理することが義務づけられている。E-Control は，買取制での再エネ電力の買取価格を四半期ごとに決定している。また，電力の情報を示す電力ラベルも監視しており，モニタリングレポートが2003年以降毎年公表されている。電力ラベルは，発電源の構成比率（再エネ，化石燃料，原発，その他），CO_2排出量原単位，放射性廃棄物の環境負荷量，電力原産国の比率の表示について情報公開が義務づけられており，E-control のホームページに電力会社ごとの情報が掲載されている。ユーザーはこうした情報をもとに電力会社を選択でき，多様なエネルギー事業体が展開している（第10章参照）。

表3-5　固定価格買取制度の概要

項目		内容
法制度		2012年法（BGBI I Nr.75/2011）
再エネ普及目標		2020年までの導入量 ・水力100万 kW，風力200万 kW，太陽光120万 kW，バイオマス／バイオガス20万 kW
買取予算		2012年は5000万ユーロ。2013年以降は毎年100万ユーロ減額し，2021年以降は少なくとも4000万ユーロ
買取期間		バイオマス／バイオガスは15年，その他は13年
買取価格	太陽光	2018年7.91セント/kWh，2019年7.67セント/kWh
	風力	2018年8.20セント/kWh，2019年8.12セント/kWh
	地熱	2018年7.29セント/kWh，2019年7.22セント/kWh
	固形バイオマス	2018年10.10～21.78セント/kWh，2019年10.00～21.56セント/kWh
	小水力（新設）	2018年3.23～13.00セント/kWh，2019年3.20～12.87セント/kWh

出所：上園作成。
注：固形バイオマスと小水力（新設）は規模別で買取価格が変わる。この他に，固形バイオマス・有機物を含む廃棄物，液体バイオマス，バイオガス，小水力の増設などにも買取価格が設定されている。

表3-6　オーストリアの買取制度（売電量と純買取額，総売電量に占める助成を受けたグリーン電力の売電量の割合，平均買取価格）

エネルギー源	2019年				2018年			
	系統への売電量（GWh）	純買取額（百万ユーロ）	グリーン電力の売電量の割合（%）	平均買取価格（セント/kWh）	系統への売電量（GWh）	純買取額（百万ユーロ）	グリーン電力の売電量の割合（%）	平均買取価格（セント/kWh）
小水力（対象分）	1334	78.7	2.3	5.90	1506	82.9	2.5	5.51
その他再エネ電力	9073	998.6	15.40	11.01	8279	963.7	14.0	11.64
風力	6208	564.5	10.5	9.09	5061	463.5	8.5	9.16
固形バイオマス	1582	195.4	2.7	12.35	2014	260.4	3.4	12.93
バイオマスガス	561	97.6	1.0	17.38	568	98.8	1.0	17.39
液体バイオマス	0.19	0.012	0.0003	6.16	0.05	0.006	0.0001	11.69
太陽光	707	140.3	1.20	19.84	620	140.1	1.05	22.59
埋立地と下水ガス	14.0	0.8	0.02	5.59	15.8	0.8	0.03	5.37
地熱	0.20	0.010	0.0003	5.25	0.23	0.010	0.0004	4.33
合計	10406	1077.3	17.7	10.35	9784	1046.5	16.5	10.70

出所：E-Control 2020.
注：固形バイオマスは有機廃棄物を含む。

3-3　省エネ政策

省エネ対策は，エネルギー効率性の向上とエネルギー使用の抑制がカギであり，設備投資が不可欠である（第11章参照）。オーストリアの主な省エネ施策とその省エネ効果は，エネルギー供給事業者への省エネ義務やエネルギー課税が大きい（表3-7）。

オーストリアでは，暖房や給湯がエネルギー消費量の約27%を占めている。そのため，2021年以降の建築物の新築や改築では，建築基準最高水準の断熱性能を持つゼロエネルギー化と化石燃料の使用禁止が義務づけられ，パッシブハウスやプラスエネルギー住宅の普及を促進している。EUのエネルギー効率性指令に基づいて，2015年にエネルギー効率化法（EEffG）が施行されている。古い建築物の断熱改修は年平均2%に増やし（現状で1%），CO_2排出量を年間300万t削減することが目指されている。20年以上前の石油暖房システムが全国70万戸で使われており，これらを使用停止することでCO_2排出量を350万t削減できるという。

補助政策として，住宅用建物や商業ビルの断熱改修のための資金調達やリフォームのベストプラクティスのための資金支援（Klimaaktiv Gold Standard, エコロジカルで持続可能な建材，エネルギー貯蔵，暖房の再エネ化），省エネ対策のエネルギー・アドバイス，電気自動車の充電設備への補助金などが用意され

表3-7　政策別の省エネ効果（2014～17年の累積量）

政策	省エネ量（TJ）
エネルギー供給事業者への省エネ義務	64.60
環境省エネ型住宅への州政府支援	28.26
国内環境支援	22.87
グリン電力への政府支援	1.80
エネルギー課税	39.21
高速道路通行料	0.84
政府の革新イニシアティブ	3.35
クリマアクティブ自動車	0.18
気候エネルギー基金	7.06
連邦政府資産	0.12
計	168.29

出所：Federal Ministry of Sustainability and Tourism 2019: 39.

ている（第11章参照）。

中小企業のエネルギー管理システムにおいて省エネ対策が取り組まれている。例えば，通勤で自動車から公共交通機関への乗り換え，ビルや工場などの断熱改修，エネルギー管理システムへの投資，廃熱の回収利用などである。また，運輸部門の省エネ対策は，モーダルシフト（自動車から別の交通手段への転換）が主な内容となる（第12章参照）。自動車交通量を減らすためには，歩道や自転車道を拡張し，徒歩や自転車移動を増加させる必要がある。また，公共交通機関の拡充だけではなく，都市の膨張を止める都市計画や空間計画も含めた対応が不可欠である。

4　国・州・基礎自治体の連携

4-1　国・州・基礎自治体の役割分担

オーストリアは連邦国家制をとっている。連邦憲法の第2条2項では，「連邦国家は自律的な諸州から形成される」と記されており，各州が自治的な政治主体であることが強調されている（東原 2013）。戦後のオーストリアの国と州の政治は，協調民主主義体制が取り入れられ，「包括的，交渉的，妥協的」な特徴を有してきたとされる。この特徴が問題の構造が複雑で解決方法が幾通りもある気候エネルギー問題において，国民合意や住民自治が政策の運営・実施プロセスで重視されていると解される。

2011年に制定された気候保護法（Klimaschutzgesetz, 2017年改正）は，非ETS部門におけるオーストリアの気候政策の基本法である。持続可能性と観光連邦省（BMNT）は，気候政策に関して全国的な調整の役割を担っている。国は気候エネルギー対策の補助や非ETS部門へのインセンティブを付与し，EUETSや廃棄物管理などのEUや全国レベルの取り組みを担当している。一方，州は建築物や空間計画，基礎自治体は公共交通機関や土地利用管理を担当している。

4-2　気候エネルギー基金による政策支援

「気候エネルギー基金（Klima und Energiefonds）」（以下，基金）は，持続可能で気候変動緩和のエネルギーシステムを構築するために，国が共同出資して

2007年に設立された。活動内容は，エネルギー生産性の向上，再エネの割合を高めたエネルギーシステムへの移行，環境保全型の社会と経済への転換，気候変動の適応と緩和戦略の開発である（Koeppl *et al.* 2013)。また，基金はエネルギー自立地域をサポートする「気候エネルギーモデル地域（Klima- und Energiemodellregionen: KEM)」の事務局でもある（第6章参照)。

基金の具体的なプロジェクトには，オーストリアの気候研究計画，KEM，スマートシティ構想，エネルギーヴェンデ2050，オーストリアのための電気自動車，マルチモーダルシステムなどがある。これらの活動に対して，基金は，2007～16年の間に11億ユーロを助成し11万件以上のプロジェクトを支援してきた。2017年の予算は，政府から最大1億5000万ユーロが拠出され，26のプログラムに対して1億200万ユーロ（EU資金を含む）が配分されている（Klima und Energiefonds 2017a)。そのプログラムの予算内訳は，研究（4260万ユーロ，2件)，研究成果の市場化（3760万ユーロ，13件)，交通関係（1810万ユーロ，5件）などである（Klima und Energiefonds 2017b)。国際エネルギー機関（IEA）は，基金が実施している包括的な資金調達プログラムのポートフォリオの効果を高く評価している（IEA 2014)。

このように気候エネルギー基金は，国の気候変動戦略をサポートするだけではなく，地域や自治体の取り組みに貢献する政策研究や事業化を支えている。

5　州の気候エネルギー政策

5-1　9州の気候エネルギー政策の比較

9つの州は，地域や分野の状況を考慮しつつ，独自の地域気候変動プログラムに取り組んでいる。すべての州は，エネルギー消費に関する数値目標を設定し，建築物の断熱改修の政策目標を設定している（表3-8)。再エネ普及に関しても，電力や熱，エネルギー全体のいずれかで数値目標を設定しているが，輸送燃料の再エネ目標はケルンテン州のみである。エネルギー自立や脱オイル・脱ガス暖房に関しても，多くの州が目標を設定している。

また，すべての州は，気候エネルギーに関する中長期の目標を独自に設定しており，大きく3つのグループに分かれる（表3-9)。第一グループは，国と

表３－８　各州の気候エネルギー政策の目標設定

	ブルゲンラント	ケルンテン	ニーダーエスターライヒ	オーバーエスターライヒ	ザルツブルク	シュタイアーマルク	チロル	フォアアールベルク	ウィーン
１．エネルギー自立	□	□	×	×	□	□	□	□	×
２．再エネ									
全体の再エネ	●	×	×	×	●	●	●	●	●
電力の再エネ	●	●	●	●	●	×	×	×	×
熱の再エネ	×	●	×	×	●	×	×	×	×
輸送の再エネ	×	●	×	×	×	×	×	×	×
脱オイルと脱ガス暖房	□	●	□	□	□	×	×	□	□
３．GHG 排出	●	×	●	●	●	●	□	●	●
４．エネルギー消費	●	●	●	●	●	●	●	●	●
５．エネルギー効率化	×	×	×	●	×	●	×	×	×
建築物の断熱改修	●	●	□	●	□	□	●	●	●
６．運輸									
電気自動車	×	●	●	×	●	●	●	●	●
モーダルスプリット	×	●	●	□	●	□	●	●	●
７．エネルギー空間計画	□	□	□	□	□	□	□	□	□

出所：Federal Ministry for Sustainability and Tourism（2019: 22）を一部修正。
注：●は定量目標，□は定性目標，×は目標なし，一般的な表明をそれぞれ意味する。

同等の目標（2030年に GHG 排出36％削減）である（ブルゲンラント，ニーダーエスターライヒ，シュタイアーマルクの３州）。第二グループは，気候中立や脱炭素化を目標としている（ケルンテン，オーバーエスターライヒ，ザルツブルク，チロル，フォアアールベルクの５州）。再エネ資源に恵まれ，大規模排出源が少ないことが背景にある。第三グループは，一人あたり GHG 排出目標を設定しているが，総量目標を示していないウィーン州である。ウィーンは，2010年から2020年までの気候保護プログラム（KliP II）でも，一人あたり GHG 排出量を1990年の3.73t から2020年に2.94t に削減する目標を設定しているが，人口増加によって削減効果が相殺されている。

いずれの州も，省エネ対策や再エネ普及政策において，生活の質や生活の満足度を引き上げ，自動車交通量を削減するために空間計画を見直し，様々な社会的課題を横断的に解消していく工夫が見られる。

また，ニーダーエスターライヒでは，2030年の36％削減達成に向けて，太陽

表3-9　各州の気候エネルギー政策の概要

州	計画名	策定年	削減目標				内容
			数値	達成年	基準年	対象ガス	
ブルゲンラント	ブルゲンラント2050気候エネルギー戦略	2019	▲36%	2030	2005	GHG	エネルギー生産，省エネ，モビリティ，農業，廃棄物管理，空間計画など10の主分野に関する75の具体策
ケルンテン	気候戦略ケルンテン	2018	気候中立	2035	−	CO_2	エネルギーマスタープラン（eMAP）に基づき，2025年までに熱と電力は脱化石と脱原発，2035年までに運輸部門でも達成
ニーダーエスターライヒ	ニーダーエスターライヒ気候エネルギー計画2020～2030	2019	▲36%	2030	2005	GHG	2000GWh 太陽光発電と7000GWh の風力発電 バイオマスと再エネガスからの熱を3万世帯に供給 環境技術によって1万人の雇用創出 電気自動車を20%普及
オーバーエスターライヒ	オーバーエスターライヒ州のエネルギー戦略：エネルギー先進地域オーバーエスターライヒ2050	2017	▲25～33% ▲70～90%	2030 2050	2014	GHG	2030年までに電力を100%再エネ エネルギー原単位を毎年1.5～2%向上
ザルツブルク	気候・エネルギー戦略ザルツブルク2050	2012	気候中立 ▲75% ▲50% ▲30%	2050 2040 2030 2020	2005	GHG	2020・2030・2040年を中間目標に設定し，「気候エネルギーマスタープラン」を策定 2020年プランでは，RE の割合を50%に増加（2013年に45.2%）
シュタイアーマルク	気候・エネルギー戦略シュタイアーマルク2030	2018	▲36%	2030	2005	GHG	エネルギー効率改善30%以上，再エネ割合40%増加 手頃なエネルギー価格と安定供給
チロル	チロル2050エネルギー自立	2014	気候中立	2050	−	GHG	エネルギー消費量を半減し，再エネ100%供給
フォアアールベルク	エネルギー自立フォアアールベルク	2009	気候中立 ▲40%	2050 2030	− 2005	GHG	州気候非常事態宣言を決議し，2030年までに最終エネルギーの再エネ割合を50%に増加（電力は100%再エネ）
ウィーン	スマートシティ・ウィーン枠組み戦略	2019	▲50% ▲85%	2030 2050	2005	一人あたりGHG	一人あたりの最終エネルギー消費量を2005年比で2030年に30%削減，2050年に50%削減

出所：各州の計画に基づき上園作成。

光発電を2000GWh，風力発電を7000GWh，バイオマスなど再エネ熱を3万世帯に新規供給していく計画である。こうした環境対策は過去に約4.3万人の雇用，79億ユーロの地域経済循環と33億ユーロの地域付加価値を生み出したと試算されている（Niederösterreich Umwelt und Energiewirtschaft 2019: 44–46）。同計画は，地域経済循環を重視した省エネや再エネ事業を拡大することによって，さらに1万人の雇用創出を目指している。現状のままでは，化石燃料と電気を域外から調達するために年間30億ユーロを支払うが，2050年80%削減シナリオでは，設備投資が13億ユーロ必要となるものの，化石燃料と電力への支払

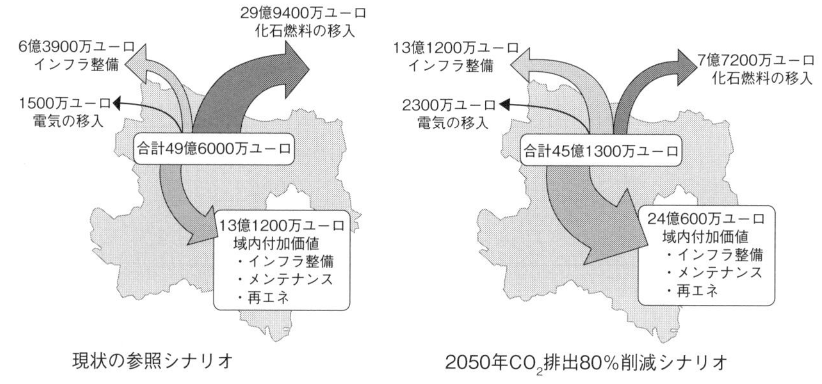

図3－4　NÖ州のエネルギー調達の地域経済循環の比較
出所：Niederösterreich Umwelt und Energiewirtschaft 2019: 45.

額が８億ユーロに削減される（図３－４）。さらに，域内への地域経済循環が現状の13億ユーロから80%削減シナリオの24億ユーロへ大幅に増加すると試算されており，脱炭素社会への移行は地域経済にとっても経済合理的であると示されている。

5－2　フォアアールベルク州のエネルギー自立政策

フォアアールベルク（Vorarlberg）はオーストリア最西端に位置する人口39万人の小さな州で，経済活動が最も盛んな地域でもある。

同州では1960年代末から反原発の市民運動が盛んになり，78年に行われたツヴェンテンドルフ原発の稼働を問う国民投票では，反対票率が84.4%という明確な意思が表示された。以降，同州では原発を用いない，省エネと再エネに基づいた持続可能なエネルギー政策が目指されてきた。84年には国内で初めて緑の党が州議会に議席を獲得。2014年からはオーストリア国民党と緑の党の連立政権が続いている。

1985年にはエネルギー研究所フォアアールベルク（Energieinstitut Vorarlberg，第７章参照）が設立され，この機関を軸として省エネ・再エネの普及活動が展開されていく。例えば，91年には，同研究所が開発した省エネ住宅基準を満たす建物への州の助成制度が始まった。同時に，研究所による設計者や施工者への教育や施主へのアドバイスも行われ，高度な省エネ・エコ建築のノウハウや市場が成熟していった。

1998年には州として「e５プログラム（e５-Programm: e５）」（第６章参照）を導入し，自治体を気候エネルギー政策の最も重要なパートナーとして位置づけ，サポートしていく。今日では，96ある自治体のうち47がe５に参加し，人口の84％がe５の自治体に住んでいる。そのうち９自治体が５つのe，14自治体が４つのeの認証を受けており，レベルの高い自治体の数が他州と比べても多い。参加自治体の間では密な交流が行われ，お互いに高め合う関係が育まれている。

1988年と2001年には州の10ヶ年エネルギー計画が実施された。その後続プログラムを策定するにあたり，同州は07年に新しい道に踏み込む。背景には，脱炭素化という大きな社会的転換を実現するには，地域社会全体を巻き込んでいく必要がある，という認識があった。そのために州は，大々的な住民参加によるビジョンづくりのプロセスを開始。エネルギー研究所が中心となり，地域の100人の専門家から成る10のテーマ別ワーキンググループを形成し，１年半にわたり70回のワークショップを実施した。

その結果，フォアアールベルク州では2050年までに省エネと再エネによりエネルギー自立を実現できることが証明され，シナリオと途中目標が定義された。加えて一般市民130人を選抜し，小グループで1.5日間をかけてプロセスの結果について議論してもらった。これらのステップを経て，2009年に州議会は2050年までのエネルギー自立という目標を全会一致で決議した。続いて64人の地域の関係者から成る４つのワーキンググループが，１年をかけて，2020年までに実施すべき「101の孫に通じる対策（101 enkeltaugliche Massnahmen）」を策定していった。

「エネルギー自立フォアアールベルク（Energieautonomie Vorarlberg）」の進捗状況については，毎年のモニタリングが行われている。自立決議から10年が経過し，今日までに数多くの対策が実施されてきたが，途中目標の達成状況は分野ごとに大きく異なる。2005年比で2018年の同州の人口は９％，住面積は16％，地域内総生産は64.3％も増えている。そのような経済成長の下，最終エネルギー消費量は2.7％増え，目標の－15％を達成できていない。対して，総エネルギー消費に占める再エネの割合は40.5％，CO_2排出量については－12％で目標路線となっている。

特に成果が大きいのは建物の熱分野である。2018年までに最終エネルギーでは11％，暖房用オイルの消費量は60％，CO_2排出量も34％減っている。断熱性能の向上と，木質バイオマスや太陽熱，環境熱といった再エネ熱源の普及により，住面積の増加分を上回る削減が進んでいる。対して最も大きな課題となっているのが交通分野で，目標の－20％から大幅に乖離して消費量が13.5％も増えている。この分野では，公共交通の充実や徒歩・自転車・電気自動車の推進継続に加えて，国による規制強化が不可欠のようだ。再エネによる電力の自給率は70％で，水力が主力であるが，太陽光や風力のいっそうの拡張も必要になっている。

2019年には同州でもフライデイ・フォー・フューチャー（Fridays For Future）運動が盛んになり，7月には州議会が気候非常事態（Klimanotstand）宣言を全会一致で決議した。エネルギー自立の次の10年を後押しすることがその目的だ。宣言には，州のすべての法律や条令，助成制度が，気候エネルギー政策と整合性があるものかを調べる「法律チェック」を実施することが記載されている。そして2030年までに，総エネルギー消費に占める再エネの割合を50％に増やし，GHG 排出量を40％削減，特に交通分野のCO_2排出量は36％減らし，電力については100％再エネを達成することが，次の途中目標として掲げられた。

そのための対策は策定中であるが，すでに決まっているものの中では下記の2点が重要だ。1つめは，2021年以降のオイルボイラーの設置禁止である。2つめは，州行政をカーボンニュートラルな組織として運用する「ミッションゼロ V（Mission Zero V）」で，2019年から実施されている。州の所有する建物の熱と電力，公用車と出張の交通エネルギーを対象として，徹底した省エネ・再エネ化を進めて，住民に模範を示す。そして残ったCO_2排出量については，州内のエネルギー自立プロジェクトに出資することで相殺する。例えば40校の幼稚園に太陽光発電を設置し，幼児教育に活用するプロジェクトが進行中だ。

また同州のエネルギー自立プログラムでは，技術的対策と並行して，住民に行動様式の転換を促す対策にも力が入れられてきた。例えば，肉の消費量の少ない食事や有機農業，地産地消といったテーマも含むパリ協定適合型のライフスタイルを1ヶ月にわたり多数の住民に試してもらうプロジェクトを自治体とともに各地で実施している。このような継続的な啓蒙により，エネルギー自立は一人一人の変革を要するものであるが，豊かな地域をつくる道であるという共通理解が市民社会に根づいている。

6　国と州の役割

オーストリアの気候エネルギー政策は，EU 政策に沿って多様かつ分野横断で計画や施策が策定されており，緩和策と適応策が実施されている。固定価格買取制度や建築物の断熱改修など，多くの国で見られる施策も多いが，気候中立目標を野心的に設定し，州によっては再エネや省エネ政策に濃淡が生じており，決して画一的に取り組まれているわけではない。それはオーストリアでは地方自治が根ざしていることが影響していると考えられる。

オーストリアは，豊かな資源を活かして水力発電やバイオマス熱供給による再エネ普及が進んでいるが，CO_2排出量は必ずしも大きく削減されているわけではない。主な要因は人口増加であるが，この結果から見て成果が乏しいと評するのは早急であろう。多くの州や基礎自治体では，エネルギー自立地域づくりをはじめ，エネルギー・ガバナンスや住民参加が広く行われており，エネルギーヴェンデという社会運動が大きな成果を収めつつある。フォアアールベルク州の取り組みのように，着実に成果を生み出している事例もある。

政策は取り組みを後押しする支援の役割を担うものであり，実際の取り組みは住民自治に基づく地域づくりで進められる。国は気候中立やエネルギー自立の方向性を定め，気候エネルギー基金などによって州や基礎自治体に対して政策づくり，資金や人的資源などを支援している。オーストリアの気候エネルギー政策は，トップダウンだけではなく，コミュニティや住民からのボトムアップのニーズや様々な力を活かして取り組むべきことを示唆している。

付記

本章の一部は，上園（2018，2020）を大幅に加筆修正している。2-4 は木原・豊田（2020）に基づく。

参考文献

石倉研　2014「エネルギー転換を後押しする政策――オーストリアの固定価格買取制度（FIT）を中心に」『環境と公害』43（4）：15–21。

上園昌武　2018「オーストリアの気候エネルーモデル地域の役割」『人間と環境』44（2）：23–26。

――　2020「エネルギー自立に向けた地域金融の役割――ライファイゼンバンクの取組を事例に」『社会科学研究年報』50：75–85。

木原浩貴・豊田陽介　2020「オーストリアにおける『気候変動適応モデル地域』（KLAR!）の取組」『人間と環境』46（2）：43–48。

東原正明　2013「連邦国家オーストリアにおける州政府の形成――プロポルツの原理から多数派の原理へ」『福岡大學法學論叢』57（4）：579–611。

BMNT（Bundesministerium für Nachhaltigkeit und Tourismus）2020. UFI - Umweltförderung im Inland, https://www.bmlrt.gv.at/umwelt/klimaschutz/ufi/ufi.html

―― 2019. Umweltinvestitionen des Bundes 2018.

―― 2018. # mission2030: Die österreichische Klima- und Energiestrategie.

Die neue Volkspartei 2020. Aus Verantwortung für Österreich, Regierungsprogramm 2020–2024, https://www.dieneuevolkspartei.at/Download/Regierungsprogramm_2020.pdf

Environment Agency Austria 2019. Bundesländer Luftschadstoff - Inventur 1990–2017.

Eurostat 2020. Energy balances 2020, https://ec.europa.eu/eurostat/web/energy/data/energy-balances

E-Control 2020. Ökostrom-Einspeisemengen und - Vergütungen in Österreich - Gesamtjahr 2019 - Vergleich 2019 zu 2018, https://www.e-control.at/de/statistik/oeko-energie/oekostrommengen

Federal Ministry of Sustainability and Tourism 2019. Integrated National Energy and Climate Plan for Austria 2021–2030 - pursuant to Regulation（EU）2018/1999 of the European Parliament and of the Council on the Governance of the Energy Union and Climate Action.

IG Windkraft, Historie des Ökostromgesetzes im Kurzüberblick, https://www.igwindkraft.at/?mdoc_id=1014570

IEA（International Energy Agency）2020. Energy Policy Review - Austria 2020 Review.

―― 2019a. World energy balances 2019.

―― 2019b. CO_2 Emissions from Fuel Combustion 2019, https://webstore. iea.org/co 2 -emissions-from-fuel-combustion-2019

—— 2014. Energy Policies of IEA Countries Austria 2014 Review.

Kärnten Land 2018. Impressum - Klimastrategie Kärnten.

—— 2013. Energie Masterplan Kärnten - eMAP 2025.

Klima und Energiefonds 2017a. Klima- und Energiefonds Seit 2007 effizientes Instrument der Bundesregierung. Impulsgeber für die Energie- und Mobilitätswende.

—— 2017b. Jahresprogramm 2017 des Klima- und Energiefonds.

Koeppl A. *et al.* 2013. The Austrian Climate Change and Energy Fund: Promoter of Structural Change in Energy Efficiency and Climate Protection, Expert Advisory Board of the Austrian Climate Change and Energy Fund.

Land Burgenländ 2019. 2050 - Burgenländische Klima- & Energiestrategie.

Land Niederösterreich 2019. NÖ Klima- & Energiefahrplan 2020 bis 2030.

Landes Oberösterreich 2017. Oberösterreichische Energiestrategie "Energie Leitregion OÖ".

Land Salzburg 2015. Masterplan Klima+ Energie 2020 -im Rahmen der Klima- und Energiesratefie Salzburg 2050.

Land Steiermark 2017. Klima- und Energiestrategie Steiermark 2030.

Land Vorarlberg 2014. Energieautonomie Vorarlberg.

Niedertscheider, M., Haas, W. and Görg, C. 2018. Austrian climate policies and GHG-emissions since 1990: What is the role of climate policy integration? *Environmental Science & Policy* 81: 10–17.

Niederösterreich Umwelt und Energiewirtschaft 2019. NÖ Klima und Energiefahrplan -2020 bis 2030.

TIROL 2050 2014. Tirol 2050 Energieautonom.

UNFCCC 2020. National Inventory Submissions 2020, https://unfccc.int/ghg-inventories-annex-i-parties/2020

Wagner, B., Hauer, C., Schoder A. and Habersack, H. 2015. A review of hydropower in Austria: Past, present and future development. *Renewable and Sustainable Energy Reviews* 50: 304–314.

Wien Energie, Nationaler Energie- und Klimaplan, https://positionen.wienenergie.at/themen/klimapolitik/nekp/

Wien 2019. Smart City Wien Framework Strategy.

第４章

ドイツ語圏における
エネルギー自立地域を目指す社会運動

滝川　薫

オーストリア，ドイツ，スイスの三国は，ドイツ語を公用語とする隣国として，エネルギーヴェンデ（エネルギーの大転換）においても互いに影響を及ぼしながら各々の発展を遂げてきた。1990年代よりこれらの国々では，レベルの高いエネルギー政策を実践したり，エネルギー自立を目指して行動する自治体や地域の運動が広がってきた。本章では三国に共通するこの運動の概要と各国の特徴を紹介する。

1　エネルギー自立地域とは

本章で紹介するエネルギー自立を目指す地域の運動は，ドイツ語でエネルギーヴェンデ（エネルギー大転換）と呼ばれる歴史的な社会の大変革の一部をなすものである。それは技術的には高効率化と再生可能エネルギーによる持続可能なエネルギー利用への転換を意味し，脱原発だけでなく，脱化石エネルギーも含まれる。社会的には，分散型で民主的なエネルギー経済への転換を意味する。エネルギーヴェンデという言葉は，オーストリア・ドイツ・スイスでは，日常的な会話やメディアで使用される一般的な概念となっており，市民の大多数がその素早い進行を希求している。

こういった市民が中心となり，エネルギー自立地域を目指す運動（以下，エネルギー自立運動）が各地で進められてきた。エネルギー自立地域とは，一年の収支において，消費と少なくとも同じ量のエネルギーを域内の再生可能エネルギー源により生産する自治体や郡，その集合体である。エネルギー消費には電気，熱，交通の３分野が含まれる[*1]。その実践は環境に配慮し，大幅な省エネを伴う。そしてこの目標を地域のオフィシャルな政策目標として掲げ，住民と一体となって戦略的に取り組む地域のことである。電力や熱については自立している地域はあるが，交通分野ではまだない。再エネ電力分野で輸出地帯となり，熱や交通分野での消費量以上を生産することにより，数字上において３分野でのエネルギー自立を達成している地域はある。

今日，欧州ドイツ語圏では，多くの地域がエネルギー自立を目指してレベルの高い活動を行っている。そのモチベーションには，一方では温暖化防止や持続可能なエネルギー利用への転換という大義名分がある。他方，特に農村部においては，地域経済の活性化が最も大きなモチベーションとなってきた。これまで域外のエネルギーを購入するために地域から流出していたお金が，エネルギー自立により地域内で循環するようになるためである。

2　エネルギー自立運動の経緯

2-1　黎明期――脱原発・脱化石エネルギーの運動から

地域レベルでエネルギー自立を目指す運動の原点は1970年代に遡る。２度のオイルショックに加えて，ドイツ・オーストリア・スイスの三国で連動して，反原発が大きな社会運動に発展した。それによりドイツやスイスでは一部の原発の建設が阻止され，オーストリアでは建設済み原発の稼働が国民投票により拒否された。1980年には『エネルギーヴェンデ――石油とウランを使わない成長と豊かさ』（Kraus *et al.* 1989）が，ドイツのエコ研究所（Öko-Institut）により出版され，エネルギーヴェンデという言葉が生まれた。

反対運動から生まれた意識の種は，1980年代には地域レベルでのエネルギー政策や組織として発芽する。84年には緑の党がオーストリア・フォアアールベルク州にて初めて州議会に議席を獲得した。85年には同州でエネルギー研究所フォアアールベルク（Energieinstitut Vorarlberg，第７章参照）が設立されている。スイスでも州レベルで建物の断熱規制が導入されたり，バーゼル地方では市民エネルギー協同組合が設立されたりした。ソーラーエネルギーを活用した省エネ建築や，再エネ活用の先行事例が各地で見られるようになった。80年代に大きな環境問題となっていた「森林死滅」，そしてチェルノブイリ原発事故は，社会に深いショックを与え，このような動きを後押しした。

こうして1990年代にかけて，ドイツ・オーストリア・スイスにおけるエネルギー・環境問題への意識は一つのピークに達する。省エネ・再エネ技術が政策として促進され，技術が成熟していく。91年にはドイツで電力供給法がスタートし，北ドイツで風力技術のノウハウが発展した（村上 2012）。その影響を受けて，オーストリアでも初期の市民風車パークが実現している（Schreurer[＊2]）。この頃，エネルギー自立を目標に掲げる農村部の小規模なパイオニアの自治体がいくつか現れてくる。90年代には，自治体における体系的なエネルギー政策を推進するために，「エネルギー都市（Energiestadt）」（スイス）や「e 5 プログラム（e 5 -Programm: e 5 ）」（オーストリア）といった国や州のプログラム，NGO 気候同盟（Klima-Bündnis）の活動も始まった。

2-2　発展期――先進地域のネットワーク化

ドイツでは，2000年に再生可能エネルギー法による固定価格買取制度が施行されると，再エネ電力のダイナミックな増産が引き起こされる。それに伴い特にドイツでエネルギー自立を目指す地域の数が勢いよく増えていく。2000年代前半には，各国のパイオニア地域の取り組みの成果も具体化し，エネルギー自立運動は気候保全や地域発展の鍵となるという共通認識が広まっていく。

この時期にはエネルギー自立地域の手法や成功要因に関する調査や研究が幾つも行われた。2000年代後半には，後述するドイツの「100％再生可能エネルギー地域（100ee-Regionen）」や「バイオエネルギー村（Bioenergiedörfer）」，オーストリアの「気候エネルギーモデル地域（Klima- und Energiemodellregionen: KEM）」（第 6 章参照）といった，エネルギー自立地域を推進しネットワーク化するプログラムも始まった。運動は州レベルにも到達し2009年にはフォアアールベルク州（オーストリア）の議会がエネルギー自立を決議して注目を集めた。

2011年に起こった福島第一原発事故は，この 3 ヶ国の社会に再び深いショックを与えた。その中で，エネルギー自立地域はエネルギー大転換の模範と見なされるようになり，自立を目指す地域の運動は最盛期に達する。そして都市部の自治体や広域地域にも広がっていく。

2-3　定着期――パリ協定とFFFの時代

しかし，ドイツでは2012年から再エネ発電の拡張にブレーキをかける政策が進行し，こういった高揚感は次第に萎えていった。2015年にパリ協定が採択されると，基本的にどの州や自治体でも，2050年までにはエネルギー自立，カーボンニュートラル化を行わなければ，温暖化を1.5度以下に抑えるという目標の達成は難しい，という環境になった。そういう意味でドイツの再エネ電力のパイオニア地域が注目された時代から，ドイツ語圏全般で，総合的な気候保全計画を一歩一歩実施していくという地道な作業の時代に移行していった。

2019年にはスウェーデンで始まったフライデイ・フォー・フューチャー（Fridays for Future：FFF）の運動がドイツ語圏にも到来し，若者たちがパリ協定を満たすような，より徹底した気候政策の素早い実施を各国の政府に求めた。これによりエネルギー・気候というテーマが，再びドイツ・オーストリア・スイスの社会の最も大きな関心事に復活した。FFFは若者だけでなく，親や祖父母の世代，企業家や科学者の集団も巻き込んだ社会運動に発展する。そして2019年９月のグローバル気候マーチには，ドイツで140万人，オーストリアで15万人，スイスで10万人がデモに参加した。

この動きは，国・州・自治体のレベルにて直接的には選挙行動により，間接的には議会への圧力として大きな影響を及ぼした。その中で気候非常事態宣言を採択した自治体や州も少なくない。オーストリアは国民議会が宣言を採択した。FFFは，オーストリア・スイスでは2030年まで，ドイツでは35年までのカーボンニュートラル化を要求している。この運動は，エネルギー自立を目指して活動する地域にとって，追い風の状況をつくっている。

写真４-１　2019年９月ベルンにおける気候マーチ（筆者撮影）

3　ドイツのエネルギー自立運動の特徴

3-1　市民による再エネ電力の増産

ドイツでは，2000年にスタートした再生可能エネルギー法（Erneuerbare-Energien-Gesetz）による固定価格買取制度の成果として，電力消費に占める再エネの割合が20年間で6％から42％に増えた。それに伴いエネルギー自立を目指す地域の運動に関しても，オーストリアやスイスと比べた時に，主に発電分野でのダイナミックな発展があった。

その際に，地域の市民が中心となり再エネ発電設備の拡張が行われてきたのが大きな特徴である。2016年までに設置された再エネ発電設備の出力に占める所有者の割合は，市民と農家が42％を占めている（図4-1）。地域の中小企業や自治体のエネルギー公社の所有する割合を含めると，地元が出資する割合が66％になる。対して大手電力の割合はわずかに5.4％に留まっている。また2006年から18年までの間に，869もの市民エネルギー協同組合が新設され，18.3万人が地域の再エネ設備に共同出資してきた。エネルギー供給を地域の手

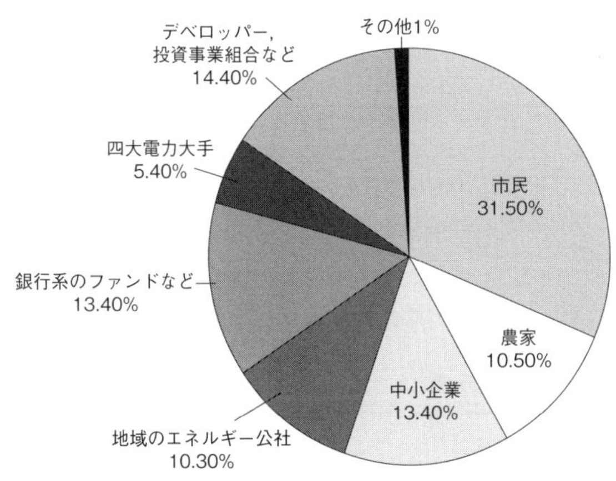

図4-1　2016年までにドイツで設置された再生可能エネルギー発電施設の設置出力に占める出資者の割合

出所：Trend: research, stand 12/2017，村上他（2018：20）参照。

に取り戻すために，少なからずの自治体にてエネルギー公社が新設されたことも特徴的だ。

しかし，先述したように2012年から再エネ電力の拡張にブレーキをかける方向に制度が改訂されていくにつれ，ドイツの下からのエネルギー大転換の勢いは弱まった。そのような中，エネルギー自立を目指す地域では，熱や交通，省エネといった分野へも活動の幅が広がっていった。

3－2　100％再生可能エネルギー地域

ドイツで2007～15年にかけて実施されたプログラム「100％再生可能エネルギー地域」は，国内外でのエネルギー自立運動の普及に大きな影響を与えた。カッセルに拠点を置く分散型エネルギー技術ネットワーク（deENet）と分散型エネルギー技術研究所（IdE）が，連邦環境省からの助成金を得て，開発・運用してきたものだ。

同プログラムはドイツでエネルギー自立を政策目標に掲げて高度な取り組みを実践する地域の調査・研究を行い，そこから得た知見に基づきエネルギー自立地域を定義した。また，取り組みが進んだ地域を表彰し，コンサルタントやネットワーク化を行ってきた。それにより，エネルギー自立地域が一つの社会運動として知覚できるようになり，毎年の全国会議により交流や増加が促進された。ただ，後述するEEA（欧州）やKEM（オーストリア）のように継続的な組織にはならなかった。

同プログラムには最終的に国土の３分の１を占める150地域が参加し，時とともに農村部の自治体だけでなく，郡や都市部，広域地域も加わっていった。現在はNGO気候同盟が同プロジェクトでの経験に基づいて，エネルギー自立地域の新ネットワーク「Regio-N」を構築中である。

3－3　その他のエネルギー自立地域のネットワーク

前述のプログラムと並行して，小さな農村における「バイオエネルギー村」の増加もドイツでは注目を集めた。バイオエネルギー村とは，バイオマスにより熱と電力の大半を，住民を巻き込みながら，持続可能な方法で生産する村のことである。2006年にユーンデ（Jühnde）村が第一号のバイオエネルギー村となって以来，ドイツの食糧農業省の関連機関である「成長する資源専門機関（Fachagentur Nachwachsende Rohstoffe）」が運用するバイオエネルギー村のネットワークには163村が登録されている。

都市部の自治体を対象としたプログラムとしては，2012年から環境省が助成する「マスタープラン100％気候保全（Masterplan 100% Klimaschutz）」がある。参加自治体は，2050年までにCO_2排出量を95％減らし，最終エネルギー消費量を50％減らすことを自らに義務づけなくてはならない。選定された自治体には，統合気候コンセプトの策定や気候保全マネージャーの費用が助成される。これまでに41都市が参加しており，フランクフルト（Frankfurt）やシュトゥットガルト（Stuttgart），ハイデルベルク（Heidelberg）といった主要都市も見られる。

4　スイスの地域によるエネルギー自立運動の特徴

4-1　ヨーロピアン・エナジー・アワードの原点

スイスにおける地域レベルでのエネルギー政策やエネルギー自立の運動に見られる大きな特徴は，「エネルギー都市」の制度を中心軸として展開されてきた点である。スイスの自治体が独自のエネルギー政策の必要性を認識し始めたのは，1980年代前半であった。当時，多くの自治体でエネルギーコンセプトが策定されたが，計画の進捗や継続性は担保されていなかった。そのような問題を解決するために，88年にWWFといったスイスの環境団体が共同で同制度を国に提案した。

1990年にスイスで原発建設停止のモラトリアムが国民投票で可決されると，政府はエネルギー大転換を推進するアクションプログラム「エネルギー2000（Energie 2000）」をスタート。その枠内で国や州が自治体のエネルギー政策をサポートするプログラムとして，エネルギー都市制度が採択される。こうして91年には，シャフハウゼン（Schaffhausen）市がエネルギー都市第一号として表彰された。その後，同制度は品質マネジメントの手法を取り入れた認証制度に改善され，隣国からの注目を集める。

1997年には，この制度を見本としてオーストリアのフォアアールベルク州が

表４−１　ドイツ語圏の自治体のエネルギー政策をサポートするプログラムと参加状況

	ドイツ	スイス	オーストリア
EEA 認証自治体	250自治体＋47郡	449自治体	240自治体
人口に占める割合	30％	60％	20％
ゴールド認証自治体	54	54	27
気候同盟への参加自治体数	530	18（主要都市のみ）	1048
その他のエネルギー自立地域を推進する主なプログラム	・100％エネルギー自立地域（終了）：150地域 ・バイオエネルギー村：163村 ・100％気候保全マスタープラン：41 ・レギオＮ（準備中）：15地域程度	・エネルギー地域：24地域（207自治体） ・2000W 社会：約100自治体	・気候・エネルギーモデル地域：97地域（819自治体，230万人），人口の30％

注：EEA と気候同盟，国別のエネルギー自立地域のサポートプログラムに関する，三国の自治体の参加状況をまとめた。EEA には16ヶ国1500自治体が参加しているが，スイス・ドイツ・オーストリアでの認証数が最も大きい。気候同盟では，27ヶ国1768自治体がメンバーとなっているが，オーストリアでの普及率がダントツに高い。

ｅ５（第６章参照）を開発。2003年にはエネルギー都市とｅ５，ドイツのノルトライン・ウェストファーレン州の制度を調和させる形で，３ヶ国により「ヨーロピアン・エナジー・アワード（European Energy Award: EEA）」が設立された（表４−１）。今日では，ドイツ語圏の国々でレベルの高いエネルギー政策を実施している自治体のほとんどが EEA の認証を受けているといっても過言ではない。[＊3]

４−２　エネルギー都市とエネルギー地域

そのような経緯から，スイスでは「エネルギー都市」（＝ EEA）認証が非常に普及しており，EEA の中では認証を受けた自治体数が最も多い国となっている。その数は449あり，国民の60％がエネルギー都市に住んでいる。この普及率はドイツやオーストリアの倍以上である。

制度の詳細についてはｅ５と同様であるためここでは説明を割愛するが，エネルギー都市制度では，エネルギー自立という政策目標は認証の条件にはなっていない。ただし，対策項目の達成率が75％以上のゴールドマークの自治体については，エネルギー自立やカーボンニュートラルと同等の高い目標を持った野心的な自治体であるといえる。その数は54ある。

これとは別に，2000年代には山間農村部で，エネルギー自立による地域発展を目指した自治体のグループがいくつか出てきた。2012年には，このような動きや周辺国の動きを受けて，エネルギー都市制度の中に「エネルギー地域(Energie-Region)」という認証枠が設けられた。エネルギー自立を目指す複数の自治体の共同体を対象として，認証・品質管理・推進が行われている。これまでに24地域（207自治体）がエネルギー地域に参加している。オーストリアのKEMと類似した取り組みだが，KEMの方が普及率が高い。

4－3　2000ワット社会

スイス発のエネルギー自立の概念で，オーストリアやドイツに影響を与えたものに「2000ワット社会（2000-Watt-Gesellschaft)」がある。1998年にチューリヒ工科大学（ETH Zürich）で開発された持続可能な未来ビジョンで，スイスやその周辺国で認知されている。世界中で一人あたりの一次エネルギーの出力を2000Wに減らし，それを100％再生可能エネルギーで供給することができれば，温暖化を1.5度以下に抑え，持続可能な社会をつくることができるという定義だ。

それを省エネ，知足，再エネにより実現する。現在のスイスの一人あたりの一次エネルギー出力は4500Wなので，半分以下に減らすということになる。この出力には食事からインフラの構築，建材の製造にかかるエネルギーまで，生活の全般が含まれている。これまでに2000W社会は，国やほぼすべての州のほか，100の自治体において政策目標に設定されている。この概念の普及に伴い，エネルギー都市制度の枠内には，2000W社会を目指して活動する自治体をサポートするプログラムも導入された。

5　オーストリアのエネルギー自立運動の特徴

5－1　脱化石エネルギー運動からのステップアップ

オーストリアでは1990年代の早い時期から，持続可能な地域発展を目指して脱化石エネルギーを実践する自治体が出現し，欧州でも大きな注目を集めてきた。著名な例ではギュッシング市（Güssing，ブルゲンラント州）やムーレック市（Mureck，シュタイアーマルク州），ブルック・アン・デア・ライタ市（Bruck an der Leitha，ニーダーエスターライヒ州），ケッチャッハ・マウテン村（Kötschach-Mauthen，ケルンテン州），フィルゲン村（Virgen，チロル州），ランゲンエック村（Langenegg，フォアアールベルク州）などがある。これらの地域では，山間地では豊富な水力と木質バイオマスと太陽熱，平野では風力と木質バイオマスやバイオガス，バイオディーゼルといった資源が主に活用されてきた。

1998年にスタートした，州が自治体のエネルギー政策を推進するｅ5は，こういった自治体の取り組みをプロフェッショナル化し，成功事例を増殖させることに貢献してきた。これと並んでオーストリアではNGO気候同盟（第7章参照）が特に盛んに活動している。

広域でのエネルギー自立をサポートするプログラムとしては，2009年から国の気候エネルギー基金がKEMを展開している。こちらには現在96地域，841自治体が参加しており，人口の３割をカバーする。昔の脱化石エネルギー地域の多くが，今日では，周辺自治体とともにKEMに取り組む。KEMは農村部での普及度が高く，ｅ5と同様に品質マネジメントを行い，地域間の経験交換を促す継続的なプログラムである点が特徴となっている。

5-2　エネルギー自立による暮らしの質の高い地域づくり

オーストリアでは州のレベルでも早い時期から，エネルギー自立という大胆な社会ビジョンが取り込まれてきた。2007年には，フォアアールベルク州がエネルギー自立をテーマとした住民参加プロセス「エネルギー未来フォアアールベルク（Energiezukunft Vorarlberg）」を実施。その結果を受けて，2050年までのエネルギー自立（Energieautonomie）を，州議会が全会一致で可決した。その後，オーストリアのほとんどの州で同様の政策目標が取り入れられている。

こういったオーストリアの地域レベルでのエネルギー自立の詳細は他章を参照いただきたいが，三国のエネルギー自立運動の現場を観察してきた筆者の目には，下記の点がオーストリアの運動の強い特色として映る。

- 早い時期から脱化石エネルギーやエネルギー自立を明言し，持続可能で，暮らしの質が高い，魅力的な農村地域づくりのツールとして，エネルギー自立や温暖化対策に取り組んでいる点。

- エネルギー自立を技術的課題としてだけでなく，消費行動や生活習慣を含む文化の発展として住民にコミュニケーションしている点。例えば，気候に優しい食習慣や有機農業，地産地消の推進もエネルギー自立政策の一環とされている。
- エネルギー自立を目指して取り組む自治体や地域が，国や州のサポートを得て面的，継続的に活動してきた点。
- エネルギー自立という言葉が，政治イデオロギー化されることなく，社会全般で非常に前向きに捉えられ，好まれて使われている点。
- 地域での住民参加やプロセスを重視し地域社会の強化につなげている点。

5-3　エネルギー自立地域の仕掛人に聞く

最後に，オーストリアのエネルギー専門家であるアディ・グロース工学博士（Dr. Adi Gross）に，同国のエネルギー自立運動についての見解を伺った。氏は長年，フォアアールベルク州のエネルギー・気候保全部長およびエネルギー研究所所長，緑の党の州議会議員を務めた後，現在は国の連邦議会（上院）の議員を務める。同州で実施された画期的なエネルギー自立プロセスの仕掛人でもある。

――オーストリアのエネルギー自立地域の運動にはどのような特徴がありますか。

オーストリアでは，住民と自治体が地域社会の発展のために努力することが，長年の伝統となっています。住民による公益のための献身がなければ，この社会では多くの事が機能しないでしょう。それから，特に自治体や地域といった私たちが直に接する生活環境については，自分が期待する未来は自分たちでつくる共同責任があるのだ，という認識が住民にあります。これらが組み合わさって運動となりました。特に環境分野での多くの変化は「下から」発生したものです。そして今日私たちは，それが機能すること，そして地域のアクティブなエネルギー・気候政策が生活の質を高めることにつながることを理解しています。そのことがまた継続への重要なモチベーションになっています。

――フォアアールベルク州やオーストリアのエネルギー自立地域の運動は，ドイツで起こった2000年代のダイナミックなエネルギー大転換の動きに，どの程度の影響を受けましたか。

ドイツにおけるエネルギーヴェンデは，主に再エネ電力の拡張のための諸制度において模範となりました。ドイツは，それにより素晴らしい拡張に成功し，多くの国々の前例となり，技術発展とコスト低下に大いに貢献しました。

――貴方がフォアアールベルク州でエネルギー未来フォアアールベルクのプロセスを開発した時，どのような模範像が念頭にありましたか。

最も重要なイノベーションは，プロセスそのものでした。数多くのエネルギーコンセプトを見て来た結果，技術的対策やポテンシャル分析の表現よりも，プロセスそのものの方がずっとチャレンジであるということが，私にとっては明確でした。対策の実施が不十分であったり，多くの人が実施する義務を感じていなかったり，ということが頻繁にありました。どうしたらできる限り多くのプレイヤーと目標を分かち合えるのか。それを中核をなす問いに据え，徹底して（住民参加を）実施した点はまったく新しいやり方でした。そのため模範像というのはありませんでした。

――エネルギー自立フォアアールベルクは，他の州でのビジョン開発の推進力となりましたか。また国レベルでの発展にも影響を及ぼしましたか。

どのように直接的な影響があったのかは断言する自信はありません。ともかくも私たちはパリ協定より６年先に事実上2050年までのカーボンニュートラルを決定した初の州でした。その後，多くの他の州でも似たような決議が行われました。KEM には，主にフォアアールベルク州で開発されたｅ5がきっかけを与えたことは確かです。フォアアールベルクのエネルギー自立や他の州の似たような決議により，モデル地域の意味は増し，こういった地域へのサポートも強まっていきました。

――オーストリアには1990年代からエネルギー自立を目指して活動するパイオニア地域がありました。当時，どのような社会的な背景により，これらの地域はこのように早い

時期から活動を始めたのでしょうか。

それには数々の理由があるでしょう。私見では，（原発議論やチェルノブイリ，森林死滅などにより引き起こされた）環境運動が強まる中で，個々の市民から多くのイニシアチブが生まれ，熱心な自治体がアクティブで自己責任に基づく行動を始めたと考えます。大きな影響力を発揮したイニシアチブとして，多くの自治体で定着していたものに，太陽熱温水器のセルフビルド運動がありました。もうかなり以前からですが，どの自治体の政策においてもエネルギー・気候政策は不可欠な要素となっています。

――オーストリアで地域のエネルギー自立運動をさらにスピードアップさせるためには，何が必要でしょうか。

エネルギー，気候政策において最も重要なのは，明確で推進力のある枠組み条件[*4]です。これらが整えば，地域のイニシアチブにとっては最も強い推進力となるでしょう。それから公的機関ももちろん重要な役割を担っています。地域のエネルギー・エージェンシーや州のエネルギー機関など，自治体やイニシアチブをしっかりと専門的にサポートする機関です。

――フォアアールベルク州とオーストリアにおける気候非常事態宣言は，これに関して何か寄与しましたか。

決議や宣言は行われたばかりなので，まだ分かりません。しかし決議の具体性によっては，気候政策を前進させるのに役立つでしょう。フォアアールベルク州では「気候非常事態決議」の中で，とても具体的な事項を決めており，それは政府に対して拘束力を持ちます。私が重要だと思うのは，どのようにこのような宣言や決議が成立したのか，に目を向けることです。社会的な議論や市民社会からの圧力がなければ，不可能であったことです。これは主に「フライデイ・フォー・フューチャー」で，気候保全のために尽力し，道路に繰り出した，たくさんの若い人たちのおかげです。

注

＊1　エネルギー自立は，電力については系統につながった状態での年間収支。自給自

足とは異なる。

＊2　https://www.partizipation.at/buergerinnen-energieerzeugung.html

＊3　EEA は，スイス国内では「エネルギー都市」，オーストリアでは「e 5」の名で運用されている。エネルギー都市や e 5 の認証＝ EEA 認証として扱われている。

＊4　炭素税，環境コストの内部化，規制・助成といった制度のこと。

参考文献

村上敦　2012「村から都市，州，国へと広がるドイツのエネルギー自立地域」滝川薫編『欧州のエネルギー自立地域』学芸出版社，24-25頁。

村上敦・滝川薫・西村健佑・梶村良太郎・池田憲昭　2018『進化するエネルギービジネス』新農林社。

Krause, F. *et al*. 1980. *Energie-Wende: Wachstum und Wohlstand ohne Erdöl und Uran*. Fischer S. Verlag GmbH.

第５章

農山村を支える林業と木質バイオマスエネルギー

渕上佑樹

1　木質バイオマスエネルギーへの期待

オーストリアは国土面積のおよそ48％にあたる約400万 ha が森林地帯であり，年間1765万㎥（2017年）の木材を生産する林業国である（BMNT 2018a）。日本は森林面積がオーストリアの約６倍の2500万 ha もある中で，木材生産量が同程度の年間約2100万㎥（2017年）（林野庁 2019）であるから，オーストリアで林業がいかに盛んであるかが伺い知れる。この要因として，久保山ら（2012）は，オーストリアは日本の３倍以上の林道密度があり，やや大きい森林所有規模，比較的なだらかな地形，日本の人工林よりも充実した森林資源といった好条件を有していること，これらの好条件とともに，効率的な伐出作業システムが普及しているため，高い立木価格が実現されていることをあげている。木材を加工する製材などの木材産業も盛んであり，国内で生産される大量の木材に加えて，さらに920万㎥（2017年）もの木材を隣国から輸入し加工している（BMNT 2018a）。製造された木材製品を使った木造建築も，コスト面で鉄筋コンクリート造や鉄骨造と比べて競争力を持ち，集合住宅や高層ビルの構造材として積極的に使用されている。

これらの建築材料や家具などの木工品，あるいは紙・パルプなどを生産する過程において，林業の現場では建築材料などには不適な丸太や枝葉などの林地残材が，木材加工の現場では加工時に発生した端材やおがくずなどが大量に発生している。これらを回収し木質バイオマスエネルギーとして利用するエネルギー産業も活発であり，オーストリアの林業家や木材加工事業者の経営を支え，産業を持続可能なものにするとともに，地域のエネルギー自給を担う重要な役割を果たしている。

木質バイオマスエネルギーを含む再生可能エネルギーの導入に関して，EUでは加盟国全体で2020年には最終エネルギー消費の20％を再生可能エネルギーで賄うという目標を立てている。この中で，オーストリアは2005年の再生可能エネルギーのシェアが23.3％であるところから，2020年にはこのシェアを34％にまで引き伸ばすとの目標を掲げており，2015年時点ですでに33％にまで達している。再生可能エネルギーの構成に占める木質バイオマスの割合は44.4％と，水力（33.2％）や風力（5.7％）と比べても大きく，目標達成において木質バイオマスエネルギーに期待される役割は大きい（Österreichischer Biomasse-Verband 2019）。本章では，オーストリアにおいて木質バイオマスエネルギーの利用推進がどのように展開されているのかを，森林・林業・木材産業の視点から解説するとともに，地域における木質バイオマスエネルギーの利用事例を紹介する。

2　オーストリアの持続可能な森林・林業・木材産業

本章の冒頭で触れたとおり，オーストリアの国土面積のうち約48％にあたる約400万 ha が森林地帯であり，6割以上をトウヒ（Norway spruce）やカラマツ（Larch）などの針葉樹が占めている。森林面積は20世紀中頃から年々増加しており，1961～70年期から2002～10年期のおよそ40年間で30万 ha ほど増加している。増加分のうちの60％は高山地帯で，かつて牧草地など農業に使用されていた地域である（BMNT 2018b）。

これらの森林は持続可能な木材生産の視点から管理されており，森林内における樹木の生産量を示す蓄積（㎥）は針葉樹林を中心に大きく増加している。年間の蓄積の成長量は約3100万㎥である。このうち針葉樹が2400万 m^3（66％）を占める。樹種で多いのは針葉樹のトウヒで2010万㎥（約60％）。広葉樹で多いのはブナ（Beech）で275万㎥（約10％）。オーストリアではこの蓄積成長量のうち約85％にあたる約2600㎥を利用している（BMLFUW 2015）。『オーストリア森林報告書』（BMLFUW 2015）では，このデータを根拠に森林の持続可能性が証明されているとしており，蓄積の成長量に合わせた無駄のない森林利用が行われているといえる。しかし一方で，これ以上の追加での利用拡大の余地はほとんど残されていない，あるいはすでに危険な水準にあるとの指摘もある。危険な水準とする理由としては，伐採・搬出しやすい条件の整った土地から順次木材が生産され，年数が経過するにつれて伐採・搬出が困難な条件不利地ばかりが残されることが懸念され（熊崎 2015），将来的には採算のバランスがとれなくなることが挙げられている。

森林からの最も重要な生産物である丸太の年間の収穫量は2017年で1765万m³である。これに加えて，920万㎥の丸太を輸入しており，輸入量は中国に続く世界第２位である。この大量の丸太の受け皿となっているのがオーストリアの活発な木材産業である。1019ヶ所の製材工場が1620万㎥，７ヶ所の主なパルプ工場が408万㎥，５ヶ所の主なボード工場が133万㎥の丸太をそれぞれ消費しており，製材業が卓越している（久保山 2019）。製造された木材製品のうち550㎥は国外へ輸出されており，これは世界第７位である（BMNT 2018a）。

この森林・木材に関する産業における，最初のプレイヤーが森林所有者である。オーストリアの森林の所有形態は，約80％が個人所有，約20％が国や州政府などによる公有林である。また，個人所有の森林の面積のうち，約50％が以下の小規模な森林の所有者である（久保山 2019）。そしてこの個人所有者は多くの場合兼業林家であり，農業など他の仕事に従事するかたわら，林業を行っている。このため，オーストリアにおいて木材生産の増大を図るためには，小規模な個人所有者に対するインセンティブを明らかにし，きめ細やかに宣伝していくことが求められる。

木材産業については，1980年代から木材加工技術のイノベーションに取り組む中で，木材の加工能力が飛躍的に向上し，年間の原木消費量が80万㎥以上の上位８工場で製材用原木の半分，上位40工場で90％を消費するまでに寡占化が進んでいる（久保山 2019）。この加工能力を生かした製材製品が世界的に流通し，オーストリアの経済を支えている。オーストリアでは林業・木材産業がGDPに占める割合は1.7％，年間の取引額が49億ユーロにものぼる重要な産業である（BMLFUW 2015）。

このように活発な製材産業の副産物として，大量の製材くずが発生する。この製材くずは木質バイオマス用のボイラーで燃焼され，エネルギー利用される。エネルギー利用される木質バイオマスは年間2400万㎥であり，これには製材業から発生する製材くずや樹皮などのほかに，森林から直接生産される丸太由来の木材チップが含まれる。

近年のバイオマスエネルギー需要の高まりから，燃料用の丸太価格は上昇傾向にあり，森林所有者の林業経営を支えている。森林所有者は伐採・生産した丸太のうち品質のよいものを製材業向けに販売し，それ以外をバイオマスエネルギー会社に販売する。製材用の丸太は樹種や長さ，虫食い被害の有無などによるが，80～140ユーロ/㎥（渕上 2020），バイオマス用の丸太は林道端での引き取りの場合，10～35ユーロ/㎥である（西川 2016，中野 2019）。オーストリアの林業における伐出コストは主伐で3000円/㎥程度，間伐の場合4500円/㎥程度であり，日本が主伐で6000円/㎥程度，間伐の場合で9000円/㎥程度であることと比較すると，およそ半分のコストで木材生産が行われている（久保山 2019）。エネルギー用途やパルプの需要が多く，一回の主伐または間伐で生産される素材量が多いこと，路網開設や機械開発による伐出の労働生産性が高いことなどが，伐出の低コスト化を実現しており，森林所有者の手元に利益が還元される。

木材の使い方は多様であり，品質のよいものは家具用材や見え掛かりの構造材，造作材として，節が多いなど多少品質の劣るものは住宅完成後は壁や床に隠れて見えなくなる構造材，下地材として利用される。写真５-１はグラーツ（Graz）市の郊外に建てられた新築の木造６階建て賃貸住宅である。構造にはCLT（Cross Laminated Timber）という木質系の建材が使用されており，外壁にもカラマツ材が使用されている。このような中規模の木造建築物は鉄骨造や鉄筋コンクリート造と比べ

写真５-１　木造６階建の集合住宅（2018年，筆者撮影）

てコスト的にも同等程度で建築可能とのことである。

さらに低質のものは木質ボードの材料や紙パルプに，これらに向かないもの，あるいはこれらを製造する際に発生する加工くず，これらの廃棄物などがエネルギー利用される。このように，木材を余すことなく段階的に利用することをカスケード利用というが，このカスケード利用のシステムがオーストリアでは構築されているため，木質バイオマスエネルギー事業の採算性が確保できている。

3　木質バイオマスを利用した循環型の熱エネルギー供給

オーストリアでは古くから薪利用が盛んだったが，化石燃料に取って代わられてからは長期間停滞するようになった。これが1970年代のオイルショックの頃に再び注目されるようになり，近代的な木質バイオマスの利用が開始された。熊崎（2015）によると，オーストリアでは80年代の初頭に厳格な大気汚染防止法が制定され，これを契機にバイオス燃焼技術の開発が大きく進展した。市販されるすべてのボイラーは，効率とエミッションを規定した型式認証をとらないと市場に出せず，型式認証で機器の性能と同時にボイラーのメーカー名も明記されることになり，メーカー間の競争が激化する。その結果，ボイラーの性能がどんどん上昇し，効率性，利便性，経済性のいずれにおいても化石燃料焚きの機器に引けを取らないレベルに達した。なお，全自動のバイオマスボイラーが開発され，チップやペレットのボイラーの販売が始まったのは90年代の頃（西川 2016）とされている。

この頃から，地域にある里山のバイオマスを活用して，熱エネルギーを作り出し，そのエネルギーで発電するとともに熱エネルギーを温水としてマイクロネットと呼ばれる小さな配管網で周辺の家庭や学校，病院などに供給する地域分散型の地域熱供給のビジネスが開始され，現在では多様な形式の地域熱供給ビジネスが無数に存在する状況である。また，熱供給のための配管が敷設できない都市部などでは木質ペレットによる暖房も広がっている（Österreichischer Biomasse-Verband 2019）。

このように，木質バイオマスのエネルギー利用の中心は熱利用であり，エネ

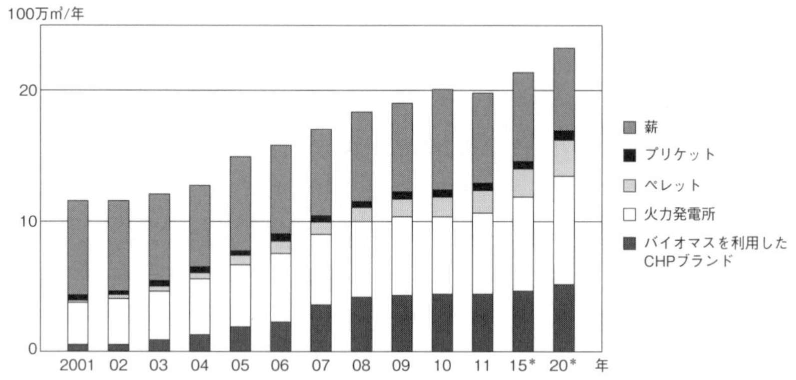

図5－1　エネルギーとしての木材利用量の推移

出所：BMLFUW（2015）をもとに筆者作成。
注：*の年は予測。

ルギー利用される木材の総量の94.4％が熱利用されている（2011年値）（BMLFUW 2015）。オーストリアエネルギー庁では2020年のエネルギー源としての木材の利用量は2500万m³にも達すると予測している。これはオーストリア国内の森林資源の年間利用量（2600万m³）に相当する量であるが，森林資源のほとんどを熱利用のために燃焼させるという意味ではない。エネルギー利用のために生産される丸太は2013年時点では496万m³しかなく，このほかに林業の現場で発生する樹木の先端や枝葉などの林地残材，製材工場などの加工施設で発生する樹皮，端材やおがくずなどの副製品および建築解体材などがエネルギー用の資源として供給される。当然ながら，これらの中には輸入材由来のものも含まれる。

また，木質バイオマスエネルギーは電力としてはあまり利用されてこなかったが，2002年にFIT（固定価格買取制度）が導入され，熱電併給（CHP）施設からの木質バイオマス由来の電力供給量が大幅に増加した（図5－1）。しかしFIT開始で木質バイオマス由来の発電量が増加したのは2007年頃までであり，その後は停滞している。一方で，2012年頃から風力・太陽光が発電量を伸ばしていることが分かる（図5－2）。熊崎（2015）によるとE-Controlの『グリーン電力レポート2012』では，この両者は今後とも順調に伸び，固形バイオマスはむしろ縮小すると予測されており，2018年までの推移からはこの予測が正し

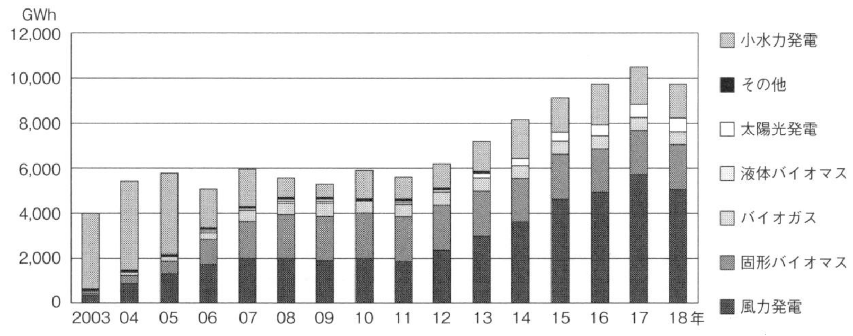

図5－2　グリーン電力発電量の推移

出所：E-Control（2019）をもとに筆者作成。
注：2003～18年に OeMAG（グリーン電力清算決済代行会社）が購入したグリーン電力量。

いことが確認できる。

なお，FIT による買取価格を見ると，2016年頃までは低下を続ける市場価格との乖離が見られたが，近年は木質バイオマスの価格が漸減しているのに加え，市場価格に増加の傾向があることから，価格差が少し埋まりつつある。

以上のことから，木質バイオマスに期待される役割は，地域資源を利用した循環型の熱エネルギー供給であり，電力の供給は熱供給と両立する範囲内に留めるのがよいとの見解が妥当だと思われる。電力に関しては，風力・太陽光が現在の増加傾向を維持し，大きな役割を担うことになると思われる。

4　木質バイオマスエネルギー導入の地域事例

オーストリアでは大小様々な規模の地域熱供給網が整備されているが，小規模分散型の地域熱供給網による資源と経済が地域で循環するエネルギー供給モデルについては，ギュッシング（Gussing）の事例が特に有名である（枝廣 2015）。ギュッシングのように議会や市長が強いリーダーシップを発揮し，オーストリア政府の資金的な援助も得ながら地域全体が木質バイオマスエネルギーによるエネルギー自給を達成するような大々的なモデルのほかにも，地域の農林家が数名でグループをつくり地域熱供給プラントを建設し熱供給事業を行うケース，製材工場が発生する製材くずを燃料としたプラントを建設し近隣の家庭などに熱供給を行うケースなど，多様な事例が見られる。本節では小規模分散型の熱供給モデルに着目し，実際に調査で訪れたいくつかの自治体で行われていた事例について紹介したい。なお，事例1と2は『農中総研情報』で筆者が紹介したもの（渕上 2019）に加筆・修正したものである。

4-1　事例1
――小規模製材所での木質バイオマス熱供給と小水力発電

オーストリア北部オーバーエスターライヒ（Oberösterreich）州の都市であるフライシュタット（Freistadt）の郊外に位置するホルツコンペテンツ・ハーバート・ライトナー（Holzkompetenz Herbert Leitner）は，100年以上の歴史を持つ従業員3名，年間の原木消費量は3000m^{3}の小規模製材所である（写真5-2）。

地域の森林所有者が生産する原木（トウヒなど）を原材料とした外構材の製造・販売を主に行っており，その多くを地域の工務店・一般消費者に直接販売する地域密着型の経営を行っている。

原木（トウヒなど）のおよそ8割を50km 圏内の地域から調達しているが，一方で，隣国のチェコから輸入するカラマツの割合が増加しているとのことだった。これは，カラマツがトウヒと比べて商品価値が高いことに加えて，近年，ドイツ・オーストリアではトウヒのキクイムシによる被害が深刻化しており，質量両面での供給が危ぶまれていることが要因のようである。実際に，近隣の製材所もカラマツの製材を始めており，原木が不足気味になっているとのことであった。

自社製品の乾燥の熱源は製材によって発生した端材などを利用した木質バイオマスボイラーから供給されており（写真5-3），余った温水は乾燥機以外に近隣の住宅（3軒程度）にも供給されていた。

また，2014年に製材所の脇を流れる小川に小水力発電（55kWp）を設置し，自社への電力供給と系統接続による売電を行っていた（写真5-4）。取水口から発電機までの流路は約400m，落差は9.1m と勾配はゆるやかでありながらも，年間の発電量は23万 kWh と，製材所での年間の電力消費量7.5万 kWh を

写真５－２　製材の様子（2019年，上園昌武撮影）

写真５－３　熱源に木質バイオマスを使用した乾燥機（2019年，筆者撮影）

写真５－４　水力発電機（2019年，久保田学撮影）

大きく上回っていた。なお，夏は小川の流量が少なく系統から電力を購入，春と秋は流量が豊富なため売電しているとのことであった。

このように，熱・電力共にそのほとんどが自然エネルギーによって賄われた環境配慮型の製材所であり，原木の調達や製品の販売エリアも含めて，まさに地域に密着した地域との共生を体現している製材所であった。

4－2　事例２――250世帯への地域熱供給網を持つ製材所

ザルツブルグ（Salzburg）州プファルヴェルフェン（Pfarrwerfen）にある製材所レットシュタイナー（Rettesteiner）は，1952年に設立された，年間約２万㎥の原木を加工する量産型の製材所である（写真５－５）。近隣（およそ50km圏内）の森林所有者から主にトウヒを購入し，角材，板材および家具・サッシ用の原板などを製材，販売している。製品は商社を通じて国内のプレカットメーカーや国外（イタリアなど）の家具メーカーに販売されているとのことだった。家具用の原板は他の建材用途の製品に比べて２割程度高い価格で販売されており，この製材所にとっての主力製品の一つとなっている。

製材所内のヤードには森林所有者から集荷した多くの丸太が積み上げられており，秋から冬の切り旬に伐採された原木をヤードにストックし，それを１年かけて徐々に製材する。50km 圏内に他にも製材所が10社あり，森林所有者は生産した原木の品質や買取単価に応じて販売先を選択しているとのことだった。

製材所で発生する大量の端材やおがくず，樹皮は，同じ敷地内にある熱供給施設を運営する協同組合に販売されている。この協同組合は，製材所が中心となって約30年前に立ち上げたもので，近隣の住宅と製材所の所有する木材の人工乾燥機に対して熱供給を行っている（写真５−６，５−７）。組合を立ち上げる

写真５−５　製材所遠景（2019年，上園昌武撮影）

写真５−６　熱供給プラント（2019年，上園昌武撮影）

写真５−７　燃料となるチップ
（2019年，上園昌武撮影）

段階であらかじめ熱供給を受ける希望者を募集し，その後経済性を確認した上で事業を開始した。村の中心部にはメインとなる熱の配管が通っており，そことこの施設の間に位置する建物に対して熱供給を行うことで地域の熱密度を高めている。組合設立後に新たな接続者も増え，現在では250世帯への熱供給を行っている。

協同組合の運営は製材所にとってそれほど大きなビジネスにはなっていないとのことだったが，製材所内で大量に発生する端材などの価値の低い副産物や，樹皮などの産業廃棄物を敷地内ですぐさま処理（販売）できる点は，製材所運営にとって大きなメリットであるとのことだった。

この地域にある製材所は過去30年に多くが廃業しており，経営者のヴァイス（Weiss）氏はこの理由を「後継者問題，経済状況，そして設備への投資を怠った」と分析していた。また，生き残るための戦略は「大手がやりたがらないことをやる」ことであり，地域の小規模な森林所有者から丸太を購入することもその一つということだった。この製材所の経営姿勢が，結果として地域の森林から丸太が生産され，その一部が熱エネルギーとなって地域の生活を支えていることが分かった。

4-3　事例3――ゼーハム村の木質チップによる熱供給

ザルツブルグ州にあるゼーハム（Seeham）村はオーバートルマー湖のほとりにある人口約2000人の小さな自治体である。主に農業が盛んで，農家の８割が有機農家を営んでおり，干し草と牧草のみを食べさせた牛の牛乳や，それを使ったオーガニックチョコレートなどを開発し，ザルツブルグ州の中で有機農業の中心地として発展していくことを目指している。観光面でもオーバートルマー湖でのレジャーなどを目的とした宿泊が年間４万泊あり，ホテルや農家民宿，レストランで賑わっている。

この村の中心部にほど近い場所に木質バイオマスを使った熱供給施設があり，800kW の出力を持つボイラー（および予備の300kW のボイラー）で木質チップを使って温めた温水を総延長６km の配管を通して地域内の中心部の106棟の建物に供給している（写真５-８）。

この熱供給施設は12年ほど前に地元の農家が中心となって設立した協同組合

写真５－８　施設遠景（2019年，久保田学撮影）

写真５－９　ボイラーと担当者
（2019年，上園昌武撮影）

が運営しており，現在メンバーは24人である。主に組合員の農家（兼業で林業を行っている）が所有する山林から伐採した丸太を地元のチップ会社に依頼してチップにし，この供給施設に販売している。木質チップはすべて村内から供給とはいかないものの，そのほとんどを15～20km 圏内から調達できている。組合員の農家一人あたりに還元される収入は「大したことはない」とのことであったが，このバイオマスボイラーによる熱供給によって年間50万リットルの化石燃料の削減につながっており，地域内での経済循環への貢献は大きい。これらの地域熱供給網の整備は小さな自治体が自主財源のみで行うことは難しく，リーダーや州の補助金が利用されている。

この熱供給施設では１人のボイラー技師が雇用されていたが，冬季を中心とした半年間の雇用であり，残りの半分は自治体の観光連盟に雇用され，湖水浴場の仕事をしているとのことだった（写真５－９）。

ゼーハム村はザルツブルグ市街地まで車で30分程度と近く，風光明媚な都市住民に人気の高いエリアだが，人口増加については慎重な姿勢をとっており，ここ数年間は住宅用地の分譲は行われていない。その中で，農家向けに建設用地モデルを実施し，地元の若者が安い価格で土地を入手できるようにしている。このモデルには条件があり，再生可能エネルギーの導入が義務づけられている。住人は地域熱供給網を使うか，無理な場合は地熱利用を行う必要がある。

このように，自治体全体が再生可能エネルギーの導入と有機農業の推進を行う中で，木質バイオマスによる熱供給は中心的な役割を果たしていた。

5　森林戦略2020＋と森林対話

ここまでオーストリアの森林・林業・木材産業の概要と，木質バイオマスエネルギーの導入事例について紹介してきたが，オーストリアの現在の森林政策のベースになっているのは森林ヨーロッパ閣僚会議が策定しヨーロッパ諸国が採用した「持続可能な森林管理のためのパンヨーロッパの基準と指標」である。オーストリアでは森林政策に関して７つの活動分野を設定しているが，このうちの６つがこれに由来している。残る１つの活動分野は国際協力に関する項目である。この７つの活動分野によって構成されたオーストリアにおける森林政策の短期，中期，および長期の指針が「森林戦略2020＋」である（BMNT 2018a）。本章の最後に，ここまで紹介した内容の背景にあるこの森林戦略2020＋について紹介をしたい。

森林戦略2020＋は，このオーストリアの森林政策に関与する利害関係のある85の組織によって共同開発されたものである。

主目的は，「住む価値のあるオーストリア」のため，オーストリアの森林および木材部門の付加価値と可能性に特別な注意を払いながら，バランスのとれた方法で持続可能な森林管理に関わるすべての側面を保証し最適化すること，また，これを念頭に置いた上で，森林が現在および将来の世代に提供する多機能サービスを確保することとされている。

構成は以下の７つのフィールドからなっており，国内および国際的な報告義務に沿っている。

①オーストリアの森林の気候保護への貢献

②オーストリアの森林の健康と活力

③オーストリアの森林の生産性と経済的側面

④オーストリアの森林の生物多様性

⑤オーストリアの森林の保護機能

⑥オーストリアの森林の社会的および経済的側面

⑦持続可能な森林管理に対するオーストリアの国際的責任

これらのフィールドごとにさらに７つの戦略目標が設定されている（合計で

49の戦略目標)。戦略目標には，３つの質問（現状の課題，成功要因，戦略的優先事項）の項目が設けられており，現状および将来の状況が簡潔に説明されている。

この中で，木質バイオマスエネルギーは，「①オーストリアの森林の気候保護への貢献」「③オーストリアの森林の生産性と経済的側面」および「⑥オーストリアの森林の社会的および経済的側面」のフィールドにおいて取り上げられている。

「①オーストリアの森林の気候保護への貢献」では，オーストリアの再生可能エネルギーのシェアを2020年までに34％にまで引き上げることを目標として掲げながら，これを達成するための７つの戦略目標のうちの一つとして，「化石燃料とライフサイクル GHG 排出量の多い原材料の可能な限りの代替」があげられている。この中で，再生可能で環境負荷の少ない資源として木材を（建築資材，エネルギーとして）使用すること，使用を増やすための有効な手段として公共建築物での利用オプションを増やすこと，耐用年数の高い利用方法を推奨すること，これらのための研究の強化などがあげられている。また，戦略目標「積極的な気候保護対策の情報，動機，促進の増加」においては，情報不足を課題としてあげながら，最も「重要な原材料・エネルギー」として木材の情報を分かりやすい表現で発信することが提案されている。

「③オーストリアの森林の生産性と経済的側面」では，オーストリアの GDP に占める林業・木材産業の割合の高さに触れ，これらの産業の重要性を強調し，持続可能な森林管理を維持しながらそこから生産される木材の経済価値をいかに高めるかについて述べられている。このための戦略目標の一つとして「再生可能で環境負荷の低い原料およびエネルギー源としての木材の使用の増加」があげられており，木材の環境負荷をライフサイクル分析によって定量化することを課題として位置づけながら，木材のカスケード利用の促進，グリーン購入における木材調達の強化，地域におけるエネルギー利用の強化などを戦略的に進めていくとされている。

このように，森林の公益的機能を最大限に発揮させ，そこから生産される木材のサプライチェーンを最適化しながら，林業・木材産業を環境と経済の両面においてオーストリアの最重要政策の一つとして全力で推進しようとしていることが窺える。その中でも木質バイオマスエネルギーの利用は，戦略の各所で取り上げられていることからも，重要な位置づけにあるといえる。

また，森林戦略2020＋の特徴的な点として，森林対話（the Austrian Forest Dialogue）と呼ばれる2001年に開発されたオープンで継続的で参加型の性質を備えた政策開発プロセスを採用していることがあげられる。森林対話の特徴は以下のように説明されている。

- 90以上の業界・分野それぞれの利益の代表者によるグッド・ガバナンス。
- パートナーシップに基づいた協議において，意見交換の機会を提供。森林政策に関する分野で運用ベースで実施できる戦略とガイドラインの合意に基づいた策定。
- 森林対話に基づいて最初に作成された森林プログラムが2003〜11年の期間だった。第二期として2011〜20年の森林戦略2020＋が作成・実行されている。
- 多様な主体からの要求を考慮し，利害関係を調整する，バランスをとる機能を果たす。森林政策最適化の基盤が設定される。

この森林対話こそが，国民の意見を政策に反映し政策を浸透させる重要な機能であるといえる。筆者らがオーストリアの政府関係者，自治体の首長，製材所や熱供給施設の事業主などをヒアリングする中で，ここまでに述べてきたような目標と戦略を共有し，立場の違いを超えた共通認識を持って木材，木質バイオマスエネルギーの利用促進を行っているように感じることがあったが，その理由がこの森林対話という政策開発プロセスにあるのではないかと感じた。

参考文献

枝廣淳子　2015「木質バイオマスで地方創生――オーストリア『ギュッシング・モデル』とは何か」『世界』876：99-106。

久保山裕史　2019「オーストリアにおける木材の生産・流通・加工の概況」『木材情報』6：5-8。

久保山裕史・石崎涼子・堀靖人　2012「オーストリアにおける丸太の生産・流通構造の変化について――シュタイヤーマルク州の小中規模林家を中心として」『林業経済研究』58（1）：37-47。

熊崎実　2015「木質バイオマス発電――苦難の歴史に学ぶ（4）　オーストリアのバイオマスFIT――現状と展望」『週刊環境ビジネスオンライン』2015年4月13日号。

中野勝行・久保山裕史・古俣寛隆・服部順昭　2019「オーストリアのCLTサプライ

チェーン　第１報　素材生産から原木輸送まで」『木材工業』74（４）：162–167。
西川力　2016『ヨーロッパ・バイオマス産業リポート』築地書館。
渕上佑樹　2020「オーストリアの小規模製材所の実態」『農中総研情報』76（１）：28–29。
林野庁　2019『令和元年度森林・林業白書』一般社団法人全国林業改良普及協会。
E-Control 2019. *Ökostrombericht 2019*. Wien: E-Control.
BMNT（Federal Ministry Republic of Austria Sustainability and Tourism）2018a. Austrian Forest Strategy 2020+. Wien: BMNT.
—— 2018b. Sustainable Forest Management in Austria（2018年オーストリア調査時にヒアリング）
BMLFUW（Ministeriumfür ein Lebenswertes Österreich）2015. Austrian Forest Report 2015. Wien：BMLFUW.
Österreichischer Biomasse-Verband 2019. Basisdaten_Bioenergie_2019. Wien: BMLFUW.

第Ⅱ部

自治体支援の仕組みと組織

自治体公社が所有する小水力発電（フォアアールベルク州フェルトキルヒ市，2017年，上園昌武撮影）

第６章

気候エネルギー政策における自治体支援の仕組み

豊田陽介・木原浩貴

1　地域気候エネルギー政策の必要性

日本でも多くの自治体にとって地域独自のエネルギー政策に取り組むことは，一定の課題として認識されているものの，人材や予算などの課題から十分に進んでいない。一方，欧州では，地域のエネルギー自立を推進するスタートアップ支援からその後の継続・改善につなげる仕組みとして「クオリティ・マネジメント」制度が確立され，さらに国を超えて制度の共通化が進められたことで欧州全土に広がりつつある。日本でも欧州に学び，地域のエネルギー自立を推進するための仕組みづくりが求められる。

オーストリアは人口約880万人，ウィーンを含めて９つの州と約2100の市町村で構成される地方分権が進んだ国だ。2050年までに省エネと再エネにより脱化石エネルギーの達成を目指しており，その実現のために国として省エネや再エネを推進する政策を打ち出すとともに，地域での気候エネルギー政策の推進に力を入れている。

本章では，これまでの調査の中で見えてきたオーストリアの気候エネルギー政策の特徴について，自治体や地域のエネルギー政策の視点に立って代表的な取り組みを紹介する。

2　気候エネルギー政策における自治体の役割

オーストリアには多くの自治体があり，地域の特色や独自性を持った地方分権が進んだ国であることから，地域での気候変動・エネルギー政策の推進に力を入れている。自治体や地域の気候エネルギー政策としては各州や市町村独自の取り組みに加えて，都市を対象に脱炭素化を支援する「スマートシティ（Smart City）」，広域的な自治体連携の取り組みを支援する枠組みである「気候エネルギーモデル地域（Klima- und Energiemodellregionen: KEM）」や「気候変動適応モデル地域（Klimawandel-Anpassungsmodellregionen: KLAR!）」，さらに高いレベルの気候エネルギー政策を目指す自治体向けの「e５プログラム（e５-Programm: e５）」がある。これらは温室効果ガスの削減のためのイノベーティブなプログラムを開発実施し運営していくために政府によって設置された「気候エネルギー基金」が運営している。さらにこうした国のプログラムに加えて，環境 NGO「気候同盟」や州のエネルギー・エージェンシーが提供する自治体向けのサービスなど，様々な自治体や地域を対象とした支援制度が構築されている。また，これらの支援制度が重層的に提供され機能していることもオーストリアの特徴である。

例としてニーダーエスターライヒ州での重層的な自治体支援の仕組みを紹介する（図６−１）。同州のエネルギー・エージェンシーでは自治体を対象とした「環境自治体サービス」を提供している。支援の内容は，助成金情報の提供や共同でのグリーン購入，建物改修や省エネ・再エネ設備の導入などに関する無料のアドバイスなどがある。

こうした州からの支援に加えて，国際的な自治体ネットワーク組織である「気候同盟（Climate Alliance）」に加入することで，自治体の気候エネルギー政策を評価する「クリマチェック」をはじめとするツールの提供や，イベントやセミナー，ワークショップの開催などの多様な支援を受けることが可能になる。

さらに積極的な自治体はe５に取り組んでいる。e５は，自治体によるエネルギー政策を促進するために，その実施・到達状況を評価・認証・表彰する自治体支援プログラムである。自治体によるエネルギー政策の推進を通じて，空間計画や住民の買い物支援や交通アクセスの確保など，持続可能な地域づくりの達成を支援することを目的にしている。2020年時点で，国内９州のうちの７州で実施されており，計240の基礎自治体が参加している。

このようにオーストリアのエネルギー政策は，自治体支援制度が構築されて

図6－1　オーストリア・ニーダーエスターライヒ州における重層的な自治体支援の枠組み
出所：Energie- und Umweltagentur NÖ（eNu）資料より抜粋。

表6－1　主な自治体支援プログラムの概要

プログラム名	対象	補助者	参加自治体数
e 5	単独の自治体	気候エネルギー基金	240
KEM	複数自治体による広域地域	気候エネルギー基金	95地域820自治体
KLAR!	複数自治体による広域地域	気候エネルギー基金	20地域
気候同盟	単独の自治体	気候同盟	960

おり，自治体はその取り組みレベルに応じて必要な支援を受けることができるのが特徴である（表6－1）。

ただし，こうした自治体支援の取り組みは，第2章でも紹介したように各州の政策状況によって異なることがある。

3　自治体支援の仕組み――e 5

3-1　e 5の成り立ちと広がり

欧州における気候エネルギー政策の推進の仕組みの一つに，「クオリティ・マネジメント・システム」がある。クオリティ・マネジメント・システムとは，自治体におけるエネルギー政策を推進するための仕組みであり，自治体による気候エネルギー政策の品質を一定基準に引き上げることを目的とした自治体支援制度である。一般的に自治体における気候エネルギー政策は，各地域の特性を生かした形で進められることが重要となる。地域固有の資源や地形，伝統・文化，産業などを生かした取り組みが求められてきた。一方でこれらの独自の気候エネルギー政策を実施していくために必要となる考え方や，基本的な対策，推進体制などについては，一定共通する要素が含まれている。エネルギー・クオリティ・マネジメント・システムは，こうした共通する要因や経験則，プロセスを整理し，自治体が環境エネルギー政策を進める上で手がかりとなるようにパッケージ化したものである。

EU でも温暖化対策を進める自治体の状況を見ると，1990年代末には，多くの自治体で気候保護やエネルギーに関する計画やビジョンが策定されていたものの，それらのほとんどが実施されていない状況にあった。そういった中で自治体の気候エネルギー政策を具体的に進めていくための取り組みとして，オーストリアのｅ5，スイスのエネルギー都市制度を先駆けとして新たな仕組みを作っていくことになった。その後ヨーロピアン・エナジー・アワード（EEA）が作られ，多国間での実施が進められることに合わせてｅ5やエネルギー都市制度の基準も統一され，共通の枠組みとしてヨーロッパ全土で取り組まれるようになったのである。

ｅ5は，自治体によるエネルギー政策を促進するためにその実施・到達状況を評価，認証することを目的に，オーストリア国内で実施されているシステムである。

ｅ5に参加し，その認証を受けるためには，6分野79の対策が掲載された対策カタログをもとにポテンシャルを分析し，ポテンシャルに見合った目標を設定して対策を実施することになる。それらの調査や対策の検討のために自治体は実施にあたって分野横断の運営チーム（ｅ5チーム）を構築し，各州のエネルギー・エージェンシーから派遣されるｅ5アドバイザーからのサポートを受けて計画を作り，対策を進めていく。ｅ5の認証にあたっては専門家によって構成される認証機関が対策ごとの達成状況を審査し，目標の達成状況に応じて認証を行う。ｅ5としての認証を受けるためには，少なくとも対策カタログに示

表6－2　州ごとの取り組み状況

州	自治体数						
	合計（町村数）	e5	e4	e3	e2	e	スタートアップ段階
ケルンテン	46（115）	7	16	20	3	0	0
ニーダーエスターライヒ	52（499）	3	9	14	3	1	22
ザルツブルク	35（109）	3	14	12	3	0	3
シュタイアーマルク	16（509）	2	4	4	0	0	6
フォアアールベルク	42（91）	9	14	11	4	0	4
チロル	49（268）	4	8	12	19	3	3
合計	240	28	65	73	32	4	38

出所：e5 オーストリア資料より豊田作成。

された実施可能な対策項目の25％以上の達成が求められる。対策の達成状況に合わせて「e」の数が増加し，37％以上で「ee」，50％以上で「eee」，62％以上で「eeee」，75％以上の達成率で「eeeee」認証となる段階評価の仕組みになっている。2020年現在，同国内９州のうちの７州で実施されており[*1]，計240の基礎自治体が参加し，28自治体が最高レベルの「eeeee」自治体として認証されている（表6－2）。これらのｅ5に参加する自治体は，３年ごとに再認証を行うことになっており，再認証に向けて取り組みを継続・強化していくことが求められる。

ｅ5への自治体の取組状況としては，前述したように同国内では計240の基礎自治体が参加していおり，人口で見れば，オーストリアの総人口の19.2％がｅ5実施地域に居住している計算になる。

州ごとの取組状況を見ると，取り組みの早かったフォアアールベルク州，ザルツブルク州，チロル州，そして州としてｅ5に力を入れているケルンテン州において，参加自治体数の割合が高くなっている（図6－2）。近年では，2020年までにｅ5参加自治体数50を目標としていたニーダーエスターライヒ州で，スタートアップ段階の自治体が増加傾向にある。一方，ブルゲンラント州では，ｅ5コーディネーターが配置されているものの，州が自治体に対する補助を行っていないため参加自治体数はゼロになっている。これらのことから分かるように，ｅ5の実施にあたっては，州の政策状況，特に財政支援措置があるかどうかが，自治体における取り組み状況を左右することにつながるといえる。

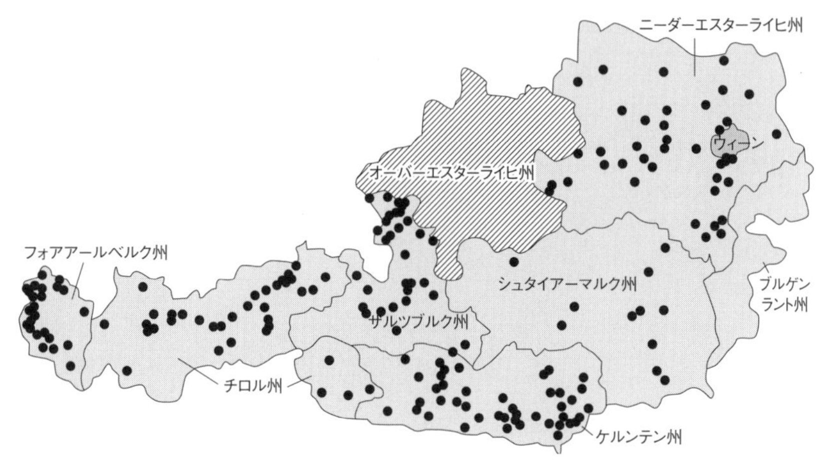

図6-2　オーストリアにおけるe5参加自治体
出所：e5オーストリアのウェブサイト。

また，e5に熱心な自治体の多くは，人口1万人以下の小規模自治体であり，e5最高レベルの28自治体のうち20の自治体が人口1万人以下の小規模自治体である（表6-3）。これらの自治体では，e5を通じて地域課題を解決し，持続可能で魅力的な地域づくりを達成するべく，いわば生き残りを懸けて取り組んでおり，e5の評価・表彰制度は自身の取り組みをアピールしていきたいと考える自治体にマッチするものと考えられる。

3-2　ヨーロピアン・エナジー・アワードなどとの連携

e5は，欧州レベルで実施されている自治体の気候変動・エネルギー政策に関する表彰制度「ヨーロピアン・エナジー・アワード（European Energy Award: EEA）」とも互換性を有しており，e5自治体には同時にEEAの「ゴールド自治体」の称号が与えられる（豊田 2018a）。EEAは，欧州地域を対象とする自治体のエネルギー政策のクオリティ・マネジメントを目的とした認証・表彰制度である。2014年末時点で1346の自治体が参加しており，そのうち50%以上の対策を達成した720自治体が表彰自治体となり，さらに75%以上の対策を達成した87自治体がゴールド自治体として選ばれている。

EEAでは国際的に自治体の取り組みのベンチマーク化を図るとともに，自

表6－3　e５最高レベルの自治体

自治体名	達成状況(%)	州	人口(人)
フィルゲン（Virgen）村	87.80	チロル	2,200
アイゼンカッペル―フェッラハ（Eisenkappel-Vellach）村	84.50	ケルンテン	2,300
グロースシェーナウ（Großschönau）村	84.10	ニーダーエスターライヒ	1,200
メーダー（Mäder）村	84.10	フォアアールベルク	4,000
ツヴィッシェンヴァッサー（Zwischenwasser）村	84.10	フォアアールベルク	3,200
ヴォルフルト（Wolfurt）村	83.70	フォアアールベルク	8,500
ケッチャッハ・マウテン（Kötschach-Mauthen）村	82.30	ケルンテン	3,300
ランゲンエック（Langenegg）村	82.10	フォアアールベルク	1,100
ユーデンブルク（Judenburg）市	81.80	シュタイアーマルク	9,900
ヴァイツ（Weiz）市	81.80	シュタイアーマルク	11,000
ヴァイスバッハ・バイ・ローファー（Weißbach bei Lofer）村	81.80	ザルツブルク	440
フェルトキルヒ（Feldkirch）市	81.60	フォアアールベルク	33,000
ウェルグル（Wörgl）市	80.80	チロル	14,000
ヒッティサウ（Hittisau）村	80.70	フォアアールベルク	1,800
トレーベジング（Trebesing）村	80.20	ケルンテン	1,200
ザンクトヨハン・イム・ポンガウ（St. Johann im Pongau）市	80.10	ザルツブルク	10,000
アルノルトシュタイン（Arnoldstein）村	80.00	ケルンテン	6,800
ゲツィス（Götzis）市	79.50	フォアアールベルク	11,000
ドルンビルン（Dornbirn）市	79.20	フォアアールベルク	50,000
アスリング（Asslin）村	78.70	チロル	2,000
フィラッハ（Villach）市	78.70	ケルンテン	60,000
ヴァイセンゼー（Weißensee）村	78.70	ケルンテン	800
ヴィーゼルブルク（Wieselburg）村	78.60	ニーダーエスターライヒ	4000
グレーディヒ（Grödig）村	78.10	ザルツブルク	7,200
バーデン（Baden）市	77.90	ニーダーエスターライヒ	26,000
グローセス・ヴァルサタール（Großes Walsertal）村	77.60	フォアアールベルク	3,500
フェルデン・アム・ヴェルターゼー（Velden am Wörthersee）村	77.10	ケルンテン	9,000
フォルダース（Volders）村	76.00	チロル	4,500

出所：e５オーストリア資料などより豊田作成。

治体間の取り組みの活性化につなげていくために，各自治体の取組状況をランキングとして公表している。また，ゴールド自治体の効果的な取り組みは，ベストプラクティスとして参加自治体に広く共有され，逆に共通の課題への対応については各国のEEA機関によって自治体向けの具体的な研修が行われるなど，共通化と経験共有による各自治体の支援が行われている。

3-3　クオリティ・マネジメント・システムの意義

地域エネルギー政策におけるクオリティ・マネジメント・システムの意義として，１つめに自治体レベルにおけるエネルギー政策の効率的かつ効果的な推進と強化，継続につながっていること，２つめに同制度への参加が地域内のエネルギーにかかるコストを低減し，省エネや再エネなどの地域内への投資を進め，地域内経済の循環や住民の生活の質の向上につながること，３つめに自治体間の国際的なネットワークを形成することで，有効な対策を容易に普及させられること，があげられる。

このように欧州においては，自治体レベルの取り組みを推進するとともに，EUや国の掲げる政策方針や目標を地域に普及していく上でも有効な枠組みとしてクオリティ・マネジメント・システムが機能していることが分かる。

日本でも環境モデル都市や環境未来都市などの先進的な自治体を選出する制度や民間による認証制度があるが，いずれも各自治体の独自性と自主性に依拠しており，欧州のエネルギー・クオリティ・マネジメント制度のように自治体の取り組みをサポートし，継続させるためのモチベーションを生み出す仕組みにはなっていない。自治体による環境エネルギー政策を一過性のものとせず，継続的かつ統合的な政策としていくためにも，欧州を参考に，日本版エネルギー・クオリティ・マネジメント・システムの構築が求められる。

4　広域的な小規模自治体支援の仕組み——KEM

4-1　広域的な気候エネルギー政策支援の仕組み

オーストリアの地域での気候エネルギー政策のもう一つの特徴が，広域的な地域での気候エネルギー政策の実施である。気候エネルギー政策を実施する上で，人口の少ない自治体が多く存在するオーストリアでは，個別の自治体で取り組むよりも周辺の複数の自治体で広域的に取り組むことが有効となる場合がある。そういった考え方に基づき実施されているのが「気候エネルギーモデル地域（KEM）」と「気候変動適応モデル地域（KLAR!）」だ。これらのプログラムは国が2007年に設置した気候エネルギー基金によって運営されており，近隣の複数の自治体で構成される広域地域を対象に活動への助成が行われる。オーストリア政府は，将来的にはKEMとKLAR!をすべての地域に広げることを目指している。

4-2　KEMとは

気候エネルギーモデル地域（KEM）は，地域単位（Region）で気候エネルギーに関する戦略・コンセプトづくりを行い，それを進める人材（気候マネージャー）の設置に対して費用を出す，ボトムアップ型のプロジェクトである。現在オーストリア国内の95地域，820の自治体がKEMに参加している（プログラムへの参加は小規模自治体が広域で連携して行うため参加自治体数＝KEM数ではない）。これらの地域では4400を超えるプロジェクトが実施されており，このプロジェクト実施のためにおよそ3000万ユーロが国の気候エネルギー基金から拠出されている。

KEMの指定を受けるためには，複数の自治体（3自治体以上，人口は最低3000人以上，最大6万人以下）で，広域の気候エネルギー政策の目標や達成のためのロードマップなどを含めた「気候コンセプト」を策定する必要がある。コンセプトの内容は，地域のポテンシャルをもとにした目標と，目標達成のために必要な10の対策を提起し，それをどのように実施していくのかを計画としてまとめたもので，このコンセプトの内容をもとにKEMの審査を受けることになる。KEMではコンセプトを実現していくために，様々なプロジェクトを地域の主体が協働で実施していくこと，またその推進体制として気候エネルギーマネージャーと呼ばれるコーディネーターを置くことを重視している。

4-3　KEMのプロジェクト例

第5節のKLAR!の事例でも取り上げるフライシュタット（Freistadt）郡では，郡からの委託を受けたNPO「エネルギー郡フライシュタット（Energiebezirk Freistadt: EBF）」が，KEMとKLAR!の推進のための事務局機能を担っている。EBFは2004年に3人の住民のイニシアティブで設立されたNPOだが，現在は個人だけでなく民間団体や23の自治体で構成されている。EBFではKEMおよびKLAR!のプロジェクトを推進するためにマネージャーを雇用しており，同一人物がこれらを兼務する形をとっている。EBFがKEMプロジェクトの一つとして2012年から実施しているのが，市民参加型の太陽光発電事業「HELIOSプロジェクト」である。同プロジェクトでは郡内の消防車や自治体の庁舎，農家，戸建住宅の屋根を対象に，計500基，総出力1万kW以上もの太陽光発電の設置を行っている。これらの太陽光発電によって，郡内の約4000世帯に電力を供給できる。このHELIOSプロジェクトでは，屋根を提供したい人と太陽光発電の設置費用を拠出してくれる人をマッチングし，屋根の利用契約を結び，EBF が母体となり設立した会社「HELIOS 有限会社」がその仲介と太陽光発電の建設・運用・管理を行うファイナンスモデルになっている。出資者には，13年間をかけて出資金を返済するとともに年利2.2％の配当が予定され，屋根の所有者には屋根の利用料は支払わず，太陽光発電の買い取り期間が終わる13年後に太陽光発電の権利を屋根所有者に譲渡する仕組みになっている。出資は一口500ユーロで，これまでに1000人以上の市民がこのプロジェクトに出資している。

KEM では，HELIOS のように地域特有のプロジェクトもあれば，いくつかの KEM 地域で共同して行われるプロジェクトもある。その一つが e カーシェアリング・プロジェクトである。自治体の中心部に充電ステーションを作り，住民がカーシェアリングできる電気自動車を配車する。例えばミュールフィアテル（Muhlferdl）地域では，12の自治体に対して 1 自治体 1 台，合計12台の電気自動車が配車され，利用されている。利用するためには年会費として360ユーロを支払う必要があり，この年会費の中に含まれている年間52時間の無料利用分を超える場合には，時間あたり3.9ユーロの利用料を支払う必要がある。登録したメンバーはオンラインで予約することができ，すべての自治体に配車された車を利用できる。約170人の登録メンバーがおり，2018年は3500回の利用があり，15万5827km の走行距離で，1 回あたり44km で 3 時間程度の利用状況だった。こうしたカーシェアリングの目的は，セカンドカーを所有する代わりに電気自動車を利用することによる交通部門からの CO_2 削減と，住民のモビリティ確保にある。

このほかにも KEM プロジェクトとしては，農地からのメタン発生を抑制する農業プロジェクト，小学校での省エネや街灯の LED 化を行う省エネプロジェクト，駅前にシェアリング型の自転車ステーションを設置するプロジェクトなどがある。

これらのプロジェクトは，基本的にはそれぞれの地域の特性にあったものが提案・実施されているが，他の地域で成功したプロジェクトが他の地域でも取り入れられることもあり，成功モデルの普及にも貢献する枠組みとなっている。

5　気候変動適応モデル地域——KLAR!

5－1　KLAR!とは

第２章に示した「国家気候変動適応計画」に基づき，気候エネルギー基金と連邦政府持続可能性省が連携して開始したプログラムが「気候変動適応モデル地域（KLAR!)」である。KLAR! は Klimawandel-Anpassungsmodellregionen の略であり，ドイツ語の klar（クラー）は「明らか」を意味する。これは気候エネルギーモデル地域（KEM）の適応策版と呼べるものであり，ボトムアップ対策を進めるための仕組みである。

KLAR! は下記のフェーズから構成され，３年をかけて取り組みを進めることとなる。

フェーズ０　申請と大まかなコンセプトの策定

フェーズ１　地域適応コンセプトの策定と啓発

フェーズ２　地域適応計画に基づく適応策の実施

フェーズ３　継続，普及，モニタリング

2020年４月１日時点での KLAR! 参加地域数は44である。2016年に開始された第一ラウンドには20地域が参加した（図６－３の濃い色）。これらの地域は2019年にフェーズ２（実施フェーズ）を終え，2020年にはフェーズ３（継続

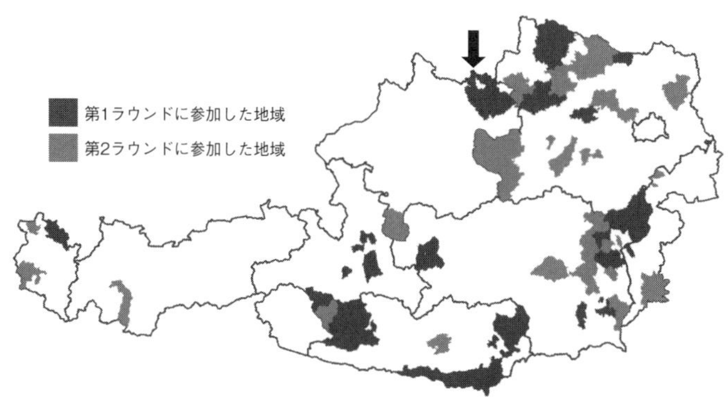

図６－３　KLAR! 参加地域

出所：気候エネルギー基金資料。

注：矢印は５－２で取り上げるフライシュタット地域を指す。

フェーズ）に進んでいる。2019年に開始された第二ラウンドには新たに24の地域が参加した。KLAR! 参加地域の人口は92万人であり，これはオーストリア全土の10.4％にあたる。

参加地域には，少なくとも10のプロジェクトを盛り込んだ適応コンセプトを策定することが義務づけられている。また，少なくとも週20時間以上勤務する「KLAR! 地域マネージャー」を雇用することが義務づけられている。マネージャーは，地域課題の掘り起こし，地域適応コンセプトの策定からプロジェクトの実践まで，地域の各主体を伴走支援しコーディネートを行うなど，重要な役割を果たしている。なお，定期的に KLAR! マネージャー会合が開催され，ノウハウの共有が行われるなど，マネージャーのサポート体制も確立されている。

参加地域は，気候エネルギー基金から１地域あたり10～12万ユーロ（１ユーロ＝120円とすると1200～1440万円）の支援を受けられる。地域は総コストの25％を負担することが義務づけられるが，このうちの半分までは，人員や物品の拠出という形も認められる。

地域適応コンセプトは地域の実情に応じ住民参加のプロセスを経て策定されることになるが，グレー（技術による対応），グリーン（生態系の機能を維持または改善することにより回復力を生み出す対応），ソフトまたはスマート（意識の向上やインセンティブの創出などの対応）の３つのカテゴリーで対策を進めることが期待されている。第一ラウンド参加地域（20地域）のコンセプトで最も多く取り上げられたテーマは「熱波」（94件），次いで「大雨」（61件），３番目に多かったのが「害虫」であった。対象分野は「林業」「農業」が多く，「建築物」「健康」「観光」が続く。なお，適応のためには地域を超えた河川の土木対策なども重要となるが，これは KLAR! ではなく州が担当している。つまり，トップダウン型の取り組みとボトムアップ型の取り組みの両方が必要と認識されており，KLAR! は明確に地域のボトムアップの取り組みを支える仕組みとして位置づけられている。

気候エネルギー基金の担当者は，良好な適応策について「気候変動の影響を，短期だけではなく長期的にも減らすものであること。適応策によって温室効果ガス排出量を増やさないこと，そして，社会的側面も含めて考えることが重要」と強調する。

5-2　フライシュタットのKLAR!

フライシュタット（Freistadt）郡は，オーバーエスターライヒ州の東北部，チェコとの国境に位置する郡である。郡には27の基礎自治体が存在するが，このうちの23自治体がKEMおよびKLAR!に参加している。事務局を務めるのは，地域の基礎自治体などが参加して作るNPO「エネルギー郡フライシュタット（Energiebezirk Freistadt）」である。

当該地域の面積は850km^2，人口は5.5万人である。KLAR!には，2016年の第一ラウンドから参加している。気候エネルギー基金から12万ユーロの助成を受け，これとは別に，参加自治体から集める人口一人あたり1ユーロの会費を原資としてKLAR!に4万ユーロを拠出，計16万ユーロの予算で事業を推進している。経費の多くがマネージャーの人件費であり，個別のプロジェクトの予算は，これとは別の助成プログラムを利用するなどして賄っている。

地域適応コンセプトの策定フェーズでは，地域の農業，林業，洪水防止連合の代表者などが参加するグループで議論を行ってコンセプトを策定した。コンセプトには，以下の10プロジェクトがリスト化されている。

①様々なメディアを活用した広報・啓発
②学校での気候適応教育の実施
③小規模な貯留池整備による表土流出防止
④気候影響体験ハイキングコース整備
⑤安定した混交林づくりへの積極的な参加
⑥斜面の水管理と浸食防止
⑦気候変動と健康
⑧乾燥時期の飲料水の確保
⑨侵襲性の新生物対策
⑩住民参加型の気候観測

例えば「③小規模な貯留池整備による表土流出防止」においては，豪雨に備えて雨水の涵養を促進するため小さなため池を整備することを計画している。当該地域は，農業の大規模集約化が進むにつれて生け垣が少なくなり，水が一気に流れるようになったという問題を抱えている。また，気候の乾燥化から牧草地が畑作地に変わっており，作物が充分に育っていない時期の豪雨に弱くなっているという課題を抱えている。これらの対策のために作られるため池だが，小動物のためのビオトープの役割も果たすと期待されている。

「⑤安定した混交林への積極的な参加」においては，地域の林業者などが集まるワークショップが繰り返されている。フライシュタット郡の森林面積は約50％であり，トウヒの割合が90％を占める。しかし近年の熱と乾燥でトウヒが弱り，キクイムシが増加して，被害が急増している。2018年には伐採した木の３分の１から～２分の１が被害を受けていた。被害は標高400～600mに集中しており，それより標高が高いところでは被害が少ない。専門家による座学と現場見学をふまえ，被害の後にどのような樹種を植えるかをワークショップで議論している。

「⑧乾燥時期の飲料水の確保」においては，啓発を行うとともに，災害時や水不足時に水を融通し合う仕組みが構築されている。この地域の飲料水は，いくつもの小さな協同組合が担っている。多くの農家は，井戸によって水を得ている。しかしもともとこの地域は花崗岩が多く水を蓄えにくい。そのため，気候変動による乾燥化の影響を受け，水が不足する事態が起こっていた。このプロジェクトでは，地域住民のネットワークによってこれに適応する仕組みが作られ，例えば消防団が協力して水が足りない農家に水を提供するなどの連携ができるようになったという。

当該地域は比較的冷涼な気候であり，高温そのものの影響は大きくない。しかし，上記のように，地域特有の課題を抱えている。地域適応コンセプトは，地域の事業者が直面するこうした課題を掘り起こして整理し，地域の多様な主体がパートナーシップで解決にあたるものとなっている。

なお，フライシュタットのKLAR! 地域マネージャーは「参加する基礎自治体にとっては，KEMよりもKLAR! の方が身近に感じられるプロジェクトだ」と語っている。

5−3　KLAR! にみる地域適応策支援のポイント

KLAR! の特徴は，以下のとおりである。

第一に，ボトムアップを支える「仕組み」が整備されている。KLAR! は参加地域に対して，①ボトムアップ対策を支えるマネージャーの雇用，②住民参加によるコンセプト策定，③10の具体的なプロジェクトのリストアップ，④自治体などによる資金拠出，⑤地域の主体が参加するプロジェクトの実践とレビューなどを明確に義務づけている。これにより，「ボトムアップが重要」という言葉が単なる呼びかけに終わらず実行されることが担保されている。とりわけ，「人」を重視し，マネージャーの雇用や啓発・人材育成を不可欠のものとしている点は重要である。

第二に，その仕組みを支えるための手厚い財政措置がある。KLAR! が対象とするのは複数自治体が連携する「地域」であるが，その規模は日本の基礎自治体と同程度である。日本において，基礎自治体の適応策のために，多くが人件費として使われる1200万円以上の予算が準備され，実際の適応策実施にはさらに別の助成プログラムが準備されている状況を想像すれば，この手厚さが分かる。

第三に，適応策が地域課題の解決に資するものとなっている。これはKLAR! の申請資料が「持続可能な開発」の概念を強調していることからも明らかであり，フライシュタットの事例からも強く感じられるところである。こうした認識が広まってこそ，「対処療法」ではなく「根本改善」の適応策が住民に支持され実践されることとなるであろう。

6　日本の気候エネルギー政策へのフィードバック

オーストリアの気候エネルギー政策の特徴は，気候エネルギー政策を実施していくことが持続可能な地域の発展に寄与するものであるという共通認識が存在し，それを実現していくための制度・政策があり，さらにその制度や政策を受容し活用する組織や人材を重視することで重層的な支援の仕組みを構築していることにある。特筆すべきは，こうした政策手法の有効性が広く認知され，一般化されていることであろう。e5 や KEM，KLAR! のみならず，EU の LEADER（Liaison Entre Actions de Développement de l'Économie Rurale）（第8章参照）やアジェンダ21などの政策にも共通する点が多く，オーストリアやその他 EU 諸国においてボトムアップ型の政策手法として確立されていると考えられる。

現在，日本でも温暖化対策をコベネフィットに考えることや，SDGs「持続可能な発展目標（Sustainable Development Goals: SDGs)」の視点を取り入れることが指摘され始めている。しかしながら，それを実現していくための組織や人材活用も含めた政策手法についての検討は十分には行われていない。オーストリアのKEMやKLAR!に見られるように，地域での取り組みを推進する人材を確保するような制度・仕組みこそが脱炭素社会への移行のために必要と考える。

付記

本章は木原・豊田（2020）と豊田（2018b）をもとにしている。

注

＊1　ウィーン州，オーバーエスターライヒ州では実施されていない。ブルゲンラント州ではコーディネーターはいるがスタートしている自治体がないため，実質的には6州での実施となる。

参考文献

木原浩貴・豊田陽介　2020「オーストリアにおける『気候変動適応モデル地域』(KLAR!）の取組」『人間と環境』46（2）：43–48。

滝川薫・村上敦・池田憲昭・田代かおる・近江まどか　2012『100％再生可能へ！——欧州のエネルギー自立地域』学芸出版社。

豊田陽介　2020「地域の持続可能性を高めるオーストリアの気候エネルギー政策」『おおさかの住民と自治』494：24–27。

——　2018a「欧州のエネルギー自立を推進する制度」的場信敬・平岡俊一・豊田陽介・木原浩貴『エネルギー・ガバナンス』学芸出版社，131–145頁。

——　2018b「オーストリア・ニーダースタライヒ州における自治体エネルギー政策の重層的支援」『人間と環境』44（2）：32–35。

Energiestadt, http://www.energiestadt.ch/

European Energy Award, http://www.european-energy-award.org/

e 5　austria, https://www.e5-gemeinden.at/

e 5　salzburg, https://e5-salzburg.at/

第７章

自治体・地域を対象にした中間支援活動の推進

平岡俊一・手塚智子・上園昌武

1　自治体・地域を支える存在への注目

日本国内の自治体を対象にした環境・エネルギー政策関連のアンケート調査においては，行政担当者が政策推進上で抱えている問題・課題として，「行政組織内でのノウハウ・専門人材の不足」という回答がしばしば上位にあげられている。自治体におけるノウハウ・人材面の脆弱性が，自治体による気候エネルギー政策の推進を妨げる大きな障壁になっていると考えられる。

オーストリアには，これまでに述べたように，人口数百人から数千人ほどの小規模な自治体が数多く存在している。こうした自治体は行政組織の規模も非常に小さいため，気候エネルギー政策に振り向けられる人的資源などは日本の自治体よりもさらに厳しい条件下にある。それでありながら，なぜ同国では多くの小規模自治体が同政策を活発に展開できているのか。筆者らは，そういった疑問を持ちながら調査を実施していたところ，インタビューを行った複数の自治体関係者から「国内の各地に気候エネルギー政策に関する専門的な『中間支援組織』が存在しており，政策を実施する際には同組織から多様な支援を得られている」という，日本ではあまり話題にあがることのない興味深い話を聞くことができた。これを受けて筆者らは，同国の自治体が気候エネルギー政策を活発に展開できている背景として，中間支援組織が重要な役割を果たしているのではないかと考えるようになり，同国各地に存在する多数の関連組織を訪問し，インタビューを重ねてきた。

本章では，これまでの調査結果をもとにして，オーストリア国内の自治体を対象にした支援活動がどのような組織によって担われているのか，具体的にどのような支援活動が実施されているのかといったことについて，以下３タイプの組織に分けて紹介していく。第一は，州政府や自治体などの政府セクターが主導する形で整備されてきた中間支援組織「エネルギー・エージェンシー」，第二は，民間主導型の中間支援組織の代表事例「気候同盟オーストリア」，第三は，中間支援を主目的とした組織ではないが，資金調達の面から自治体・地域に対して支援を行っている金融機関「ライファイゼンバンク」である。

2　エネルギー・エージェンシー

オーストリアでは，主に州レベルで，州政府などの政府セクターが主導もしくは積極的に関与する形で気候エネルギー政策の促進支援を目的にした中間支援組織が多く設置されている。

なお，このような気候エネルギー政策分野での同様の組織は，オーストリア以外の欧州各国にも存在しており，総称として「エネルギー・エージェンシー（Energy Agency）」と呼ばれている。本章でも，以降ではこの呼び方を使用する。

欧州委員会（European Commission: EC）は，エネルギー・エージェンシーについて，エネルギー政策・事業関係者の取り組みの発展を支える組織であり，持続可能な社会づくりに向けた提言，地域におけるエネルギー政策・事業のニーズをふまえた知見・ノウハウなどの提供，各種サービスなどを行う存在，と位置づけている。2014年時点でEU域内に426組織のエネルギー・エージェンシーが存在している（European Commission's Executive Agency for Small and Medium-sized Enterprises 2015）。欧州委員会は，EU域内でのエネルギー・エージェンシーの設立・活動の促進支援に長年にわたり取り組んでおり，2003年から2013年にかけて実施された支援プログラムでは，エネルギー・エージェンシーの設立に対して直接的な財政支援（総額約4200万ユーロ）を行い，現在は「ManagEnergy」という，教育事業を中心とする同組織のキャパシティビルディングを主目的にした事業を実施している。

ここでは，まず，オーストリア国内におけるこのタイプの中間支援組織の代表的事例として，フォアアールベルク州，チロル州，ニーダーエスターライヒ州のエネルギー・エージェンシーの組織体制や活動を紹介していく。

2-1　エネルギー・エージェンシーの組織体制

フォアアールベルク州において中間支援活動を展開している「エネルギー研究所フォアアールベルク（Energieinstitut Vorarlberg）」（以下，フォアアールベルク州研究所）は，オーストリア国内でも非常に早い時期となる1985年に設立された組織である。オイルショックを受け，エネルギー自立に対する関心が高まったことが背景にある。設立にあたっては，州政府のほかに州内の電力・ガス事業者，銀行，農業・商業・工業などの産業団体，環境団体など13組織が資金を提供している。研究所の代表者は州のエネルギー政策担当大臣が務めているが，組織自体は州政府から独立した民間非営利組織となっている。年間予算は約400万ユーロで，そのうちの３分の２は州政府をはじめとした上記の組織が拠出する資金であり，残りは事業収入などになっている。研究所内の組織体制は「建築物」「交通」「エネルギーコンサルティング」「コミュニティサービス」など８部門で構成され，職員数は2019年３月時点で約50名となっている（Energieinstitut Vorarlberg 2019）。

チロル州で活動を展開する「エネルギー・チロル（Energie Tirol）」は，1992年に州政府の主導により設立された。フォアアールベルク州研究所と同様に，組織自体は民間非営利組織であるが，州のエネルギー政策担当大臣が代表を務めている。組織の会員として，州政府以外に，州内の商工会議所，公益住宅建設組織，電力会社，労働者会議，自治体連合組織などが参加している。年間予算は約200万ユーロであり，その財源の約４割が上記会員からの会費収入，残りが事業収入となっている。2019年３月時点での職員数は約30名である（Energie Tirol 2019）。

ニーダーエスターライヒ州の「ニーダーエスターライヒ州エネルギー環境エージェンシー（Energie- und Umweltagentur Niederösterreich）」（以下，ニーダーエスターライヒ州エージェンシー）は，気候エネルギー分野以外に自然環境，生活文化などの分野でも支援活動を展開している組織である。2011年に州内の環境保全分野で活動する複数の組織が統合する形で設立された（エネルギー分野の前身組織は1986年設立）。同エージェンシーも民間非営利組織だが，

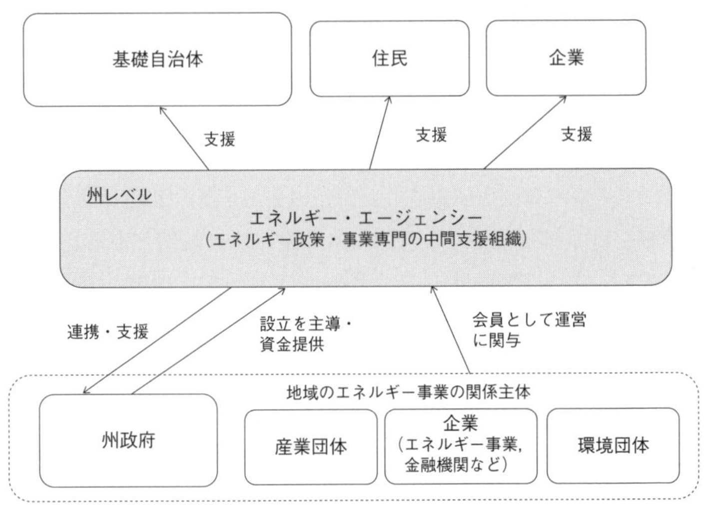

図7－1　政府セクター主導型の中間組織の一般的な体制

予算の7～8割は州が負担している。組織内の体制は「エネルギー・気候変動」「環境・暮らし」「自然資源」「食文化」など6つの部門が設置されている。職員数は約90名である。エネルギー・気候変動部門は，同エージェンシー内で最大の部門となっており，約30名の職員が所属している。同エージェンシーは，州内に5つの支部を設け，それぞれに専従の担当職員を配置し，近隣自治体に対して支援を行う体制をとっている。

このようにオーストリアのエネルギー・エージェンシーは，財源の一定割合を州政府が負担しているが，組織形態としては独立した民間非営利組織という，いわゆる半官半民の組織が多数を占めている（図7－1）。なお，同組織において実務を担う職員については，詳しくは後述するように，筆者らが調査を行った範囲内では州政府などからの出向者はほとんど見られず，エネルギー・エージェンシーが独自に採用した専門的な人材である場合が多い。

2－2　中間支援活動の内容

次に，これらのエネルギー・エージェンシーが実施している活動・事業について見ていく。上記の3組織が実施している活動・事業を大まかに整理すると，①「住民・事業者へのエネルギー対策に関する情報提供・助言」，②「教育・人材育成」，③「自治体の気候エネルギー政策・事業に対する支援」に分けられる。

①「情報提供・助言」については，住民や民間事業者による各種のエネルギー対策を対象にした支援活動が実施されているが，特に住民向けのエネルギー・アドバイス・サービスが活発に展開されている。これについては第11章で詳しく紹介する。なお，住民に対して実際にアドバイスを行う「エネルギー・アドバイザー」は，多くの場合，外部の民間技術者であり，エネルギー・エージェンシーは，アドバイザーに対する教育，住民とアドバイザー間の連絡・仲介などを行う役割を担っている。民間事業者向けの事業は，中小規模事業者を対象にしたアドバイスサービスなどが中心となっている。

②「教育・人材育成」に関しては，先述したエネルギー・アドバイザーに対する定期的な研修のほか，基礎自治体の気候エネルギー政策や公共施設管理の担当職員を対象にした研修が盛んに実施されている。そのほかに，フォアアールベルク研究所では，森林資源を活用した建築業を活性化させるために，州内の中小事業者が参加した産業クラスターの形成に力を入れており，それに関連する研修も頻繁に実施している。

2-3　自治体を対象にした支援活動

③「自治体の気候エネルギー政策・事業に対する支援」は，いずれのエネルギー・エージェンシーも重点的な活動として位置づけている取り組みである。具体的には，自治体による気候エネルギー政策に関連する計画の策定・実行，連邦・州などからの助成金の獲得，公共建築物でのエネルギー対策の実施などに対する支援活動が行われている。エネルギー・チロルでは，州内のすべての基礎自治体に少なくとも月に１回は職員が訪問し，情報提供や意見交換を行っている。

そうした自治体に対する支援の中で，３組織が共通して活発に実施しているのが，第６章で紹介した自治体気候エネルギー政策のクオリティ・マネジメント・システム「e５プログラム（e５-Programm: e５）」に参加する自治体に対する支援である。

３組織は，各州内でのe５運営の事務局役を担当しており，その一環として，e５に参加する自治体に担当職員を派遣し，継続的な同伴支援を行っている。e５の参加自治体は，フォアアールベルク州では全基礎自治体の半数近くに及ぶ41自治体，チロル州内では全基礎自治体数の約１割に相当する33自治体，ニーダーエスターライヒ州内では27自治体（全基礎自治体数の約５％）となっている。

以下では，この同伴支援の具体的な内容について，エネルギー・チロルによる取り組みをもとに紹介していく（表７-１）。他のエネルギー・エージェンシーでも基本的な支援の内容は同様のものになっている（支援活動に関わる人員数や時間などは組織によって違いがある）。

第６章で述べたように，e５への参加を決定した自治体では，その推進主体「e５チーム」が設立される。中間支援組織からは，各自治体のe５チームに対して，支援活動を担当する担当職員が派遣される。なお，この職員が担当する

表７-１　e５のプロセスとエネルギー・チロルによる支援活動の概要

自治体の取り組み	エネルギーチロルによる支援
・議会などにおいてe５に取り組むことを決議	
・e５チームの設立	・世話役職員を派遣 ・e５チームの会議に毎回出席し，以下の支援を実施
・気候エネルギー政策の実施状況に関する自己評価の実施	・対策カタログの説明 ・政策実施状況に関する質問，回答の入力 ・評価結果の算出，説明
・気候エネルギー政策に関する年間計画の策定	・e５チームでの議論のファシリテート ・専門情報のインプット ・政策の提案 ・議事録の作成
・気候エネルギー政策の実施	・質問や相談に対する助言 ・助成金情報の提供，申請作業の支援 ・専門家などの紹介，橋渡し ・自治体間の連絡調整 ・広報活動の支援 ・エネルギー消費量の把握
・気候エネルギー政策の実施状況に関する再評価の実施と計画の改正（毎年）	・１回目の自己評価時と同様の支援
・外部監査員による認証評価（少なくとも３年に１回）⇒付与されるeの数が決定	・外部監査員との連絡調整

出所：平岡 2018。

自治体は基本的に固定されており，継続的に支援を行うことになる。

支援担当職員は，はじめにｅ５チームによる自治体の現状評価，計画策定作業に対する支援を行う。評価にあたっては，共通の作業ツールを用いて，支援担当職員がｅ５チームのメンバーとの間で質問と回答を重ねながら評価作業を進めていく。その後，評価結果をふまえてｅ５チームは計画を策定していくが，その検討の場において支援担当職員は，議論のファシリテート，情報の提供，対策の提案，議事録作成などの作業を行う。

計画策定後の気候エネルギー政策の実施段階では，支援担当職員は自治体への助言，助成金に関する情報提供や申請作業に関する支援，専門家の紹介，複数の自治体間での連携が必要な場面での連絡・調整役，広報活動の支援，エネルギー消費量の把握など，多岐にわたる取り組みを行う。

ｅ５に参加する自治体は，チロル州の場合，人口によって違いがあるが平均2000ユーロの参加費を毎年支払っている。加えて州政府が各自治体の参加費と同額の資金を拠出しており，それは主にエネルギー・チロルによる支援活動の財源に充てられている。なお，金額には違いがあるが，ｅ５に参加している州では，いずれも州政府によって同様の財政支援が実施されている。

ｅ５以外の支援活動として，ニーダーエスターライヒ州エージェンシーは，第６章でも紹介した「環境自治体サービス（Umwelt Gemeinde Service）」という独自の支援プログラムを実施している。先述のｅ５は，オーストリア国内では気候エネルギー政策に熱心な自治体向けのプログラムと位置づけられている。それに対して環境自治体サービスは，どのような自治体でも気軽に支援を得られるようにすることで，州内全体の自治体の気候エネルギー政策の底上げを図ることを目的にした支援プログラムである。同プログラムは，基礎自治体を対象に無料で実施されており，助成金情報や住民向け広報物のひな形の提供，具体的な事業（グリーン購入，市民参加型再エネ導入事業など）に関する助言，社会人教育や関係者の交流会の開催などの支援メニューが用意されている。

また，オーストリア国内ではｅ５を実施していない州も多くはないが存在している。その一つのオーバーエスターライヒ州では，州政府の予算で独自の基礎自治体を対象にした支援プログラムが実施されており，同州のエネルギー・エージェンシー「オーバーエスターライヒ省エネ連合（Energiesparverband

OÖ)」が助成金申請の窓口や基礎自治体に対する助言，政策の進捗状況の点検評価などを行う役割を担っている。

2-4　多様な中間支援活動の推進体制

このような州レベルで中間支援活動を展開している組織は，オーストリアの大半の州に何らかの形で存在しており，支援活動の内容も，これまで述べた取り組みとおおむね共通するものになっている。しかし，中間支援活動の組織体制については，これまで述べた3州とは異なる形態も見られる。

基礎自治体レベルで活動する中間支援組織

シュタイアーマルク州では，州レベルで活動する中間支援組織「シュタイアーマルク・エネルギー・エージェンシー（Energie Agentur Steiermark)」（職員約20名）の他に，基礎自治体レベルで活動する中間支援組織も存在している。

その一つ「グラーツ・エネルギー・エージェンシー（Grazer Energie Agentur)」（以下，グラーツ市エージェンシー）は，同州の州都で，オーストリアで第2位の人口規模を有するグラーツ市（人口約25万人）に拠点を置いている。1998年に同市が策定したエネルギーコンセプトの推進を目的に設立され，現在の職員数は16名である。設立当初はEUと市の補助金で運営されていたが，2004年からは全額が自主的な事業収入で運営される組織になっている。ただし，事業収入の約4割はグラーツ市が依頼主となっている。

活動の対象は，グラーツ市やその周辺の基礎自治体，企業などであり，企業のエネルギー対策や基礎自治体の気候エネルギー政策に関連する調査研究・助言などの取り組みを行っている。グラーツ市の気候エネルギー政策に関連する支援としては，地域熱供給網整備に関する実施可能性調査，市内の建築物のエネルギー消費量把握と対策実施に関する助言，交通対策に関する調査研究・助言，普及啓発イベントの開催などを実施している。グラーツ市の気候エネルギー政策担当者は，筆者らのインタビューにおいて同組織を「私のノウハウセンター」と表現しており，同組織がグラーツ市のシンクタンク的な機能を担っていることが窺える。

総合的なシンクタンクによる中間支援活動

ザルツブルク州には気候エネルギー政策に特化した支援組織が存在していない。そこで同州では，地域政策の総合的なシンクタンクである「ザルツブルク空間計画・住宅研究所（Salzburger Institut für Raumordnung & Wohnen: SIR）」が気候エネルギー政策の支援活動を担当している。

SIRは，1972年に州政府の主導により設立された非営利型のシンクタンクで，州政府，ザルツブルク市，住宅関係団体，民間企業などが会員として組織運営に参加している。職員は約30名である。年間予算は約300万ユーロで，その財源のおおむね3分の2は州政府が負担し，残りは事業収入（依頼主の大半は国や州，基礎自治体）となっている。

主な活動分野（部門）は，「空間計画と地域開発」「住宅」「エネルギー」「持続可能な発展」などであり，州内の基礎自治体による関連政策を対象にした調査研究，助言，出版，教育などの活動を展開している。具体的には，例えば空間計画・地域開発部門では，中心市街地活性化，公共建築物の配置，各交通手段のコスト，駐車場削減などに関する調査研究，専門家向けの教育・情報提供などを，住宅部門では，住宅整備・供給事業に関する調査研究，自治体による公共集合住宅建設に対する支援，各種のモデルプロジェクト（省エネ改修，住民参加型住宅改修，自家用車を必要としない住宅）などを行っている（Land Salzburg 2019）。

エネルギー部門は1992年に設置され，自治体向けの支援活動を継続的に実施している。具体的には，e 5参加自治体向けの支援が中心となっている。ザルツブルク州内では，33の基礎自治体（同州の総人口の約50％が居住）がe 5に取り組んでいる。その他には，ザルツブルク市と気候エネルギー政策の強化に関する共同事業を実施しており，同市の気候エネルギー政策のマスタープランの策定，具体的プロジェクトの開発，同政策を実施する上で関係する地域の諸主体との協働関係の構築などに対する支援を行っている。

州政府による中間支援活動

ケルンテン（Kärnten）州は，州政府が直接的に基礎自治体に対する支援活動を担当するという形態をとっている。同州には，もともと「ケルンテン・エネルギー協会（Verein energie: bewusst Kärnten）」というエネルギー・エージェンシー（2003年設立）が存在していたが，2014年に州政府は，同協会を州政府の気候エネルギー政策担当部署の一部門に吸収した。州政府の担当職員によると，州政府が民間のエージェンシーを吸収した事例は，オーストリアでも唯一であり，州と基礎自治体との間の連携，コミュニケーションを円滑化するためには州政府直轄の組織の方が容易，という判断に基づいて実施されたとのことである。吸収時には，エージェンシーの職員も基本的にはそのまま州政府の職員として同部門に移籍している（自主退職した職員を除く）。

州政府による支援活動の内容は，他州の支援組織と同様，e5やこれも第6章で紹介した「気候エネルギーモデル地域（Klima- und Energiemodellregionen: KEM）」などに取り組む自治体に対する支援が中心になっている。2018年に州政府は，気候エネルギー政策担当部署内に基礎自治体の政策支援を専門に担当する部門を新設し，中間支援活動の体制を強化している。

2-5　エネルギー・エージェンシーの特徴

地域の諸主体が支える組織体制

これまで見てきたエネルギー・エージェンシーは，いずれも組織設立に関しては州政府などが強く関与しているが，地域内の利害関係者が会員や役員として名を連ね，地域の多様な主体が参加する形で組織運営を行っている組織も少なくない。また，組織の職員は専門的な人材で構成されており，財源も一定割合は独自の事業収入などで賄われている。これらから，エネルギー・エージェンシーは，政府セクターから一定の独立性を保ちながら活動が展開されていると捉えられる。オーストリアにおいては，気候エネルギー政策を推進していく上で中間支援組織が必要な存在であるという認識が，各州の関係主体間で広く共有されていると考えることができる。

エネルギー・エージェンシーの設立は，連邦政府の法律などで義務づけられているのではなく，基本的にはそれぞれの州などが自主的に判断したものである。組織体制の形態についても，基本的に各州の規模や地域特性などをふまえながら整備が図られてきたものと推測される。ただし，関係者に対するインタビューでは，設立時期が比較的早かったフォアアールベルク州研究所などの体制や活動が，他州に影響を与えたことを示唆する発言が複数見られた。

なお，欧州委員会が実施したエネルギー・エージェンシーを対象にしたアンケート調査によると，欧州全体では，回答した同組織の75％は職員数が７名以下と小規模な組織が多数を占めている。また，自治体の政治状況の変化によって組織が廃止されたり，活動規模が大幅に縮小してしまったりしたエージェンシーも少なくないという（European Commission 2014）。それらと比較すると，オーストリア国内の諸組織は規模が大きく，州政府などから継続的な支援が得られていることから，欧州内でも比較的恵まれた環境にあることが分かる。

専門性の追求

中間支援活動の担い手である各組織の職員については，これまでのインタビュー結果を総合すると，おおむね，大学・大学院などにおいてエネルギー工学，都市計画学，経済学，教育学，社会学など，気候エネルギー政策に関連する諸分野の教育を受け，さらに中間支援組織で勤務する前に自治体やコンサルタント，NGO，民間企業などでの実務経験も有している専門的な人材が多く雇用されている。加えて，それぞれのエネルギー・エージェンシーでは，所属する職員が気候エネルギー政策などの支援活動に従事する上で必要になる知見・ノウハウなど（例えば，多様な地域主体間でのコミュニケーション，合意形成を促すためのコーディネート術など）を強化していくために，専門の教育機関が開講している教育プログラムを受講することも積極的に推進している。以上から，それぞれのエネルギー・エージェンシーでは，自治体の気候エネルギー政策の支援を行う上で必要になる専門的な人材やノウハウの獲得に力を入れていることが窺える。

3　気候同盟オーストリア——民間主導型の中間支援組織

3-1　気候同盟とは

「気候同盟」は，気候正義に基づく気候保全と熱帯雨林保全を目的に，1990年にオーストリア，スイス，ドイツの12の自治体，アマゾンの先住民族６団体，市民団体などによって設立された国際的な民間組織である（本部フランクフルト）。2020年４月現在，27ヶ国，1700を超える自治体が参画している，気候変動問題に関する欧州最大規模の自治体ネットワーク組織である。

「気候同盟オーストリア」は，1994年に国際協力NGO，環境保護団体，持続可能な開発と人権などに取り組むNGOが出資し公益有限会社として法人化した。2017年に組織が改編され，現在は会員組織のNPO気候同盟オーストリアが親法人となり，前述の有限会社（事業実施組織）へ100％出資する形態をとっている。同NPOは会員基礎自治体が総会議決権を持ち，理事会メンバー６名のうち５名は主に首長により形成されている。組織改編は，ローカルな活動の実施主体である自治体が，同団体の事業にこれまで以上に主体的に参画し，中心的な役割を果たすために行われた。各州に支部があり（ブルゲンラント州のみウィーン市の支部が担当），会員は自治体1048，事業者1221，教育機関674を数える（2020年６月時点）。オーストリア国内の全基礎自治体の約58％が同団体に参加しており，e５に参加する自治体も多く含まれる。気候同盟に加盟する27ヶ国の中で参加自治体数が最も多く，事業者と教育機関も数多く参加している点が特徴である。

活動分野は，エネルギー，土壌保全，空間計画，気候正義と開発，気候変動への適応，農業・食糧・持続可能なライフスタイル，モビリティと多岐にわたる。職員は州支部スタッフを含め66名が勤務し，パートタイム業務をフルタイム（40時間）で換算するとさらに約37名が働いている[*1]。職員の専門分野は交通政策，開発政策，空間計画，政治学，地域発展計画，国際協力など広範囲で，農業，自然保護，林業，土壌分野などの大学卒業者もいる。職員の多くがエネルギー・アドバイザーの研修を定期的に受講している。

同団体の収入は，約３分の１を会費から，３分の２を州や国，EUなどのプログラムに係る補助金や事業収入などから得ている。自治体が加入する際には，①５年ごとにCO_2排出量を10％ずつ削減し住民一人あたりのCO_2排出量を2030年までに1990年比半減すること，②CO_2排出量を2.5t相当／人・年に下げること，③先住民族と共に気候正義のために努力することの３点を，議会で承認することが条件となっていた。2019年以降は，以下を議会で承認することが要件となっている。継続的なCO_2排出削減，熱帯雨林保全活動の支援，地域の住民・教育機関・事業者の参画による気候保全活動の実施，住民に対する模範的な取り組み，気候保全アドバイザーの任命，実行グループの設置と継続的な活動など。会費の額は人口によって異なり，人口１万人規模の自治体の場合，年間約2250ユーロほどである。

3-2　中間支援組織としての特徴

ローカルな気候エネルギー政策に中長期的に同伴

気候同盟オーストリアは1992年から企業，自治体，市民大学や幼稚園など，多様な主体のネットワーキングに取り組み，対話と連携を促進してきた。自治体，事業者，教育機関などの気候保全活動に同伴し，実務に役立つツールを提供している。

基礎自治体が同会に入会する際には「気候チェック」を行い，現状と課題を可視化する。気候保全・エネルギーに関する体制，エネルギー・交通政策，気候正義など10分野約90項目の質問に答えると，Ａ＋＋からＧのどのレベルに位置するか明らかになり，それに基づき同会がコンサルティングを開始する。毎年進捗状況を評価し，計画を練り，実施する。このサイクルを繰り返し，自治体・事業者の取り組みのレベルアップを促す。

また，「気候保全対策カタログ[*2]」や「気候保全対策バランスシート」（自治体内のCO_2排出・エネルギー利用状況を把握するオンラインシミュレーション），「ベストプラクティスデータバンク」（ウェブ上でマッピングされた先進事例の取り組み概要や連絡先などの情報バンク）を，自治体職員は庁内での政策検討や議会向けの資料作成，住民とのコミュニケーションなどに活用できる。

州や国レベルでの横断的なノウハウ共有，キャンペーンの展開

気候同盟オーストリアでは，地域でのセミナー，上映会，ワークショップなどに加え，全国的な交流イベントやコンテストなどを開催しキャンペーンも展開している。近年顕著に行われているのは，モビリティシフトの促進や，持続可能性に関わる産業として観光や有機農業分野を応援するキャンペーンである。また，実践者を育成する研修や連続講座などを，首長や議員，自治体職員やエネルギー・アドバイザー，市民，教育者，事業者向けに開催している。気候保全やモビリティなどに関するアドバイザー育成やその認定も行う。

州政府との連携も密であり，筆者らが州政府を訪問し，気候エネルギー政策について聞き取りを行った際（ケルンテン州，オーバーエステライヒ州）には，気候同盟の職員が同席し，共にプレゼンテーションを行っていた。ニーダーエステライヒ州は，2020年末までに州内の全基礎自治体が同会に入会することを促す補助政策を打ち出している。

地域で共に育むグローバルな視点と主体性

同団体は，アマゾンの熱帯雨林を守る活動を，資金提供や専門家派遣などを通して支援している。これまでに13.5万㎢以上の熱帯雨林を居住地域として登記し，森林生態系および自然と共生する伝統的な人々の暮らしを長期的に守ることに成功している。これはオーストリア全国土の約1.6倍にあたる広大な面積である。グローバルな課題は，誰もが間接的に関与しながら傍観者になりがちであるが，同会の会員となることで能動的・継続的に熱帯雨林地域の保全に関与することとなり，当事者意識の喚起と維持を促している。

以上のように気候同盟は，国際的な連携を背景に，地域に密着した気候保全や適応策を推進し，持続可能な社会の形成をサポートしている。30年近く活動を続け中間支援組織として根づき，会員を増やし続けている理由として以下が考えられる。第一に，地域の状態に応じたツールを提供し，継続的に向上を促す段階的な目標設定を行い，その実現に向け長期的に寄り添い共に成果を上げていく点があげられる。第二に，スタッフが多様な専門性を備え，ステークホルダーを巻き込みながらニーズに即したアドバイスや活動を行っている。第三に，地域，州・国，国際的な視点で活動を展開し，Think globally act locallyをあらゆる側面から取り上げることで，個人や地域が持続可能な未来を共に形成する主権者であるという共感を育んでいる。これらの相乗効果によって，多様な実践者の相互補完的な地域ネットワークが強化され，気候エネルギー政策を実施する際の地域パートナーとしての同団体の信頼を高めていると考えられる。

主体的・継続的に気候エネルギー政策に取り組む地域ネットワークが各地で形成されることで，分散型の実践地域のネットワークが生まれている。政治的な変化や財源，方針などの転換があっても，主体的で分散型の実践は揺らぎにくく，柔軟に支援を継続していることは，民間主導型の中間支援組織の強みでもあるといえよう。

4　ライファイゼンバンク――地域金融による中間支援活動

4-1　ライファイゼンバンク・グループ

金融市場では，環境・社会・ガバナンスといった要素を考慮したESG投資が広がりを見せている。1980年代以降の金融の自由化と経済のグローバリゼーションは，欧州における連帯金融の流れをつくり，金融の社会化を目指すことにつながった（アルティ 2016)。「持続可能な開発目標（Sustainable Development Goals: SDGs)」を実現していくためにも，持続可能性を考慮した「責任ある投資」が欠かせない（水口 2013, 2017)。地域金融は地元密着のエネルギー事業で重要な役割を果たしている（寺西他 2013)。

オーストリアのライファイゼンバンク・グループは，2018年6月末に総資産2699億ユーロ，預金残高1274億ユーロで，国内市場の3割を占める最大手である（ゆうちょ財団 2019)。組織形態は，①各州・地方の「ライファイゼン個別銀行（Raiffeisenbanks)」（以下，個別銀行）とその支店，②地域内の個別銀行に100%

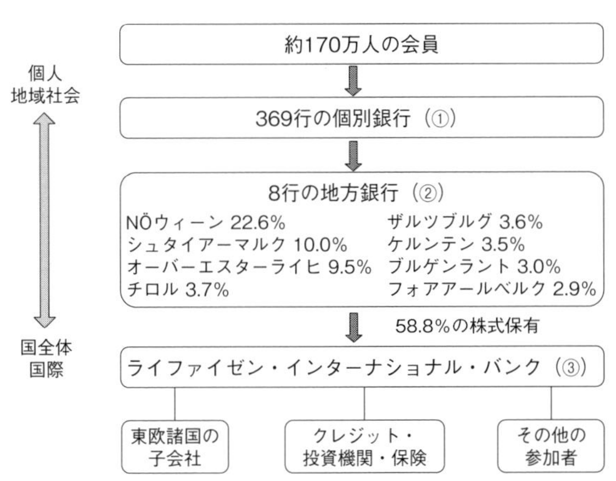

図7-2　ライファイゼンバンク・グループの組織構造
出所：RBIのウェブサイトを参考に上園作成。

所有されている「ライファイゼン地方銀行（Raiffeisen Regional Headquarters）」（以下，地方銀行），③中央機関である Raffeisenbank International（以下，RBI）という３層で構成されている（図７−２）。個別銀行（①）が８つの地方銀行（②）を所有し，さらに②が RBI（③）の株式を所有している。地方銀行は RBI の株式を過半数所有し，個別銀行は顧客からの要求を上位組織に伝達できるため，地域・州・国という３層の縦のラインがボトムアップの意思疎通と連携を可能とし，補完関係を機能させている。

４−２　中央機関 RBI と地方銀行の SDGs

ライファイゼンバンクは，利益追求を主目的とせずに組合員や地域のために金融業務に取り組んできており，SRI や ESG 投資と重なる部分が多い。RBI は銀行グループ全体の SDGs に関わる方針や原則を策定し，国際的な金融機関や第三者認証組織と連携して国内外で様々な ESG 投資を実施している。石炭や原子力に関わる事業へのネガティブスクリーニングは「責任ある投資」の象徴的な例でもある。ポジティブな活動としては，グリーン債権やグリーンポートフォーリオ融資があり，再エネ，グリーン建築，省エネ，クリーン輸送，水管理・廃水管理を対象とした投資を促している（RBI 2019a）。2019年２月末で６億3000万ユーロを融資した結果，CO_2排出量を１万2992t 削減した（RBI 2019b: ３−４）。

地方銀行の取組例として，ライファイゼン地方銀行ニーダーエスターライヒ・ウィーン（NÖ-Wien）を紹介しよう。NÖ-Wien は，州や基礎自治体が掲げている GHG 排出削減目標の達成に向け，省エネや再エネ普及へ地域金融機関として取り組んでいる。代表的な取り組みは，市民（顧客）向けの国，州や基礎自治体からの補助金（低利融資，助成金，手当）を用いた住宅の断熱改修や省エネ対策の支援である。また NÖ-Wien は，州内で，先述したニーダーエスターライヒ州エージェンシーと協働で省エネ対策に取り組んでいる（第11章）。

ライファイゼンバンクの SDGs 活動の背景には，自助や自己責任，自己管理という創始者の精神が関わっていることや，協同組合銀行らしさの追求が商業銀行との差別化という戦略を推し進めてきたと推察される。オーストリアでは，持続可能な地域づくり推進を目的にした「ローカル・アジェンダ21（Local

Agend 21: LA21)」の活動（第８章参照）が今も根づいており，地域や顧客に寄り添うことが実施しやすかったとも考えられる。

4-3　地域密着型のエネルギー事業支援
――個別銀行ケッチャッハ・マウテン

南部のケルンテン州は，人口55万人の農山村が広がる一次産業と観光業が盛んな地域である。ライファイゼン地方銀行ケルンテンは，個別銀行や倉庫協同組合，乳製品，その他の協同組合などの会員で運営される。州内に39の個別銀行と約400の支店があり，個別銀行はそれぞれが独立している。

個別銀行ケッチャッハ・マウテンは，2007年に策定されたライファイゼン気候保全イニシアティブ（現持続可能性イニシアティブ）に参加しており，自治体のエネルギーヴェンデに対して地域銀行として企業や住民に密着した行動に努めている。建築物の省エネ対策は環境対策や光熱費の削減にもつながるため，適切なノウハウに基づいた断熱改修など省エネコンサルティングを顧客に実施している。銀行のホームページに省エネ対策の内容やメリット，資金調達の方法や助成金の活用を周知し，相談への予約を行うことができる。従業員30名のうち10名がコンサルタント業務に従事している。業務内容は，住宅建築の融資や省エネ相談であり，３名が企業の省エネを専門にしている。エネルギー事業に関する人材育成は，地方銀行ケルンテンやウィーンのライファイゼンアカデミーで行われている。

企業向けには，水力発電や風力発電などの再エネ事業への助成金や採算性へのアドバイス，許認可申請へのサポートなどを行っている。個人・民間向けには，木質暖房の燃料や設備，地域熱供給へのアドバイスを行い，過去15年間に設置されたバイオマス熱供給事業へすべて融資している。住民出資の共同発電事業には，住民の定期預金から資金を拠出し，低利で固定金利の融資を提供している。顧客から持続可能性へ貢献したいという要望が強く，地域に応じた省エネや再エネ事業，地域活動に投資することが求められている。持続可能性の取り組みを拡大していくために，年に数回の会合を開催し，顧客と直接会う機会を設けている。地域のイベントでは，省エネスタンド・展示を設置して顧客に取組内容を周知している。

環境保全以外では，音楽コンサートのアカデミーを開催し，文化やスポーツへの表彰を行い，地域の文化を豊かにすることに貢献している。また，食料の自給自足を目指し，パンやベーコン，アルプスのチーズなどが特産となっており，観光業の振興にもつながっている。

このように，金融の自由化や経済のグローバリゼーションがもたらした資本主義経済の矛盾を打開するためには，金融機関の ESG 投資や SDGs 活動が経済の民主化を進める一助となりうるし，市民の社会参加なしには実現できないことを示唆している。また，中間支援組織を介した地域社会や住民との協働が重要な役割を担うのであり，協同組合銀行のあるべき姿を示している。

5　中間支援組織が担うもの

本章で紹介してきたように，オーストリアにおいては，国内各地に様々なタイプの中間支援組織が存在し，多岐にわたる支援活動を展開している。同国の自治体をはじめとする地域の諸主体にとっては，気候エネルギー政策を実施しようとする際，きめ細やかな支援を得られる専門的な組織が身近な距離感に存在している環境が整備されていると捉えることができる。

これらの中間支援組織による取り組みを整理すると，自治体の気候エネルギー政策に関する知見の収集（調査研究）とそれをふまえた地域主体への情報ならびにノウハウの提供・助言，人材育成，主体間のネットワーク形成・橋渡しなどの活動が中心になっている。先述したように，オーストリア国内には小規模自治体が多数存在している。こうした自治体や地域では，気候エネルギー政策推進に必要な知見・ノウハウや人材などを自前で充実化させることが困難である。そこで，各地域の中間支援組織が，自治体に代わる形で専門的な人材を確保した上で，知見・ノウハウを蓄積させ，自治体などによる政策推進に同伴して継続的に支援していくという，自治体・地域主体の「知的・人的基盤」を補完する役割を担っていると捉えられる。

このような中間支援体制の整備が進められている背景には，もちろん連邦，さらには EU の姿勢も大きく影響している。例えば，本章の前半部分で述べたように，欧州委員会は長年にわたり EU 域内の中間支援組織を対象にした支援プログラムを実施している。筆者らが欧州委員会の気候エネルギー政策担当職員にインタビューを行った際に，中間支援組織への支援を継続的に展開している理由を質問したところ，「欧州委員会として地域レベルでの気候エネルギー政策を推進する上で，自治体の専門的知見・ノウハウ・人材などの不足が課題と認識している。そこで，自治体・地域社会のキャパシティビルディングに力を入れているが，その中では上記の課題を補う中間支援組織の存在を重視している。欧州ではソフト面の強化を重視する傾向が強まっている」という回答があった（平岡 2020）。オーストリアにおいて中間支援組織の整備が活発に展開されている根底には，欧州全体を通してこのような気候エネルギー政策におけるノウハウ・組織・人材などを重視する姿勢があり，中間支援組織は，地域のエネルギー・ガバナンスを構築していく上で不可欠な存在として明確な位置づけがなされていると考えることができる。

なお，オーストリアにおいては，こうした自治体などを支える中間支援活動やその担い手を重視する姿勢は気候エネルギー政策分野だけではなく，他の地域政策分野にも共通して存在している。本章で紹介したザルツブルク州のSIRもその一つであるが，筆者らの一連の調査では，多くの州に農村振興，住民参加・協働，若者の社会参加，中心市街地活性化などの政策分野において支援活動を展開している半官半民型の中間支援組織が存在していることを確認できた。同国では，持続可能な地域づくりを自治体が推進していく上での知的・人的基盤を支える存在の必要性が認識され，その担い手である中間支援組織に対して積極的な投資がなされているといえる。

付記

本章は，平岡（2016，2017，2018），平岡・的場・木原・豊田（2019），手塚（2018），上園（2020）の内容に追加・修正を加える形で執筆した。

注

＊1　2017年９月１日訪問時聞き取りによる。

＊2　気候保全対策カタログ８分野（庁内のチーム形成，普及啓発・意識形成，エネルギー，モビリティ，土壌保全・空間計画，公共調達，気候正義，協力体制）の対策を整理し公開している（http://www.klimabuendnis.at/klimaschutz-massnahmen-suche）

参考文献

アルティ，アメリ　2016『「連帯金融」の世界――欧州における金融の社会化運動』尾上修悟訳，ミネルヴァ書房。

上園昌武　2020「エネルギー自立に向けた地域金融の役割――ライファイゼンバンクの取組を事例に」『社会科学研究年報』50：75-85。

手塚智子　2018「グローバルな視点から地域における気候保全と持続可能な社会形成をサポートする民間の取組み――気候同盟オーストリアを事例に」『人間と環境』44(2)：27-31。

寺西俊一・石田信隆・山下英俊　2013『ドイツに学ぶ地域からのエネルギー転換――再生可能エネルギーと地域の自立』家の光協会。

平岡俊一　2016「エネルギー研究所フォーアールベルク――地域エネルギー政策・事業を支える知的基盤」『人間と環境』42（1）：66-69。

平岡俊一　2017「エネルギー・チロルによるオーストリア・チロル州での中間支援活動――自治体エネルギー政策に対する支援を中心に」『人間と環境』43（2）：42-46。

平岡俊一　2018「欧州の地域主体を支える中間支援組織」的場信敬・平岡俊一・豊田陽介・木原浩貴『エネルギー・ガバナンス――地域の政策・事業を支える社会的基盤』学芸出版社，147-172頁。

平岡俊一・木原浩貴・豊田陽介・的場信敬　2020「FEDARENE（European Federation of Agencies and Regions for Energy and the Environment）による欧州域内のエネルギー・エージェンシーを対象にした支援活動」『人間と環境』46（2）：62-65。

平岡俊一・的場信敬・木原浩貴・豊田陽介　2019「オーストリアにおける自治体エネルギー政策を対象にした中間支援活動の推進体制と取り組み――州単位での動向を中心に」『社会科学研究年報』49：103-115。

水口剛　2013『責任ある投資――資金の流れで未来を変える』岩波書店。

水口剛　2017『ESG投資――新しい資本主義のかたち』日本経済新聞社。

ゆうちょ財団　2019「オーストリア共和国」『個人金融に関する外国調査』。

Energieinstitut Vorarlberg 2019. *Über uns*, https://www.energieinstitut.at/ueber-uns/

Energie Tirol 2019. *Energie Tirol*, https://www.energie-tirol.at/energie-tirol/

European Commission 2014. *Manag Energy: Directory of Energy Agencies.*

European Commission's Executive Agency for Small and Medium-sized Enterprises 2015. *Energy Agencies in Europe: Results and Perspectives.*

Land Salzburg 2019. *Salzburger Institut für Raumordnung und Wohnen*, https://www.salzburg.gv.at/dienststellen/sonstige-einrichtungen/sir/

RBI（Raffeisen Bank International）2019a. *Sustainability Report 2019.*

RBI 2019b. *RBI Green Bond 2019: Allocation and Impact Reporting.*

第8章

持続可能な地域づくりにおける 住民参加・協働促進の仕組み

平岡俊一・久保田学・的場信敬

1　活発に展開されている仕組みづくり

第2章でも述べたように，オーストリアでの持続可能な地域づくりならびに気候エネルギー政策では住民参加・協働（以下，参加・協働）が重視されており，本書の各章で紹介しているように多方面でそれを取り入れた政策・事業が実施されている。そうした中で同国では，連邦や州などのレベルにおいて，地域での参加・協働型の取り組みを促進することを目的にした仕組み・支援プログラムも活発に展開されている。

本章では，そうした仕組み・支援プログラムの中から，LEADERとローカル・アジェンダ21（LA21）を紹介する。いずれも気候エネルギー政策に特化したプログラムではないが，同国での参加・協働型の関連政策・事業を推進する上でも重要な役割を担っている。以下では，まずLEADER，LA21の順にそれぞれの取り組みの全体像，特徴，目的などについて述べ，次に同国において参加・協働型の持続可能な地域づくりを推進していく上でどのようなことが重視されているのか考察する。

2　農村の内発的発展を支えるLEADER

2-1　LEADERとは

オーストリアの地域発展と住民参加を考える上で欠かせない仕組みの一つがLEADER（フランス語のLiaison Entre Actions de Développement de l'Économie

Rurale,「農村経済発展のための行動の連携」の略語）だ。EU の共通農業政策（Common Agricultural Policy: CAP）は，共同市場と各国の農業の保護を両立するための生産者に対する直接支払（第一の柱），および競争力確保，環境保全（自然資源・気候対策），雇用・地域振興などのための農村振興政策（第二の柱）から成る。LEADER はこの第二の柱を担う重要なプログラムであり，EU の農村地域振興に関する規則（Regulation（EU）No 1305/2013）は，第59条第5項で加盟国が欧州農業農村振興基金（European Agricultural Fund for Rural Development: EAFRD）による農村振興プログラム（Rural Development Programmes: RDP）向け資金の5％以上を LEADER に充当することを規定している[*1]。もともとボトムアップによる農村振興支援策として1991年から試行されていたが，2000年から CAP に創設された第二の柱に統合され，規模を拡大しながら期を重ねて，現在第5期（2014～20年）の終盤を迎えている。オーストリアは EU に加盟した95年（第2期）から LEADER を導入している。第二の柱は第一の柱と比較して加盟国の裁量が大きく，RDP は国や地域の特性に応じて策定される（平澤 2015）。例えばドイツは州ごとに RDP を定めているが，オーストリアは一国一プログラムである。LEADER もそうした国・地域ごとの政策の中で運用される。

2-2　基本的な仕組み

表8-1は，LEADER の根幹をなす7つの原則である。これを担保する各国共通の資金拠出条件は EU の農村振興基金，構造基金などに関する共通規則（Regulation（EU）No 1303/2013）第32～35条に規定され，オーストリアはこれをもとに次のように参加要件を定めている（Gschnell 2017）。

表8-1　LEADER の原則

- ボトムアップ
- 地域ベース（地域としてのまとまり）
- 地域のパートナーシップ（LAG）
- 統合的・分野横断的な戦略
- ネットワーキング（国内外との経験交流）
- 革新性
- 協力（地域間および国際）

出所：欧州農村開発ネットワークサイトより久保田作成。

第一に，原則として合計人口15万人以内の複数自治体で LEADER 推進の中核を担う組織「ローカル・アクション・グループ」（lokale Aktionsgruppen: LAG）を結成することである。LAG は，地域性を保ちつつ自治体間連携できる適性規模で，地域主導の事業開発・実施，官民協働の原動力・プラットフォームとして機能することが求められる。意思決定レベルで特定セクターが49％を超えない中立性，地域の社会・経済利益を代表する公平性，議決権の男女比などが厳しく定められている。

第二に，７つの原則を満たす地域発展計画（lokale Entwicklungsstrategie: LES）を幅広い主体の参画の下に作成することである。ボトムアップ原則を最重視し，外部の機関・組織に依存せず，徹底して住民参加，地域主導でLESを構築することが要請され，その策定プロセスも審査対象となる。そこでは次節で紹介するLA21がツールとして活用されるほか，そうした準備段階への助成も行われ，地域・住民主導の策定が手厚くサポートされている。もちろん，形成過程だけではなく，それに基づくプロジェクトの開発・採択を地域で意思決定する能力やマネジメントの専門性も要求される。

第三に，フルタイム換算1.5人分のマネージャーの雇用が要件となる。地域ごとの事業管理を重視し事務局機能の担保を求めるもので，採択額の25％を人件費に割り当てることができる。このように要となる事務局の人件費を手厚く保証する仕組みは同国の「気候エネルギーモデル地域（Klima-und Energiemodell regionen: KEM）」（第６章参照）など他のプログラムにも見られ，マネジメントを重視する姿勢が確認できる[*2]。これらを満たして認定されたLEADER地域には期中に300万ユーロの予算が約束される。

LEADERの対象分野は，地域経済の付加価値向上，自然・文化資源の持続的利用，公共福祉のための機能・構造強化の３つだ。つまり，地域の環境・社会・経済課題のほとんどが対象となる。この分類に沿って地域のニーズに応じた戦略目標と取組分野をLESに既述し，それに資するプロジェクトを域内の住民や事業者が提案する。そして事務局がその事業化を支援し，審査・選考を経て採択案件に資金助成し実践する仕組みである。具体的な運用事例は２−４で紹介する。

2−3　オーストリアにおける役割

オーストリアは国土の44％が森林，32％が農地で，総人口の66％は農村地域に暮らす。農家の規模（平均20ha）は欧州では比較的小さく，その大半が山岳地帯などいわゆる条件不利地で，林業や観光を中心に６割が兼業である。市場原理に任せれば農業は現在とは異なる集約化に向かい，あるいは斜面の農地は森林に遷移し，美しい農村景観を維持できなくなる。その結果，観光資源や地域への愛着が損なわれ，農村からの人口流出が加速してしまう。このため，同国は1970年代には山岳農家への直接支払い制度を創設するなど，国策として農家を保護し，農村の経済・社会を保全してきた。そうした中で，1980年代からは「ドルフ・エアノイエルング（村のリニューアル）」（Dorferneuerung）と呼ばれる住民参加による農山村の地域再生の動きが各地に広がった。これは住民ニーズに基づき地域の課題を地域主導で改善・解決していく活動で，当初の景観保全・改善などから次第に文化・経済・社会などに関わる内容に発展し，現在の同国の内発的な農村発展を特徴づけている。ボトムアップによる地域再生を引き出す仕掛けとしてのLEADERは，その支援策として各州の農村振興政策とともに重要な役割を果たしている（石田 2018，藤井 2018）。

同国のRDP（2014～20年）は，生態系保全・天然資源の高効率利用，競争力向上，農村地域の経済・社会発展の３つを重点目標としており，LEADERはその重要なツールとして位置づけられている。RDPの期中予算79億ユーロ（うち39.4億ユーロはEUが負担）の内訳は，農業環境気候対策分野20億ユーロ，条件不利地への支払い18億ユーロ，有機農業分野7.8億ユーロなどであり，LEADERに2.5億ユーロを充てている（Stadler 2017，EC 2019）。なお，今期のRDPは競争力向上にむけて環境・気候対応を特に重視しており，エネルギー対策経費は上記内訳の多分野に横断的にまたがっている。例えば，基盤的サービスおよび村のリニューアル分野にはRDP予算の10％に相当する7.9億ユーロが投じられるが，この中には省エネルギーやバイオマスエネルギー供給が含まれ，さらにプロセスとしてのLA21への資金提供も含まれている。このように同国の農村振興政策にはボトムアップによる地域再生や気候エネルギー対策が通底しており，第９章や12章で紹介する事例もLEADERを様々に活用している。

2015年に選定された今期のLEADER地域は77ヶ所に及び，国土面積の89％，人口の53％をカバーしている。ここからも全土の８割を占める条件不利地の支援がいかに重視されているかが読み取れる。

2-4　住民提案を形にする推進力――LEADER 地域 VWB

LEADER 地域 Vorderland-Walgau-Bludenz（VWB）は，フォアアールベルク州のフォルダーラント（Vorderland），ヴァルガウ（Walgau）の２つの自治体連合とブルーデンツ（Bludenz）市の計26自治体（面積391km²，人口８万3000人）で LAG を構成し，2015年６月に認定を受けて390万ユーロの予算を確保した。世界的企業が立地する産業構造と伝統的な農村の暮らしが共存する中で，自然・経済・文化の各分野での共同開発による地域の競争力強化を目指している。

LAG は協会形式の NPO（Verein LEADER-Region Vorderland-Walgau-Bludenz）で，26自治体の代表と政治・市民社会代表計69人で構成される総会（年１～２回開催），協会を運営し予算・決算・年次報告のほか，プロジェクト選考委員会も兼ねる11人の理事会（年４回以上開催），監査役２人，仲裁機関が設置されている。総会・理事会とも，構成員の地域・属性・性別を公開し，議決権は市民社会代表が政治代表を上回ることが明示されている。事務局職員は採択の最低条件である1.5人（常勤マネージャーと週20時間勤務のアシスタント）で，業務は LAG の組織運営，経理，関係機関との調整，広報活動のほか，事業提案の受付，申請・実施支援，報告チェックまで多岐に及ぶ。ただし，プロジェクトは各申請主体が実施し，事務局自体は事業を担わずその支援と LAG 運営に徹することで高い生産性を実現している。

LES は，2013年中盤から多数の会議や行事を重ね，地域発展の考え方や重点事項を政治・行政・住民で作成してきた。市民の関与を最重視し，ワールドカフェなどの参加機会は LES に記載の主要行事だけでも１年半に23回を数える（LAG VWB 2014）。高齢化への対応，生活の質，地域の魅力向上が主要課題とされ，ボトムアップで幅広い住民が関わるプロジェクト開発と，都市と周辺地域の関係強化を大切にしている。

事業化の手順は図８-１のとおりだ。プロジェクトは，地域に利益をもたらし，LES の目標・行動分野・テーマに適合し，前述の７原則を考慮するものであれば，地域の関係者は立場を問わず誰でも提案することができる。事務局は適格性の確認や申請書作成の支援を行い，理事が事前審査を行ったうえで，選考委員会（年４回）に提出する。そこではすべての疑問が解消するまで議論

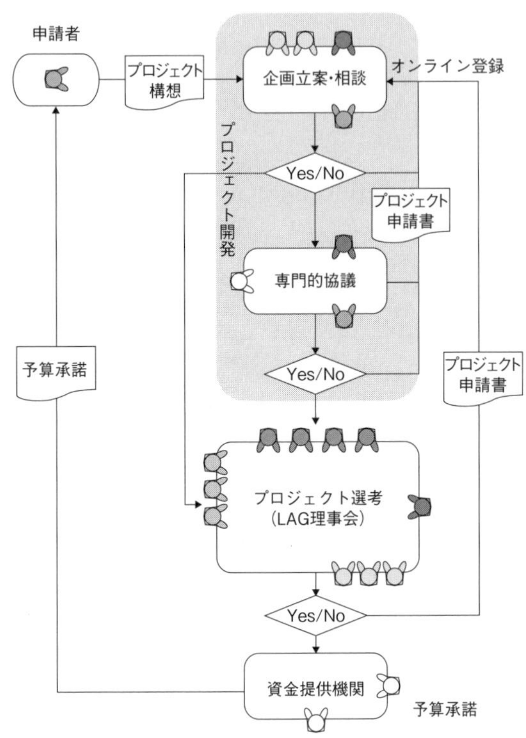

図８−１　LEADER の事業化手順
出所：LEADER 地域 VWB のウェブサイトより久保田作成。

を尽くし，州や専門家の意見も求める。承認されると事務局が州の地域事務所に申請し，正式採択されると事業規模や収益の有無などに応じて必要経費の40〜80％の助成が確定する。

このプロセスにより2020年５月時点で54件のプロジェクトを採択し，総額485万ユーロが投資され，うち275万ユーロがLEADERから助成された[＊3]。プロジェクトは住民，社会福祉団体などの組織，自治体など様々な立場から提案されており，１件あたりの予算規模は3300〜35万ユーロと幅がある。その内容は，教育，文化・技術伝承，アート・スポーツ振興，若者・高齢者・移民統合，空き家活用，集会・交流施設整備，ロープウェーの活性化，地場産品の競争力強化，自治体協働による地域経済強化，都市と周辺地域の協力強化，など広汎に及ぶ。

このようにLEADERの開始時点ではプロジェクトは存在せず，予算枠と運用方針だけがあり，具体的な事業はすべて開始後に募り，各地域のLAGが自律的に選考して申請者自身が実践する。つまり，連邦はLEADERで地域の事業群そのものではなく，地域の発意を引き出し政治主導とならないように市民社会の優越を保証しつつ，自治により課題解決を具現化する「仕組み」自体を採択していることが一つの特徴である。

2-5　気候エネルギー政策との相互貢献

では，こうした仕組みは気候エネルギー政策とどう関わっているのだろうか。これに関しては興味深い分析がある。連邦環境庁はLEADERとKEM，気候変動適応モデル地域（Klimawandel-Anpassungsmodellregionen: KLAR!)」（第6章参照）の地理的重複に着目し，それらの相乗効果について分析している。それによれば，今期の77地域のLESのほとんどに気候エネルギーや適応に関する目標と対策が含まれており，KEM地域の90％はLEADERの資金を活用していた。しかし，LEADERの対策テーマ12分野のうち最も重視されているのは観光分野であり，エネルギーは8位，気候対策は10位と下位にある。気候エネルギー政策分野の中ではモビリティ関連事業が最も多く，再生可能エネルギー，普及啓発などがそれに続く。また，LEADERとKEMのマネージャーの多くは，両プログラム間の相乗効果を認識していた。そして，LEADERの地域発展の専門知識とKEMの気候エネルギー対策の専門知識の交流・共有や協働による意識啓発の有効性などが指摘されている（Umweltbundesamt 2017)。

9章に後述するように，先駆的な中小規模自治体の気候エネルギー政策は地域発展の手段に組み込まれ一体として進められている。そうしたところは，LEADERやKEMに限らずEUや連邦・州レベルの多様なプログラムを巧みに使い分けて活用し，政策間連携により一石二鳥三鳥のマルチベネフィットを生み出している。あるいはLEADERに気候エネルギー政策関連の事業案件が少なくても，気候エネルギー政策の目的に地域の魅力や生活の質の向上が明記され，住民参加・地域主導による取り組みが実現している（久保田 2018)。前述のドルフ・エアノイエルングとともに25年にわたるLEADERの運用と成功はそうしたボトムアップによる課題解決のスタイルを定着させ，LA21とともに直接間接に気候エネルギー政策に寄与していると考えられる。

なお，EUの2021年以降の共通農業政策については2018年7月に予算案が公表され，気候・環境対策のさらなる強化の方針が打ち出されている。しかし，本稿執筆時点では，英国のEU離脱による財源見通しの問題などから2年間の移行期間が設けられ，2022年までは現行CAPのルールが継続して適用されることとなっている。

3　参加・協働型地域づくりのフレームワーク ——ローカル・アジェンダ21

3-1　ローカル・アジェンダ21とは

次に，参加・協働型の持続可能な地域づくり活動の活性化を目的に国をあげて包括的な促進支援策が展開されている「ローカル・アジェンダ21（英語 Local Agenda 21, ドイツ語 Lokal Agenda 21: LA21）」について紹介する。

第2章でも触れたように，もともとLA21は1992年の「環境と開発に関する国連会議」で採択された「アジェンダ21」の地域版として世界的に展開されてきた取り組みである。2002年の段階では世界113ヶ国，約6400自治体がLA21に着手していた（Rok *et al.* 2012）。日本でも環境省が主導する形でLA21の推進が図られ，2003年時点で330基礎自治体と47都道府県が着手しているという状況にあった（環境省 2003）。しかし，2000年代の後半頃から国内では停滞化し，近年ではその名称を冠した取り組みなどが見られるのは，ごくわずかな自治体に留まっている。国外でも，最近では国連やICLEIなどではLA21推進に関して目立った動きは見られず，別の名称のプロジェクトに移行したり（Rok *et al.* 2012），日本と同様に動きが停滞化した国も見られる（松野 2007）。しかし，本稿で取り上げるオーストリアをはじめとしてスペイン，デンマーク，マレーシア，ブラジルなど，現在もLA21を活発に展開している国も少なくない。

3-2　国レベルにおけるLA21推進の動向と体制

オーストリア連邦政府は，1998年に国内でのLA21の推進を開始した。欧州内では比較的遅い時期の着手であるといえる。現在，連邦政府でLA21を担当しているのは，「農業・地域・観光省（Bundesministerium für Landwirtschaft, Regionen und Tourismus）」である。同国は2002年に「持続可能な発展戦略（Nachhaltigkeitsstrategie des Bundes）」を策定しているが，その中でLA21を同戦略推進のためのツールとして位置づけた。さらに，その後策定された「農村開発プログラム（Österreichischen Programms zur Ländlichen Entwicklung）」においても同様の位置づけがなされている。そして，2003年には，オーストリアにおけるLA21推進の目的，政策的な位置づけ，取り組みの内容，重視すべき事項などを明示した「オーストリアにおけるローカル・アジェンダ21に関する共同宣言（Gemeinsamen Erklärung zur Lokalen Agenda 21 in Österreich）」を採択した（2010年に一部を改定）（Bundesministerium für Land- und Forstwirtschaft, Umwelt und Wasserwirtschaft 2010）。

同宣言によると，オーストリアでのLA21の実施主体は基礎自治体（複数の自治体が共同で取り組むことも可）と位置づけられ，その促進支援は連邦と州の役割とされている。そして，国レベルでのLA21の推進組織として，連邦ならびに各州政府の担当者（LA21コーディネーター）で構成されたワーキンググループ（Arbeitsgruppe Dezentrale Nachhaltigkeitsstrategien -Lokale Agenda 21: DNS-LA21）が設置されている。同組織では，LA21を実施する上で自治体に求められる取り組みを定めた「LA21プロセスに関する質基準（LA21-Basisqualitäten）」（以下，質基準）を作成した上で，定期的に国内での動向を把握し，質基準の改定を行っている。また，国，州，基礎自治体のLA21の関係者が一堂に会する場として，「ローカル・アジェンダ21サミット」をこれまでに計８回開催している。

2019年８月時点で，オーストリア国内でLA21に着手している自治体数は，基礎自治体が468，複数自治体が50となっている。合計すると，同国内の約２割に相当する基礎自治体がLA21に取り組んでいることになる。

2019年６月，連邦と各州の環境政策担当大臣で構成される「連邦環境会議（LandesumweltreferentInnenkonferenz）」は，LA21を自治体レベルで「持続可能な開発のための2030アジェンダ」ならびに「持続可能な開発目標（Sustainable Development Goals: SDGs）」を推進するツールと位置づけ，関連する取り組みについてはLA21のプロセス・推進体制をベースに実施していくことを決定した。同時に，この決定に対応する形でこれまでの質基準の一部を改正した「第４次質基準」を作成した。この新しい基準によって，各自治体は，今後LA21を実施する際に2030アジェンダとSDGsの内容をふまえながら目標や事業を検討することが求められることになった（ExpertInnengruppe “Dezentrale Nachhaltigkeitsstrategien - Lokale Agenda 21” 2019）。

3-3　オーストリアにおけるLA21のプロセスと手続き

先述の質基準では，自治体がLA21に取り組む際の作業プロセスについて以下のように定めている（図8-2）。

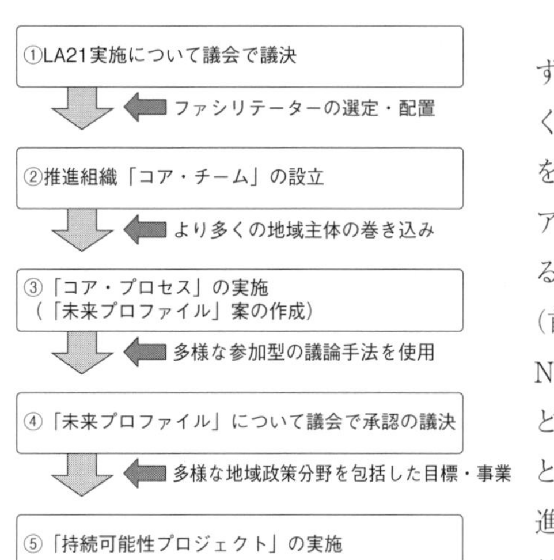

図8-2　基礎自治体でのLA21のプロセス

①LA21に着手する自治体は，まず議会においてLA21を実施していくことについて議決する。②LA21を推進する中核的な主体として「コアチーム（Kernteam）」を設立する。同チームは，自治体の政治家（首長，議員など），住民，企業，NPO，各種地域組織などの代表者などで構成する。③コアチームが中心となり，持続可能な地域づくりを推進する上で目指すべき地域像・目標，具体的な事業などを明示した「未来プロファイル（Zukunftsprofil）」案について，多様な参加型の議論手法を用いながら作成する，「コアプロセス（Kernprozess）」を展開する。④完成した未来プロファイル案を議会に提案し，承認の議決を得る。⑤未来プロファイルに基づき，具体的な事業「持続可能性プログラム（Nachhaltigkeitsprojekte）」を実施する。同プログラムの実施に当たっては，必要に応じてその推進主体であるワーキンググループ（以下WG）を設置する。

加えて，これらのプロセスの中では，以下の取り組みを行うことが強く推奨されている。①一連の作業プロセスにおいて地域内の幅広い主体を巻き込む努力を図る，②未来プロファイルにおいては各種政策分野を包括した総合的な目標を設定する。さらに州によっては独自の推奨事項を追加している例もある。

3-4　州政府によるLA21推進支援策

次に，基礎自治体に対するLA21の促進支援において中心的な役割を担う州政府が実施する具体的な取り組みについて，筆者らが調査を実施したザルツブルク州（人口約55万人），オーバーエスターライヒ州（同147万人），ウィーン市（同189万人）の事例を述べていく。ウィーン市は，単独で州の権限も有しているため，LA21に関しても他の州政府と同様に促進支援策を実施する役割を担っている。

州レベルでの推進体制

各州政府内にはLA21の担当組織「コントロールセンター」が設けられている。それに加えて多くの州には，基礎自治体に対して直接的な支援を行う中間支援組織（以下，支援組織）が存在しており，両組織が連携する形で促進支援策を展開している。上記3州の推進体制は以下のとおりである。

まずザルツブルク州は，コントロールセンターを州政府の環境政策担当組織が担っている。これは，同州ではLA21が気候エネルギー政策の一環として位置づけられているためである。支援組織は「ザルツブルク空間計画・住宅研究所」(Salzburger Institut für Raumordnung und Wohnen: SIR) が担っている。SIRについては第7章でも紹介したように，州政府の出資によって設立されたシンクタンクで，空間計画や地域開発，住宅，エネルギー，持続可能な発展などの分野において調査研究，州内の基礎自治体に対する支援などを実施している。LA21については，同研究所の「LA21市民参加部門」が支援を担当している。

オーバーエスターライヒ州では，コントロールセンターを州政府総務局内に設置されている組織「未来アカデミー (Zukunftsakademie)」が担っている。未来アカデミーは，社会的に新しい課題や部局の枠を超えた対応が必要な政策課題について研究，政策立案することを目的にした組織である。支援組織は，同州内において地域開発に関連する各種の支援活動を展開している「地域マネジメント・オーバーエスターライヒ (Regionalmanagement Oberösterreich GmbH)」が担当している。同組織では州内5ヶ所の支部に配置された「地域マネジメント・マネージャー」が各自治体によるLA21の推進を支援している。

ウィーン市は，都市計画・交通政策担当組織がコントロールセンターを担っている。支援組織は「ローカル・アジェンダ21ウィーン (Verein Lokale Agenda 21 in Wien)」(以下，LA21ウィーン) というNPOが担当している。同組織はその名称からも分かるように，ウィーン市におけるLA21の促進を図る

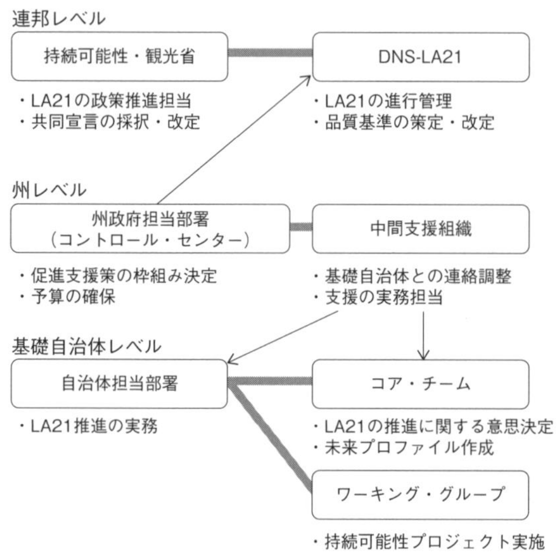

図8－3　オーストリアでのLA21の推進体制

ことを主目的に市政府によって2002年に設立された組織である。組織運営・活動費の全額を市政府が負担している。

州政府と支援組織の役割分担については州によって少しずつ違いが見られるが，概ね，州政府はLA21推進に関する促進支援策の枠組みの決定，予算の準備などを行い，支援組織は州政府が定めた枠組みに基づき，基礎自治体との連絡調整や支援などの直接的な取り組みを実施する役割を担っている（図8－3）。

基礎自治体を対象にした支援

州政府が実施している基礎自治体に対する支援策を整理すると，以下の４分野にまとめられる（表8－2）。

第一は財政的な支援である。代表的な取り組みとして，コアプロセスをはじめとするLA21の作業プロセスにおいてファシリテーター役を担う人材を確保する費用の一定割合（５～９割）を州が負担する支援策があげられる。加えて，金額的にはそれほど大きくないが，持続可能性プログラムの実施に対して財政支援を実施している州もある。

第二は助言・情報提供である。各州の支援組織は，LA21を実施中あるいは

表8-2　基礎自治体に対する支援策の主な内容

財政支援	・LA21プロセスに同伴するファシリテーターの確保に対する財政支援 ・持続可能性プロジェクト実施に対する財政支援
助言・情報提供	・進捗状況などに応じた基礎自治体に対する各種の助言，情報提供 ・各種分野の専門家の仲介・紹介 ・持続可能性プロジェクトの取組事例の紹介 ・持続可能性プロジェクト実施時に活用可能な財政支援制度に関する助言
教育	・自治体のLA21関係者を対象にした教育プログラム（企画・実践・資金調達など）の実施 ・自治体の政治家を対象にしたLA21の意義などを確認するワークショップの提供
ネットワーク化	・LA21に取り組む地域内の自治体関係者が集まったネットワーク会合の開催（先進自治体からの事例紹介，自治体間の意見交換・交流）

着手を検討している自治体に対して，それぞれの進捗段階や状況に応じた助言，専門家の紹介などを行っている。支援組織が特に力を入れているのは，持続可能性プログラムの実施段階において活用可能な支援制度に関する情報提供である。先述したように，持続可能性プログラムに特化した財政支援の規模はそれほど大きくないものの，同国の連邦・州レベルでは，各種の政策分野で自治体向けの財政支援が多数実施されている。しかし，それらの情報は必ずしも自治体の担当者にすべて行き渡っているわけではないため，各自治体が設定しているLA21の重点分野などに応じて，適切と思われる支援制度に関する助言・情報提供を行っている。

第三は地域主体に対する教育である。例えばザルツブルク州では，SIRによって「プロジェクト工房（Projektschmiede）」と名づけられたLA21に参加する地域の主体向けの教育プログラムが実施されている。同プログラムでは，持続可能性プログラムの企画，実践，資金調達などをテーマにした教育が毎年行われている。加えてSIRは，LA21実施中に選挙があり，首長や議員などが変わった自治体を対象に，LA21の役割・意義などを関係者間で再確認・共有することを目的にしたワークショップも開催している。

第四はネットワーク化である。州政府や支援組織は，州内でLA21に取り組んでいる関係者間のネットワークの形成・強化を重視しており，関係者が集まり，先進事例の共有，自治体間の意見交換を行う，ネットワーク会合を盛んに開催している。

3-5　LA21の取組事例（1）――ウィーン市

上記で述べた各種の支援のもと各自治体では具体的にどのようなLA21に関連する取り組みが実施されているのか。以下ではウィーン市の事例を紹介する。

ウィーン市では，市内に存在する23の区がLA21の実施主体として位置づけられている。各区には議会が存在するが，行政機能は有しておらず，市政府がそれを担当している。同市は，1998年にLA21を開始し，2019年時点で10の区が取り組みを継続している。各区のLA21の予算は年９万ユーロで，市と区の予算から半分ずつ拠出されている。

LA21プロセスを開始する区では，議会でその旨についての議決がなされた後，先述した支援組織LA21ウィーンが，ファシリテーター役「アジェンダオフィス」を担う組織の公募を行う。同組織は，ウィーン市などで持続可能な地域づくり，都市計画，コミュニティづくりなどに関連する事業のコンサルタントやファシリテーターを務めた経験を有する民間組織が担う場合が多い。

次に各区では，LA21の推進組織である「コアチーム」が設立される。同チームは，区長，区議会議員，WG代表者，LA21ウィーン関係者などで構成されるが，政治家と民間人が同数になるよう配慮されている。メンバーは全員無償で参加している。コアチームが中心となり未来ビジョンを策定した後，地域の多様な主体の参加・協働のもと持続可能性プログラムを実施する。この一連のプロセスは，基本的に１サイクル４年（最大６年）で実施され，希望する区はこのサイクルを繰り返し行うことができる。

ウィーン市内で持続可能性プログラムが実施される分野は「フェアトレード」「都市公園」「商店街」「コミュニティビジネス」「自転車」「徒歩」「再生可能エネルギー」「歴史・文化」「地域コミュニティ」など多岐にわたっているが，特に「公共空間と持続可能なモビリティ」「高齢者や若者の共生のまちづくり」「異文化間の対話」の３分野に力が入れられている。具体的な持続可能性プログラムとしては，「若者によるユースセンターの運営」「移民も参加した地域コミュニティ農園の運営」「オーガニックマーケットの運営」「学校での市民共同型太陽光発電の設置」「自転車の利用促進」などの事業が見られる。筆者らがLA21ウィーンのウェブページに掲載されているウィーン市内における実施済みの持続可能性プログラムをカウントしたところ，その数は200以上にのぼった。

3-6　LA21の取組事例（2）——ザルツブルク州

プロセスの開始に至るまで

次にザルツブルク州内での取り組みを紹介する。同州は山岳部が面積の多くを占めており，基礎自治体は農業や観光業などをベースにした小規模自治体が多数存在している点に特徴がある。

同州でもLA21に着手する自治体は議会で議決を得るところからプロセスはスタートする。LA21に着手することになった自治体に対しては，SIR側からファシリテーターの候補となる人材が複数提示され，自治体は諸々の条件など（得意としている分野，居住地域など）を勘案しながら選定を行う。

その後，コアチームの設立にあたっては，議会の各政党代表者，主要なNPOの代表，農家の代表など，地域の多様な利害関係者を巻き込むことと，性別や新旧住民などのバランスを可能な限りとることが重視される。未来プロファイルの策定を行うコアプロセスの期間は，ザルツブルク州の場合１年から１年半が基本とされているが，観光業が盛んな自治体では繁忙期に関係者が集まることが困難なため，より長い期間がかけられている。さらに，自治体の中には，期間中に選挙などがあった場合，しばらくコアプロセスを中断するという事例も見られる。同プロセスの作業・議論に政治的な対立が持ち込まれることを避けるためである。

コアプロセスの展開

コアプロセスの開始時には，そのスタートを地域に知らせるためのキックオフイベントを開催する。イベントは意見交換などが中心となるが，多様な地域住民を巻き込み，可能な限り利害関係者の多様な関心をカバーするための工夫が図られる（後述の事例参照）。ここでその後のプロセスのリーダーを担う人材を見出すことも多い。

その後，コアプロセスの本格的な作業に入り，キックオフイベントで議論したテーマについて，数を絞りより深く検討するためのワークショップを行う。

また，同州では，キックオフイベントからワークショップまでの間に，普段こうした場に参加する機会が少ない住民の声を拾い上げることを目的に，少なくとも１回は無作為抽出による住民の参加プロセスを行うことが義務づけられている。一連のプロセスにおいてファシリテーターは，地域にどのような人材がいるのか，どのような資源があるのか，を把握しつつ，どのテーマのプロジェクトが実践可能かといった判断を行う重要な役割を担う。最終的に，地域の５～10年後の将来像と目標を設定した未来プロファイルとそれを具体的に実践するための持続可能性プロジェクトを完成させる。未来プロファイルは，自治体で義務づけられている地域発展計画改定時の原案として使われるなど，自治体の地域政策にも直接影響を及ぼすようなものになる。

未来プロファイルの完成後，その成果を公開するイベントを開催し，未来プロファイルや持続可能性プロジェクトを地域に向けて発表する。このイベントは，参加者のモチベーションを高めるとともに，プロジェクトの実践の継続性を高める機会として位置づけられている。

持続可能性プログラムの実践

持続可能性プログラムを実践する段階になると，コアチームの開催は年１～２回程度となり，代わりに持続可能性プログラムの推進主体であるWGの活動が活発になる。自治体によっては，WGがNPOなどに組織化していく例が見られる。

ザルツブルク州内の自治体で展開されている持続可能性プログラムとしては，「ビオドルフ（有機自治体）」「高齢者生活支援のためのNPO設立」「電気自動車シェアリングシステム構築」「建築物の景観ガイドライン作成」「文化イベント（野外映画祭など）開催」「新住民・旧住民の交流を目的とした農村ハイキングイベント」「観光地のバリアフリー化」「異世代によるコミュニティガーデン運営」「地域の伝統料理の保存事業」などが見られる。ザルツブルク州でも持続可能性プログラムの実施分野は多岐にわたっているが，有機農業やエコツーリズムなど，小規模な農山村が多いという同州の特性が反映されている事業が多い。

ザンクト・コロマン村での取り組み

ここで同州北部に位置するザンクト・コロマン（St. Koloman）村での取り組み事例を紹介したい。同村は，標高855m，人口1800人弱の小さな村である（写真８-１）。木工業と観光業が主な産業である。コミュニティ活動が盛んで，特に地域の方言など固有の文化に対する意識が高い地域である。「e５プログラム（e５-Programm: e５）」（第６章参照）にも参加しており，現在eを３つ獲得している。

ザンクト・コロマン村のLA21プロセスは，2018年のはじめに村のレストランやスーパーが相次いで閉店し，単なるベッドタウン化することに危機感を持った当時の村長が，SIRに相談したことから始まった。

コアプロセスのキックオフイベントでは住民の要望を把握するために５夜連続の性別・年代別の会合（各15名ほど）を行った上で，新旧住民などのバランスをとる形でコアチームのメンバーを選定した。この会合で明らかになったことが，地域アイデンティティの再構築の必要性であった。同村は，村内に集落・住宅が分散しているせいか，旧住民（旧村名「タウグル（Taugl）」からタウグラーと呼ばれる）と新住民との接点が少なかった。そのため会合での当初の議論はまったく機能しなかった。そこで，そもそも自分たちは何者なのか，アイデンティティを議論し共有する作業からスタートした。最終的には，伝統的な文化や習慣を守り発展することを共通認識とし，その想いをTauglの名前とともにブランド化して，そのロゴや各種プロジェクトとして結実させた。現在では地元の企業やバス，宿泊施設なども，このロゴを使うようになっている。

写真８-１　ザンクト・コロマン村の中心部（的場撮影）

この地域アイデンティティの共有プロセスを通して，最終的には，５つのテーマ（共に生きる，地域インフラ，経済・農業・地域供給，観光，エネルギーと資源）でまとめられた未来プロファイルと，多様な持続可能性プロジェクト（例えば，閉店したスーパーに代わる地域産品を主力商品にしたFood COOP，ボランティアと自治体の協力による市民バスの運行，若者のニーズを把握する青年アンケートの実施，地域の写真のデジタル化プロジェクトなど）が開発された。これらのいくつかはすでに実践に移されている。今後は，一連のプロセスから新たに誕生した「ネットワーク・タウグル」という住民組織が中心になって，自治体のサポートを受けつつ持続可能性プロジェクトの実践を担っていく予定である。

3-7　ツールの開発とキャパシティ・ビルディングの推進

LA21の特徴

オーストリアでのLA21に関する一連の取り組みの全体像は以下のように整理できる。まず，同国では，連邦レベルにおいてLA21の政策的な位置づけ，作業プロセス，重視すべき点，連邦・州・基礎自治体間の役割分担，推進体制などの基本的な枠組みが一通り明確化されている。特にその中で，基礎自治体でのLA21の作業プロセスや推進体制の構築などについては，最低限求められる取り組みが国全体の共通ルールとして質基準等において明示されている。この共通ルールの中で重視されているのは，LA21に着手することについて地域全体（議会）での合意を得ること，多様な地域主体の参加・協働を確保するよう努めること，実施事業が限られた分野にとどまるのではなく総合的な地域づくりとなること，などであった。一方で，未来プロファイルに記載するLA21の具体的な目標・計画や実施事業（持続可能性プログラム）の内容などに関しては制約がかけられておらず，基本的に自治体側の裁量に委ねるという形がとられている。

次に，LA21の実施主体である基礎自治体に対する支援策の特徴については以下のように整理できる。第一に，州政府内での政策担当組織ならびに中間支援組織の設置など，主に州レベルで基礎自治体に対する支援体制の整備が図られている。第二に，具体的な支援策については，各自治体でのLA21の推進体制の構築や諸主体間での議論の円滑な進行などを支援する専門人材の確保をはじめとして，自治体関係者に対する情報提供・助言，教育など，ソフト面を中心とする取り組みが実施されている。

以上を総合すると，オーストリアにおけるLA21の推進においては，具体的な事業の実施数やその成果などよりも，自治体レベルでの参加・協働型の地域づくりを継続的に展開することを可能とするための作業プロセスや推進体制，いわゆる「フレームワーク」の構築が重視され，自治体に対する支援策もそうした取り組みの推進を支える人材確保・育成やノウハウ提供に関するものが中心になっていると捉えることができる。

LA21推進の目的

本書でもそのいくつかを紹介したように，これまで筆者らが調査を行ってきたオーストリアの気候エネルギー政策，農村政策では，自治体向けの促進支援策が多数実施されているが，それらでは，政策・事業の意思決定や実践の場面において地域の諸主体の関与などが義務づけられる，あるいは推奨されている制度が多数見られる。

そうした状況において，これまでインタビューを行った州政府，支援組織関係者らによると，近年，同国内の自治体では，上記のような支援プログラム（例えばLEADER）に基づく事業や地域発展計画，気候エネルギー計画の策定などを実施する際に，LA21のプロセスや推進体制などを用いる事例が増加しているとのことである。こうした動向からは，オーストリアにおいてLA21のフレームワークは，自治体において参加・協働型の各種政策を推進する上での共通の「ツール」として活用されていることが窺える。

オーバーエスターライヒ州政府の担当職員は，筆者らのインタビューにおいて，LA21の存在・役割を「実験工房」「土壌づくり」と表現した。これらの言葉の意味は，LA21は，参加・協働型の地域づくりに関して様々な実験的な事業などを行い検証・改良を重ねるとともに，自治体や地域主体がそうした取り組みの経験を積み重ねる場としての役割を担っている，というものであった。

オーストリアでのLA21は，参加・協働型の地域政策を推進するためのツールを国内各地の自治体での実践を通じて開発するとともに，関連する取り組みのノウハウ，経験，能力などを自治体が獲得していく，「キャパシティ・ビルディング」の推進を目的にしたものであると捉えられる。

4　参加・協働型地域づくりで重視されるもの

最後に，改めて本章で取り上げたLEADERとLA21の特徴などから，オーストリアでの参加・協働型の持続可能な地域づくり推進のための仕組み・支援プログラムにおいてどのようなことが重視されているのか整理したい。

第一に，LEADER，LA21とも同国においてプログラムが開始されてから20年以上の期間にわたって実施されている。日本での地域・自治体向けの支援プログラムの一般的な実施期間と比較すると長期間実施されており，同国での関連取り組みでは「継続性」がある程度重視されていることが窺える。短期間で終了する支援プログラムでは，その期間内に目に見えた成果をあげることが求められる傾向が強く，持続可能な地域づくりを推進する上で不可欠になる長期的な視点に立った戦略や事業計画を検討・実行していくことは難しい。支援プログラム自体を継続的なものにすることによって，地域の諸主体が長期的な視点を持ちながら戦略的に地域づくりに取り組むことを促す役割を果たしていると考えられる。

第二に，参加・協働型の作業プロセスや推進体制などのフレームワークは国全体で統一の基準が定められているが，実際に行う事業内容の決定については地域側の議論・検討に委ねられている。加えて，この連邦レベルで統一されているフレームワーク自体も，地域での長年にわたるLA21などの実践活動の成果・課題などを検証し，定期的な改良を積み重ねるという過程を経て構築されたものである。こうしたことから，同国での支援プログラムにおいては，地域の主体性の確保，ボトムアップ型の仕組み構築といったことも重視されていると捉えられる。

第三に，LEADERやLA21では，事業の事務局・コーディネーター役を担う人材の確保や地域での実践を支援する中間支援体制の整備など，ソフト面への投資が重視されている。持続可能な地域づくりを推進していく上では，取り組みの担い手やそれを支える人材や組織といった「知的・人的」に投資することの重要性が同国では認識されていることが窺える。

付記

本章の第3節は平岡・的場（2020），的場・平岡（2018，2020）に追加・修正を加えたものである。

注

＊1　さらに同条第6項は環境・気候分野などに30％以上の充当を規定している。

＊2　例えば2－4の事例では，2020年度予算に人件費として常勤マネージャーに9.2万ユーロ，アシスタント（週20時間）に2.4万ユーロが計上されている（https://www.leader-vwb.at/downloads/protokoll_5_vollversammlung_191021_uebersaxen_final.pdf）。

＊3　https://www.leader-vwb.at/projekte/200428_projektliste-fuer-hp.pdf。なお2017年8月の訪問調査時点の採択件数は31件であったが，地域から提案・相談はその3倍以上あったという。

参考文献

石田信隆　2018「地域住民みずからが取り組む『村の再生』」寺西俊一・石田信隆編『輝く農山村――オーストリアに学ぶ地域再生』中央経済社，95–120頁。

環境省　2003「ローカル・アジェンダ21策定状況等調査結果について」https://www.env.go.jp/press/press.php?serial=4101。

久保田学　2018「地域開発と気候政策の相互貢献の可能性――オーストリア・フォーアールベルク州の事例から」『人間と環境』44（2）：36–41。

藤井康平　2018「条件不利な農業・農山村を支える仕組み――EUとオーストリア」寺西俊一・石田信隆・山下英俊編『農家が消える――自然資源経済学からの提言』みすず書房，159–196頁。

平岡俊一・的場信敬　2020「参加・協働型の持続可能な地域づくり推進のための包括的な促進支援策に関する研究――オーストリアにおけるローカル・アジェンダ21を事例に」『龍谷大学政策学論集』10（1）：15–23。

平澤明彦　2015「EUの農村振興政策」『農林金融』68（9）：2–18。

松野正太郎　2007「ローカル・アジェンダ21の成果と課題――ドイツの取組の類型化を通じて」『人間環境学研究』5（2）：61–68。

的場信敬・平岡俊一　2018「地域で『協働』を推進する要素とは――ウイーンにおけるローカル・アジェンダ21の取り組みから」『龍谷政策学論集』7（1・2）：111-117。

――　2020「オーストリア・ザルツブルク州の持続可能な社会づくり――LA21と中間支援組織による複合的な民主的プロセスの構築」『人間と環境』46（2）：37–42。

的場信敬・平岡俊一・豊田陽介・木原浩貴　2018『エネルギー・ガバナンス――地域の

政策・事業を支える社会的基盤』学芸出版社。

Bundesministerium für Land- und Forstwirtschaft, Umwelt und Wasserwirtschaft 2010. *Gemeinsame Erklärung zur Lokalen Agenda 21 in Österreich.*

EC（European Commission）2019. *Factsheet on 2014–2020 Rural Development Programme for Austria.*

ExpertInnengruppe “Dezentrale Nachhaltigkeitsstrategien - Lokale Agenda 21” 2019. *LA21-Basisqualitäten 4.0--Prozessorientierte, partizipative und inhaltliche Basisqualitäten für Lokale Agenda 21Prozesse in Österreich.*

Gemeinde St. Koloman 2019. *Zukunftsprofil der Gemeinde St. Koloman.*

Gschnell, J. 2017. *Study visit to Austria LEADER Japanese delegation*（2017年８月31日連邦生命省訪問時提供資料）

LAG VWB（LAG Vorderland Walgau Bludenz）2014. *Lokale Entwicklungsstrategie 2014–2020.*

Rok, A. and Kuhn, S. 2012. *20 Years of Local Agenda 21.*

Stadler, M. 2017. *Rural Development in Austria*（2017年８月31日連邦生命省訪問時提供資料）

Umweltbundesamt 2017. *Synergien LEADER & KEM & KLAR! Vergleichende Analyse der lokalen Entwicklungsstrategien 2014–2020 und Synergien mit den Unterstützungsmöglichkeiten und Förderungen KEM und KLAR! des Klima- und Energiefonds.*

第Ⅲ部

エネルギー自立と持続可能な地域づくりの実践

中心市街地とLRT（オーバーエスターライヒ州リンツ市，2019年，久保田撮影）

第９章

地域づくりと統合された気候エネルギー政策

久保田学・滝川薫

1　エネルギー自立を目指す中小規模自治体

オーストリアの国土の約80％は山岳や中山間地などの条件不利地である。農地に占める山岳地の割合はEU平均（16％）を大きく上回る約50％に達し，長大で深い谷状地形も多く，地域発展には様々な制約がある。また，第１章のとおり同国の自治体は我が国と比べて小規模であり，行財政の規模も職員数も概して非常に少ない。にもかかわらず，同国の農山村は美しく活気があり，居住地・観光地としての魅力にあふれ，人口も増えている例に事欠かない。そうした元気な農村の実情や地域発展のメカニズムについては近年事例調査と分析が行われており，農山村を支える各種政策とボトムアップによる地域づくりの仕組みが明らかにされている（寺西・石田 2018）。

一方，同国ではそうした「地方」において，地域づくりと統合された魅力的な気候エネルギー政策を進める中小規模自治体が数多く見られる。第６章のとおり，同国のエネルギー自治体認証制度「e５プログラム（e５-Programm: e５）」の最高ランク（５つのe）を取得した28自治体中19自治体は人口１万人以下であり，うち９自治体は人口2500人以下である。本章では，同国中西部の中小自治体（表９-１）を事例にエネルギー変革の状況を紹介し，その加速要因を考察する。

表9－1　本章で取り上げる自治体の概況

市町村	州	面積	人口	特徴	e5ランク
フィルゲン村	チロル	89km²	2193人	州飛び地の高山の谷間にある典型的な条件不利地。経済力の弱さを住民参加でカバーし，エネルギー政策では欧州屈指の実績で注目されている。	e5
ブレゲンツァーヴァルト地域の3村	フォアアールベルク	66km²	4245人	ボーデン湖東方の山間地域。標高700～800mの3つの小規模自治体で中心街の集約化等と一体のエネルギー自立が進められている。地域全体では農村バスを運営。	e5×2村 e4
ヴェルグル市	チロル	20km²	1万3979人	古くから交通の要衝で，商業，製造業で栄える。「エネルギー大都市」を市是とし，自治体公社を核に多種多様なエネルギー対策を展開する。	e5
フェルトキルヒ市	フォアアールベルク	34km²	3万3810人	連邦最西端に位置し，人口は国内13位の都市。住民参加を重視した地域計画で，旧市街の保全，歩行者空間，公共交通の利便などを両立している。	e5
エネルギー地域ブルーメンエック（3村）	フォアアールベルク	24.3km²	8147人	気候エネルギー政策を3村共通の地域発展手段と位置づけ，気候エネルギーモデル地域終了後も連携・協働して成果を上げている。	e4×2村 e3
ザルツブルク湖水地方地域連合（11村）	ザルツブルク	256km²	約4万5000人	大都市に隣接した風光明媚な人気の住区・行楽地で産業も立地し，成長管理を必要とする。上位政策レベルで広域連携し，地域発展に活用している。	e4×3村 e3×3村

出所：連邦統計局および各自治体ホームページ，訪問取材情報をもとに久保田作成。

2　小規模自治体の高度な気候エネルギー政策

2－1　住民主体の内発的発展――フィルゲン村

チロル州の飛び地である東チロルのフィルゲン（Virgen）村は，西20kmのイタリア国境から連なる3000m級の山脈の合間の深い谷にある。年2000時間の日照や標高（1000～1500m）のわりに温暖な気候（年平均6.4度）で自然に恵まれるが，就業先が少なく勤労者の75%は村外に通勤し，経済力は州平均の3分の2程度に留まる（写真9－1）。

村は古くから気候エネルギー政策に取り組み，1992年の気候観測所設置，93年の太陽エネルギー推進の自治体決議を経て，95年にアルプス地域共同体（Arge Alp）[*1]の「エネルギー自立自治体」プロジェクトに参加し，96年には気

写真９−１　傾斜地に立地するフィルゲン村中心街。中央が村役場（2016年，以下すべて久保田撮影）

候同盟に加盟している。99年からｅ５に参加し，2008年に州で最初に５つのｅを取得した。さらに，2017年に達成度87.８％で国内首位，2019年にヨーロピアン・エナジー・アワード（第６章参照）で全欧３位を獲得し，この分野の先進地として注目された。2017年には周辺３自治体とともに「気候エネルギーモデル地域（Klima- und Energiemodellregionen: KEM）」（第６章参照）としての活動も開始している。現在，2013年に住民参加で策定した「エネルギー将来像（Energie-Zukunftsbild 2013–2030）」に基づき，2018年までの家電製品の買い換え，2020年までの6000m^2の太陽熱システム導入，2020年までの脱化石燃料に向けたマイクログリッド構築のほか，村が位置する谷全体を視野におく森林管理戦略，デマンド志向の公共交通，有機農業強化などを進めている。

村は，自然・地域・創造物に責任を持つこと，共に力を合わせること，新しいことにオープンであることの３点を地域発展の原則とし，さらに外からの助けを待たず自ら行動する方針を掲げる。そして，経済力が限られる中で「住民こそが資源」であるとして住民参加による直接間接のメリットとともに地域のアイデンティティを引き出し，エネルギー政策もそうした文脈で発展してきた。

例えば，村内の針葉樹林は年間可採量6000m^3の３分の１の利用に留まっていたが，2002年に地場材を対象とする家庭向け燃料助成を開始し，さらに2003年の学校改修時に木質ボイラ（750kW）を併設して中心街に地域熱供給を導入し，木質エネルギーへの転換を進めた。その際，村外で製造されるペレットよりも薪利用を推奨し，州による低所得者向け燃料助成時に石炭に換えてその倍の熱量の薪を提供するなど，地域資源と既存の政策を活用し，住民の選択を後押ししている。こうした取り組みにより村内材利用量は5800m^3となり森林再生により保水力が4倍となるなど，経済・防災面の利益をもたらした。

また，子どもや高齢者のモビリティは農山村に共通する課題だが，ここでは住民のニーズを調査して村がワゴン車を購入し，20人のボランティア運転手により，午前中は路線運行，午後はオンデマンド運行で村内交通を確保している。1日30回程度の利用があり，経費は一律1ユーロの利用者負担で維持できている。この仕組みは，住民の共助により住処にかかわらず生活の利便を保証する優れたモデルとして，2005年の開始以降，他の自治体にも広がった。

ほかにも，エネルギー・チロル（第7章参照）による無料診断・助言，各種助成金，交通分野の施策パッケージなど，多種多様な対策が奏功し，民間の省エネ・再生可能エネルギー導入を大きく進めた。公共部門においても，徹底した低環境負荷素材を用いた役場庁舎の省エネ改修を実施し，電力消費を劇的に削減した。村有施設での地中熱利用，小水力発電所設置（3ヶ所計約3GWh/年）なども進め，自治体の電力消費は2002年の28.5万kWhから2015年は20.8万kWhに，熱消費は同59.7万kWhから26.1万kWhまで低下した。役場が率先することで住民に実現性を示すとともに，その利益は助成金や設備投資により住民に還元され，住民の意識を高めているという。日照条件の悪い土地に住宅建築制限を課して不動産価値を明確化するなどの制度も導入されている。

フィルゲン村はこの地域で唯一人口が増え続けている。1992年から村長を務めるディートマー・ルッゲンターラー（Dietmar Ruggenthaler）氏は，成功のポイントとして，大きなプランを振りかざすのではなく長い時間をかけて住民と小さなステップを重ね，共に歩んできたことをあげる。実際，今日に至るまで，エネルギー相談やイベント開催，将来像策定，e5チーム編成など，エネルギー政策のすべてに住民対話と参加が貫かれている。そうしたプロセスから地域のアイデンティティが高まり，例えば，村の景観を特徴づける石垣と生け垣の維持をめぐる対話からチーズ工場，バイオガス施設，果樹造園NPOなどのプロジェクトが派生するなど，活気ある自治が実現している。エネルギーもそうした地域発展の一要素であると村長は語る。大きな産業や観光資源がない中で，村是が示す進取の気性，自助努力，住民ファーストの姿勢が内発的な地域発展をもたらし，気候エネルギー政策はその手段として活用されている。

2-2　山村における中心市街地の高密度化
――ブレゲンツァーヴァルト地方の村

フォアアールベルク州の山間地域ブレゲンツァーヴァルト（Bregenzerwald）に位置するランゲンエック（Langenegg）村（人口1132人）とヒッティサウ（Hittisau）村（2063人），クルムバッハ（Krumbach）村（1050人）の３つの自治体は，エネルギー自立や持続可能な村づくりの先進地域として知られている。e５では，前２村は５つのe，後者は４つのｅを持っている。

隣り合う３村では90年代中頃より，住民を巻き込みながら，化石エネルギーに頼らない村づくりと，そのためにも必要な中心街の高密度化・リニューアルに取り組み，互いにレベルを高め合ってきた。きっかけは村の将来への危惧である。例えばランゲンエック村の場合，当時，唯一の商店が閉鎖し，雇用もなく，村の財政は厳しかった。そのような時にエネルギーと社会福祉への関心の高い人々が村の政治や行政に携わるようになり，転換が起こされていった。

ここでは，３村に共通する中心街に関する取り組みの特徴を紹介する。

• 高密度化――伝統的にブレゲンツァーヴァルトは農家が分散して点在する酪農地帯であり，村の中心地区が明確に形成されてこなかった。戦後には中心地区から離れた場所に別荘や戸建て住宅が建てられ，居住地がスプロール化し，その弊害が現れていた[*2]。そのことへの反省から90年代末にこれらの村々では，空間計画により居住地の中心地区を定義し，そこを高密度化していく政策を打ち出した。実際に過去20年の間，中心地区以外では新しい建物が建設されていない。

• 集住化――中心地区では，自治体が土地を買い取り，条件付きで転売するなどして，積極的に開発に関与していった。そこには公益集合住宅[*3]や公共建築が建設・改修されていった。例えばクルムバッハ村では1999年から自治体の誘導により中心地区に３階建ての公益集合住宅が何棟も建てられ，分譲，賃貸，高齢者や社会福祉向けまで，様々なタイプの住宅が供給されるようになった。高齢者や若者は中心街の集合住宅に住み，戸建てには子どものいる若い家族に住んでもらうのがよい，という考え方が住民に浸透している。

• 村ショップ――歩いて日常の用を足せるような中心街の機能強化が行われて

きた。中でも行政・住民の双方から最も重視されているのがスーパーの維持である。山間農村では自治体が対策を打たねばスーパーは消滅し，それとともにお金や人が外に出ていってしまう。そのため同地域の多くの村では，自治体が中心街にスーパーの入る建物を建て，民間のスーパー業者に貸すことで商店を維持している。「村ショップ」では，一通りの日用品と食品が入手できる。ランゲンエック村では村ショップの利用を促すために地域通貨を発行し，成功している。

• 公共建築の多機能化――中心街の庁舎や学校，催事場といった公共建築に複合的な機能が持たされている。例えばヒッティサウ村の改修された村役場の中には，郵便局，観光案内所，遊具館，図書館，歯科医，治療所，税理士事務所，セカンドハンドショップなどが入っている。他の自治体では介護や子育て相談，診療所，銀行，床屋なども配置されている。また，どの自治体でも必ず，住民のサークル活動のための快適な空間を提供している。各村に音楽団や消防団，サッカークラブなど数多くの住民サークルがあり，住民にとってコミュニティとアイデンティティを育む大切な場となっているためだ（写真9－2）。

• インフラ整備――村の中心地区では木質バイオマスによる地域熱供給が行われている。最も早かったランゲンエック村では1996年には熱供給を開始。今日では木質バイオマスと太陽熱温水器が３村の熱需要のほとんどを担っている。交通面では第12章２－２で紹介する農村バスの運行を充実させてきた。村役場の公用車は電気自動車で，カーシェア車として住民も利用できるようになっている。歩道や自転車道のネットワークの改善も継続的に行う。高密度化は，こういった熱やバスの効率的な供給や，車を手放しても生きていける環境づくりに不可欠な基盤をなす。

写真９－２　多機能が集約されたヒッティサウ村役場庁舎。右側はバス駅（2015年）

• 美しい省エネ・エコ建築

――上述したような公共建築や公益集合住宅が，地元の建築家と工務店の手により，省エネ・エコロジー性能の高い，美しい木造建築で実現されている。健康面においても，光熱費の面においても，安心して使える建物である。自治体による模範的な建設手法に影響を受け，民間の施主も高性能な建て方を行うようになった。このような発展は，地域の伝統産業である木造・木工産業の競争力を高めることにつながっている。

• 住民参加――これらの社会的転換が住民参加を伴いながら実現されてきた。例えばクルムバッハ村では，1996年に54人の住民が半年をかけて村の目標像を策定。その結果，中心街の機能強化という課題が明確になった。住民参加は今日まで継続されており，自治体選挙が行われるたびに，関心のある住民と自治体政府が共同で，次の５年間の政策プログラムを策定している。「クルムバッハ村の大きなプロジェクトはすべて市民参加プロセスから生まれたものです」と，アルノルト・ヒルシュビュール（Arnold Hirschbühl）元村長は語る。

ランゲンエック，ヒッティサウ，クルムバッハの取り組みの成果は，20年を経た今日，住民の生活の質，景観の美しさとして顕著に感じることができるようになり，ブレゲンツァーヴァルトの多くの村々でコピーされている。そして，生きがいの感じられる，持続可能な村づくりに率先して取り組んできた結果として，３村では人口が穏やかに増え続けている。

3　中規模自治体の統合的なエネルギー戦略

3-1　豊かな暮らしのための投資――ヴェルグル市

チロル州都インスブルック市の東方60kmの平野に広がるヴェルグル（Wörgl）市は，ウィーン，ドイツ，イタリアを結ぶ交易ルート上に位置し，古くから商業が栄えてきた。人口当たりの小売店面積は同国最大級で，過去100年間，人口が増え続けてきた活気ある町である。時間とともに価値が低減する地域通貨の流通で地域経済を再生し，1930年代の世界恐慌を乗り切った「ヴェルグルの奇跡」でも知られる。

1992年に気候同盟に加入するなど早くから気候政策に着手し，2006年のｅ５参加を経て2010年に「エネルギー自立」プロジェクトを開始して取り組みを本格化させてきた。その結果，2015年に州で２番目の５つのｅの認証を受けた自治体となり，2019年にも再認証を得ている。

同市の高度なエネルギー政策の拠り所となっているのが2008年に策定されたマスタープラン「ヴェルグル・私たちのエネルギー（Wörgl unsere Energie）」である。2025年までに交通分野以外のエネルギーを再生可能エネルギーで自給する「エネルギー大都市（Energiemetropole）」への大転換を掲げ，地域の雇用創出や経済的利益を目指す計画として全会一致で政治決議された。2050年までに既存建築の50％をパッシブ基準改修，エネルギー最適化による建物の省エネ20％，全市有建築の地域熱供給接続，公共交通・空間の再編，集住化など都市計画分野にも及ぶ野心的な目標は，こうした政治的合意の裏づけあってのものである。そこでは，人々の快適さを制約しないこと，費用対効果，地域資源の活用，住民参加の最大化が前提とされ，エネルギー対策は生活の質の向上のための投資であるとの考え方が明示されている[*4]。

このマスタープランは，市が全額出資するヴェルグル市自治体公社（Stadtwerke Wörgl）との協働ビジョンであり，実働は同公社が担っている。現在，重点事業として市域を６分割した地域熱供給整備を進めており，2016年には総額1800万ユーロを投資した地元乳業会社の工場廃熱利用設備と配管網を稼働させ，市の25％をカバーして年間1280万 kWh の省エネと4500t の CO_2 削減を実現した。さらに市内２ヶ所の製材会社の廃熱利用により，近い将来熱エネルギーの100％自給を見込んでいる。また，電力は同公社が水力と太陽光により全量再生可能エネルギーで発電・調達し，送配電・小売りも行い，市内で90％のシェアを持つ。周辺13自治体との共同バイオガス施設による家庭の有機ごみと下水汚泥の処理，熱電併給も実施している。

こうした公共事業に加え，住民の多様なニーズに対する電話相談・助言，専門家による45分間の無料エネルギー相談（毎月），有償（120ユーロ）の訪問診断なども同公社が提供している。平行して州によるエネルギー貧困対策「ドッペル・プルス（Doppel Plus）[*5]」により低所得者層向けの電話相談やトレーニングも行われている。また，市の施設の太陽光発電に900ユーロ出資することで0.5kW 相当の設備運営に20年間参加し，発電収入を電気代から控除する住民参加モデル「ヴェルグルの日差し（Wörgler Sonnenscheine）[*6]」を2010年から継続している。

さらに，加盟店や公共施設で使える多機能なポイントカード「エネルギーカード」の発行（計２万1000枚），退職した高齢者がサーモグラフィで熱損失を可視化して住民に啓発するサービス，遊びを通して子どもや家族が学べるエネルギーパーク計画など，市民の理解を深める接点づくりにも力が割かれている。

写真９－３　ヴェルグル駅前のｅカーシェア（2017年）

最大の課題である交通分野では，「フロ・モビル（flo MOBIL）」のブランドで近隣自治体も含めてe-カーシェアリングを提供していたが，2019年から新たに公共交通年間定期券所有者に100ユーロの追加料金で20時間分（距離は無制限）のカーシェアを提供するサービスを開始した。これはエネルギー・チロルや運輸連合（第12章参照）との連携によるもので，州内20自治体をカバーし，カーシェアを公共交通と統合することで「ラストマイル」までをエコ化する新たな対策モデルとして注目される（写真９－３）。

同市の取り組みは，自治体の主体性，地域の生活の質の向上手段としての位置づけ，住民参加，自治体公社による実効性の担保などにより特徴づけられる。同公社のラインハルト・イェンヴァイン（Reinhard Jennwein）代表は，「エネルギー大転換はだれでも供給を担える市民参加であり，義務ではなく人々の信念・共感が成功の源である」とし，「コミュニケーションこそが本質である」と説く。その上で自治体がボトムアップで小さなステップを重ねることの大切さを強調する。実際，上述の対策は気候正義に基づく行動要請ではなく，選択することで生活の利便を高め，または無理なく受け入れられ，気候保全に貢献する好循環をもたらしている。自治体公社の設置を含め，我が国の１万人規模の自治体には見られない充実した政策に加え，施策が年々進化し続けていることも印象的である。

3-2　都市再生との統合——フェルトキルヒ市

フェルトキルヒ（Feldkirch）市は，ライン川を挟んでスイス，リヒテンシュタインと国境を接するオーストリア最西端の自治体である。人口3万4000人は日本の感覚では地方の小都市だが，オーストリアの自治体では12位で，5つのeを取得したe5自治体としては，フィラッハ市（5万9000人，第12章参照），ドルンビルン市（4万9000人）に継ぐ都市規模を持つ（写真9-4）。

市は1990年代から戦略的な都市開発計画を持ち，フォアアールベルク州では最も良好に保存されている旧市街への車の乗り入れ禁止（92年）や民間路線の公営化による市内バス運行（93年）など，早くから交通まちづくりに取り組んできた。ここでも住民参加が最重視され，ヴィルフリート・ベルヒトルト（Wilfried Berchtold）市長は「住民意識向上，住民参加がなければ決して成功することがない。私たちの仕事の大半は住民参加である」と話す。2018年の都市開発計画の全面改訂に際しても，無作為の住民アンケートにより，高齢化社会，移民，自治体間協力，エネルギーの将来，住宅費・空き家問題，世帯数増といった住民が直面する課題を抽出し，対応策を体系的に打ち出している。そして，空間計画による土地利用の高度化，再緑地化，商業施設新設時の駐輪場や充電設備の義務づけなど，コンパクトシティ化と自動車交通抑制が強く志向されている。

例えば交通分野では，通行規制，速度抑制，駐車料金義務化などの「プッシュ策」と，市バスの利便向上や自転車促進などの「プル策」が併用され，市内移動における自動車分担率を2003年の48％から2013年には37％まで低下させた。特に，市バス（自治体公社が民間発注して運行）はバリアフリー対応の快適な車輌が導入され，鉄道と

写真9-4　フェルトキルヒ旧市街（2017年）

の接続，市内線15分間隔，郊外線30分間隔の運行頻度，深夜バスの運行などにより，大都市と同レベルの利便を確保している。さらに，年間定期券が市内174ユーロ，州内385ユーロ（2020年１月現在）という低料金で発行され，乗客の75％が利用している。その結果，市バス利用者は15年間で倍増して2018年に839万人となり，住民一人あたりの年間利用実績は250回に達した[*7]。運賃収入は年間経費400万ユーロの半額に過ぎず，残りは国・州・市が負担している。

エネルギー分野では，e５に加え，「2000W 社会」（第４章参照）を目標としている。同市の一人あたりのエネルギー消費は，欧州平均（6000W）を大きく下回る3000～4000W だが，さらに半減を要する厳しい目標である。対策の柱は，省エネ，化石燃料・原子力の代替，足るを知る行動（リユース，リペア，飛行機利用の回避など）である。このうち電力については，1906年設置の中心街の発電所を含め，自治体公社が３ヶ所計13.5MW の水力発電により市の電力需要の36％を賄っている。2000年以降に設置した２ヶ所については，一人５万ユーロを上限とする市民出資で建設資金を調達した。

市はエネルギー政策の優先度づけにあたり，自治体公社と他のエネルギー会社から市内の全建築物のエネルギーデータを得て，エネルギー需要の密度を可視化した。こうしたデータをもとに熱需要が大きい旧市街周辺に地域熱供給が優先的に整備された。また，22分野の対策のコストと便益を分析して二次元でプロットし，費用対効果を可視化している。そこではリユース・リペアや学校での啓発などが費用対効果に優れることが判明しているが，高コストであっても省エネ改修などは重視している。こうした計画とデータに基づき，電力売買契約を介した公共照明や学校などのLED 化，スマートメーターの完全普及，幼稚園・学校・体育館のパッシブ建築基準の改修などの建築分野の対策を進めてきた。

なかでも，広場と一体で再生された旧市街の文化ホールは，市を代表する文化・交流拠点であるとともに省エネルギー都市を象徴するモニュメントとなっている。周辺１km^{2}を歩行者空間とし，地下駐車場をあえて小規模とすることで徒歩での来場を誘導する。建物には徹底して地場材を用い，太陽光や地下水ヒートポンプによる空調・熱制御など極限までエネルギー効率を追求し，その稼働状況をロビーのスマートスクリーンに公共交通の運行情報などとともに表

写真 9－5　都市再生の象徴でもある旧市街の文化センター（2017年）

示している。こうして公共建築を通してサステイナブルな暮らしの実感を市民や来訪者（入口の受付は観光案内所を兼ねる）に伝える役割も果たしている（写真 9－5）。

このようにフェルトキルヒ市の気候エネルギー政策は都市開発・インフラ整備と一体となり，住民が望む快適で暮らしやすいまちづくりの手段として進められている。そのことは，気候エネルギー政策の本質を個人の意識変化・行動変容の要請から，地域の課題解決や住民ニーズに応え街の形を変えていく方策として捉え直す必要性を示唆してくれる。

3－3　自治体公社の効用

両市の気候エネルギー政策は，自治体公社（Stadtwerke）が極めて重要な役割を担う点で共通している。オーストリアの自治体公社については第10章を参照いただきたいが，両市の公社の規模[*8]や統合的で高度な機能には驚かされる。両市の公社には多くの共通点がある。どちらも市が100％出資する公営企業であり，上下水道，廃棄物処理などに加え，我が国では私企業の領域でもある電力・熱，インターネットなどのサービスを幅広く提供している。同時に，エネルギー診断や普及啓発のほか，ヴェルグル市では住民サービスのための多機能カードの発行など，ソフト事業もインフラ供給に関連づけて効果的に提供している。また，フェルトキルヒ市では電力事業の収益で市バスを運行（民間委託）するなど公益事業間の資金再配分も担っている。このように，ライフライン供給を外部資本に依存せず，多岐にわたる業務を統合的に担うことで事業間連携による効率的な現業運営や域内への再投資を可能とし，住民利益を最大化している。加えてヴェルグル市では，e５の推進体制であるエネルギーチームを統括し，職員がプロジェクト代表を担うなど，政策形成・運用面でも大きな

写真９−６　ヴェルグル市自治体公社（2016年）

役割を果たしている（写真９−６）。

4　広域連携による地域発展

4−1　自治体連携の活用

小規模自治体が多いオーストリアでは，多様な政策課題に対する行政コストを単独で支えるには限界がある。同国においても1960年代には行政効率化の観点から市町村合併が進められたが，地域のアイデンティティ喪失や財政的効果の弱さなどからその機運は停滞し，特に比較的保守的とされる西部の州では過去半世紀で自治体数がほとんど変わっていない（自治体国際化協会 2005: 115-116）。同国では，地域への愛着の強さから域内完結にこだわるあまり地域経営を硬直化させる「教会の塔[*9]」と呼ばれる思考様式が知られている。そうした国民性に加え，多田（2018）は，同国で小規模自治体が維持できる理由として，首長や議員が無報酬であること，職員数が最小限であること，必要に応じて自治体連合を組織して共同で事業に取り組んでいることを指摘する。また，藤井（2018）は，連邦・州政府による政策的・財政的支援と自治体間連携という縦と横の政府間関係に基づく支援と協働が小規模自治体を支えているとする。この構造は，第３章のとおり気候エネルギー分野でも確認できる。

気候エネルギー分野の自治体間連携としては，第６章のとおりKEMが広く活用されており，2017年には「気候変動適応モデル地域（Klimawandel-Anpassungs modellregionen: KLAR!)」も開始された。また，第8章のとおりEUの農村発展プログラムの柱でもあるLEADER（Liaison Entre Actions de Développement de l'Économie Rurale）は，その行動分野にエネルギーを位置づけ広域連携による地域の価値創造を促している。本節ではそうした自治体間連携を活用した気候エネルギー政策の事例を紹介する。

4-2　多様な副次的効果――エネルギー地域ブルーメンエック

フォアアールベルク州中部のヴァルガウ（Walgau）谷に位置するブルーメンエック（Blumenegg）地域は，19世紀の繊維産業立地以来現在に至るまで豊富な水力エネルギーを活かした製造業が栄え，過去20年間人口が増えてきた。区域の44％は森林，41％は農地で，近年は農村観光が第二の産業となっている。同地域のブルーデッシュ（Bludesch），ルーデッシュ（Ludesch），テューリンゲン（Thüringen）の3村は，それぞれe5に参加して気候エネルギー政策を進めていたが，2012年に「気候エネルギー地域ブルーメンエック」を結成してKEMの認定を受け，2013年から15年にかけてエネルギー研究所フォアアールベルク（EIV, 第7章参照）のサポートを受けて活動してきた。KEMの共通エネルギー戦略は，冒頭に3首長の言葉で「気候エネルギー政策により住みやすく持続可能な地域にしていく」という目的を明言している。その上で，2020年の域内エネルギー消費12％削減（2012年比）をゴールとし，熱需要12％減，家庭消費電力10％減，民間輸送エネルギー11％減，再生可能エネルギー24％増などの高い目標を掲げる。そして，住民や地域の従業者など関心を持つ人の関与を戦略的な基盤とし，自治体間協力により雇用を守り，効率的かつ良質な課題解決を可能とし，強く革新的な地域を目指している（Bertel 2013）。すなわち，気候エネルギー政策が地域発展のための3村共通手段として明確に位置づけられている。

EIVは自治体連携について，住民が居住地のために取り組む動機の重要性から，公共建築や学校対象の施策は個別自治体によることが効率的であり，広域的な取り組みに注力するとe5が手薄になることを指摘する。一方，再生可能エネルギー導入への助成制度の共通化，広報・啓発・イベント，公共交通・自転車道，取り組みの地図化などについては広域連携の強みを評価する[*10]。また，KEM は自治体連携により助成金獲得や専任マネージャー雇用などの実利があり，自治体間の経験交流・相互参照も期待できる。このようなメリットを生かし，同地域はバイオマス熱供給・太陽熱導入による家庭の熱需要11.5%減，太陽光発電40基・240kW の設置による52万ユーロの域内需要創出などの成果を生み出した。ほかにも，学校での環境教育と省エネ実践，街灯の省エネ化，エネルギー・アドバイス，公共交通・自転車利用促進，自転車道設置，共同調達，ニュースレターによるコミュニケーションなど多岐にわたる対策を協働で実践してきている。

こうした自治体連携の象徴として，2013年に完成したブルーメンエックサービスセンター（Dienstleistungszentrum Blumenegg）が知られている。これは，テューリンゲン，ルーデッシュ２村共用のリサイクルセンター兼建設資材ヤードだが，多品種の地場産木材（70km 圏内）1200m^{3}を建材・断熱材・内装に用い，屋根平行式ではオーストリア最大規模の365kW の太陽光発電（年間売電収入７万ユーロ）を搭載し，地中熱ヒートポンプを熱源にパッシブ基準で建造され，地域の森の恵みと環境配慮の粋を尽くしたショールームでもある。職員25人に加えて職業訓練生を受け入れ，建設部門のサービス対象人口は近隣自治体を含め両村の倍の１万2000人に及ぶ。この施設の成功は自治体連携による行政コスト削減のモデルとなり，近隣14自治体によるプールの共同設置などに波及したほか，２村の住民の新たな交流の場として利用者からカフェ併設の要望まで出ているという。本来は地味な廃棄物処理施設だが，ここでは再生可能エネルギー生産，森林資源の域内供給，雇用・職業訓練，行政コスト合理化，住民交流など，いくつもの便益を生んでいる（写真９−７）。

写真９−７　エコ建築としても秀逸なブルーメンエックサービスセンター（2017年）

３村は，KEM による財政支援終了後も各自治体が e５に参加しつつ独自に

「エネルギー地域」として広域連携を継続している。ルーデッシュ村のディータ・ラウアーマン（Dieter Lauermann）村長は，自治体間調整の手間を認めつつ，エネルギー診断の一斉実施やアドバイザーの共用，KEMの膨大な書類事務の回避など，実務的な効用をあげる。2018年には「私は村にいる（I koof im Dorf)」と銘打ち，徒歩・自転車・公共交通による買い物にポイントを付与するキャンペーンを3村で実施し，域内60社から4500ユーロの商品提供と2ヶ月の期間中に500人の参加を得ている。規模は小さいが，交通分野の排出削減と域内循環を自治体連携により進める取り組みであり，e5のベストプラクティスの一つとして紹介されている[*11]。

4-3　地域計画レベルでの広域連携
――ザルツブルク湖水地方地域連合

音楽祭で名高いザルツブルク市（人口15万人）はオーストリア第4位の都市である。その北側に接するなだらかな地形に4つの湖と森林，牧草地，農村が広がり，ザルツブルク湖水地方（Salzburger Seenland）と呼ばれている。優れた景観から都市近郊の居住地・観光地として人気があり，国内で最も成長率が高い地域だが，それゆえ都市域拡大や農村部過密化の問題に直面してきた（写真9-8）。この地域では，1991年に州廃棄物管理法により自治体にコンサルタント配置が義務づけられた際の広域連携による共同雇用を発端に，95年に10自治体が参加して連邦憲法に基づく自治体連合を結成した。10自治体の村長・議員およびアドバイザー計約90人で構成する大規模な議会が年1回開催されるが，日常的には10村長で構成される理事会の決議により活動し，さらに重点を置く自然空間（農業，環境，エネルギーなど），家族・教育，地域産業・企業，ネットワーク・協働の4分野の委

写真9-8　湖水地方の景観（2019年）

員会が中心となり活動している。圏域面積は比較的狭いが人口は過去30年で倍増している。

連合は1996年にザルツブルク空間計画・住宅研究所（SIR, 第７章参照）の支援を受けて地域の未来像を「ローカル・アジェンダ21（Local Agenda 21: LA21）」のプロセスで作成した。さらに2004年に10自治体共同の地域発展戦略を策定し，これを更新しながら現在に至っている。これに基づく現在の連合の業務は，公共交通，地域プロジェクト（自転車道など），資金の共同調達，KEM，環境・廃棄物，空間計画，LEADER事務局機能，各種ネットワーク事務局・窓口・広報など，広汎な領域にわたる。10自治体の調整は要するものの，入札，調達，コンサルタント雇用の一元化など自治体ごとの行政コストの大幅削減や，情報共有，相互学習など多くのメリットがあり，個別自治体のアイデンティティを維持しつつ地域課題を共同処理する優れた仕組みとして20年以上求心力が働いている。

気候エネルギー政策にもこの仕組みが活用されている。連合はSIRの支援を受けて，2009年にエネルギービジョンを作成し，2050年の気候中立・エネルギー自立の目標を設定した。そして，2011年に連合としてKEMの認定を受けて資金調達し，現在は第３期（2019～22年）の拡張フェーズにある。そこでは，SIRによる域内の全新築・改修計画への無料エネルギー・アドバイスの提供とコスト回収の提案，LEADERを活用した学校・子ども向けの巡回展示，環境教育の提供，公共建築への太陽光発電設置，域内４つのNPOによるカーシェアリングの提供，電動バイク充電ステーション，自転車トレーラーの購入助成，アプリによるキャンペーンなどによる自転車利用促進など，多様な事業が一元的に進められている。メディアやイベントでの広報，自治体職員の教育，「起業家の朝食」と銘打った事業者向けの朝の勉強会，イベント用リユース食器・食洗機搭載トレーラーの貸出，エネルギーツーリズムなど，企画ノウハウを要するソフト部門の活動も非常に活発である。その一方で，連合内の６自治体がe５に，７自治体が気候同盟に参加し，広域連携と平行して独自の取り組みも進めている。

同連合の特徴的な取り組みの一つが地域活性化・人口増に対する公共交通対策である。ここでは，ザルツブルク市への通勤交通による生活道路の渋滞，生

写真９－９　高密度で運行する快適な路線バス（2019年）

活環境・利便の低下を回避するために，上記連合からは独立した公共交通自治体連合（Nahverkehr Flachgau II）が設置されている。各自治体が予算を拠出して共同で公共交通の拡充と利用促進に投資し，農村の生活の質の保持，域内企業の競争力強化と域内通勤増の好循環，環境保全，事故減少などの便益の共創が目指されている。これにより州交通計画にも貢献し，地域発展戦略の目標の一つでもある「２台目のクルマ」削減も進めることができる。

その事業内容は，直通特急バスや夜間バスによるザルツブルク市街へのアクセス改善，GPS と乗降状況把握による臨機応変な増便対応，2025年までに400ヶ所のバス停への屋根設置，駅・バス停のバイク・パーク＆ライド設備，無料充電施設，IT による情報提供，運輸連合との協働による年間定期の値下げとアプリによる利便向上（第12章参照），自転車道への標識設置やルート案内アプリ提供など，多岐にわたる。バス停改善や自転車利用推進には LEADER が活用され，連邦や州の多面的な支援を組み合わせて推進力としている。こうした施策の結果，同連合によるバス運行の発注距離は，2000年の42万 km から2019年９月時点で240万 km まで増え，年間定期券は域内２万1000世帯の４分の１に普及している（写真９－９）。

このように，地域連合は行政の効率化・合理化のみならず，KEM や LEADER などの広域連携プログラムを一元的に担うことで縦割りを回避し，空間計画・景観保全，気候エネルギー対策，モビリティ，住環境の改善などの統合的な解決を可能とする重要な役割を果たしている。また，交通分野の対策は多彩かつ実効的で，居住地としての魅力を高め気候エネルギー対策にも着実に貢献している。

5　地域気候エネルギー政策の加速要因

本章で取り上げた事例にはいくつもの共通点がある。そこから，なぜオーストリアでは中小規模自治体で気候エネルギー政策が進むのかが見えてくる。

第一に，気候エネルギー政策は住民の暮らしの質を高め豊かにする手段，地域の未来への投資として極めてポジティブに扱われ，支持されている。個人の行動変容に依存するのではなく，地域の存続や競争力強化に向けて「ありたい姿」の一つとしてエネルギー自立が共有され，地域の成長，社会課題の同時解決を実現している。そうした住民の共通利益とともに将来世代に対する責任として気候正義も十分に意識されており，それらの同時達成を目指すことでさらに正当性が高められていると考えられる。

第二に，気候エネルギー政策はそうした地域発展の原動力として高い優先度がおかれ，政策として主流化している。地域の気候エネルギー戦略やビジョンは我が国の自治体の行政計画と比べて明らかに統合的かつ実効的で，政治決議も宣言に留まることはない。訪問調査先でたびたび「エネルギー政策を語れない政治家は当選できない」という言葉を耳にしたが，政治・行政における優先度が我が国の自治体と大きく異なっている。e5自治体の多くはウェブサイト上でエネルギー政策を大きく扱い，住民向けサービスや参加機会に関する情報発信が充実している。小規模自治体の広報紙にも環境やエネルギーのページが設けられ，政策の動きや行事，各種受賞報告などにページが割かれている。

第三に，そうした認識が縦割りを越えた統合的かつ効率的な政策運営を可能とし，生産性を高めている。小規模自治体では役場職員が10人未満であることも多いが，それでもこのような高度な政策が実現するのは，気候エネルギー対策の経済・社会的な便益が政治・行政レベルで合意され，調整コストを最小化できるからであろう。本書で紹介する支援策の多くが政治決議を担保として求めていることとも符合する。

第四に，住民参加が徹底し，住民とともに進める自治のスタイルが定着している。そのために住民とのコミュニケーションを最重視し，普及啓発から政策形成に至るまで，多様な対話・参加機会を用意して住民や事業者を当事者として巻き込んでいる。LEADERやLA21など，地域の未来像づくりのプロセス支援や，住民提案の事業化・施策化に向けた公的な仕組みが幾重にも存在し，ボトムアップによる課題解決，地域発展を引き出していることも大きく，気候エネルギー政策にもそうした手法が活用されている。そうした規範がe5やKEMの認定条件であり，住民参加プロセス自体が支援対象とされている。

第五に，州の政策やエネルギー・エージェンシーによるサービスが自治体政策に効果的に組み込まれ，連動している。例えば，エネルギー・アドバイスは州レベルで品質管理や人材派遣を行い，自治体が現場を創り出すことで成立している。自治体はエネルギー・エージェンシーの最重要の支援対象であり，各種ツールや情報提供，技術的な支援，人材派遣など，欠かせない存在である。さらに，クリマアクティブ（klimaaktiv），KEM，LEADERなど連邦レベルの資金助成も様々に併用されており，連邦・州・自治体の連携，補完が実効的に機能している。

第六に，そうした連邦や州による重層的な支援策を活用しつつも地域の意思とリーダーシップが明確である。本章で紹介した先駆的な自治体の多くは1990年代に気候政策に着手しており，その先見の明は賞賛に値する。同時に25～30年にわたり揺るぎない歩みを重ねた結果として今があることを，多くの首長が語っている。開始のきっかけは一様ではないが，いずれも内発的な地方創生・都市再生の動きと連動し，エネルギー自立が連邦・州レベルの政策目標となる中でますます存在価値を高めている。

第七に，自治体連合が効果的に活用され成果を上げている。その仕組み自体は，我が国でも上下水道，廃棄物処理，消防などで広く活用されている一部事務組合と同様だが，ここでは現業のみならず，地域の将来像づくりなど上位政策レベルで統合されている。これにより，観光・交通・エネルギーなどの主要政策分野で，自治体ごとのアイデンティティを損ねることなく個別自治体では困難な課題解決や成長を実現している。換言すれば，自治体連合により相互補完することで自治体の独立を維持している。

本章で紹介した事例は，我が国の政府が第五次環境基本計画に基づき構想する「地域循環共生圏」を一足早く具現化したものといえる。また，パリ協定や「持続可能な発展目標（Sustainable Development Goals: SDGs）」が求める変革，バックキャスティング，社会課題の統合的・同時解決といった要請に応え，地域発展を体現している点で参照に足る。いずれも一朝一夕ではなく20～30年の試行錯誤と努力の蓄積によることや，各種政策における自治体の裁量の違いをふまえる必要はあるが，今後の我が国の地域政策と環境政策の方向性について大きな示唆を与えてくれる。

付記

本章は，久保田（2017，2018）の一部に大幅な加筆・編集を加えて執筆している。

注

＊1　アルプス地域の国境を越えた協力を目的に1972年に設立された組織。4ヶ国10地域・州（14万 km^2，2600万人）が参加する。https://www.argealp.org

＊2　自動車依存型の生活形態，中心街・コミュニティの弱体化，商店の消滅，自動車交通の増加，非効率なインフラ運用など。

＊3　フォアアールベルク州には公益住宅建設団体がいくつかあり，州の助成を受けながらリーズナブルで良質な集合住宅の供給を行っている。

＊4　https://www.stww.at/unternehmen/innovation-und-nachhaltigkeit/

＊5　https://www.doppelplus.tirol/en/home/

＊6　https://www.stww.at/strom/woergler-sonnenscheine/ なお，Sonnen-Scheine は「（ヴェルグルの）ソーラー紙幣」の意味も持ち，地域通貨の流通と住民自治によって経済危機を乗り切った同市の歴史と気概を想起させるネーミングとなっている。

＊7　https://www.stadtbus-feldkirch.at/service/unternehmen-stadtbus/zahlen-daten-fakten/

＊8　両公社の職員数は，ヴェルグル市約60人，フェルトキルヒ市約100人。

＊9　教会の塔が見えるせまい範囲内でものごとを考える例え。

＊10　2015年9月8日同研究所 e5担当カール-ハインツ・カスパー（Karl-Heinz Kasper）氏へのインタビューによる。

＊11　https://www.e5-gemeinden.at/e5-gemeinden/best-practice-beispiele/detail/blumenegg-v-i-koof-im-dorf-und-bin-sanft-mobil-257/

参考文献

久保田学　2018「地域開発と気候政策の相互貢献の可能性――オーストリア・フォーアールベルク州の事例から」『人間と環境』44（2）：36-41。

――　2017「オーストリア・チロル州の中小自治体に見る気候エネルギー政策の加速要因」『人間と環境』43（2）：38-41。

自治体国際化協会　2005『オーストリアの地方自治』。
多田忠義　2018「オーストリア山岳地域の小規模自治体を巡る」『E-journal GEO』13（1）：347–358。
寺西俊一・石田信隆編　2018『輝く農山村——オーストリアに学ぶ地域再生』中央経済社。
藤井康平　2018「農山村ゲマインデの多様な自治の姿」寺西・石田編，前掲書，63–92頁。
Bertel, A. 2013. *Umsetzungskonzept zur Energieregion Blumenegg.*

第10章

エネルギー大転換を後押しする エネルギー事業体

手塚智子

1　持続可能な脱炭素社会づくりの主体として

オーストリアでは，国や州などによって気候エネルギー戦略や実行計画などが策定され，野心的目標が設定されている。それらが社会に受容され実効性を持つには，地域に環境，経済，社会面での好循環を生むことが不可欠である。エネルギーは，暮らし，産業，移動など生活のあらゆる場面で用いられる。そのためエネルギーの大転換は，社会構造の転換を方向づけることにもなる。エネルギー事業の担い手は，事業を通してそうした好循環を生む主要なアクターとして，また，政策と住民・消費者をつなぎエネルギーと社会の大転換への市民参画を促す主体として，様々な役割を果たすことが期待される。

同国で，エネルギー消費に占める再生可能エネルギー（以下，再エネ）比率は約３割，熱利用で約３割，電力ではすでに８割ほどと日本に比べて高い（第３章参照）。一方で，日本では温室効果ガスの３分の１がエネルギー転換部門から排出され，課題となっている。そのような中，地域での主体的な再エネ利用が地域経済の好循環を生むという認識は日本でも浸透しつつあり，自治体や地域の主体が関与する新電力が日本でも増えている。

本章では，第一に国や州，次に自治体レベルでのエネルギー事業体とその連合体について紹介し，第三に地域密着の電力会社や協同組合形式のエネルギー事業，電力自由化後に生まれた独立系のエネルギー事業体など，ボトムアップ型のエネルギー事業について紹介する。最後に，オーストリアの事例を通して，脱炭素化と持続可能な社会へ向かうための日本にとってのヒントを整理する。

2　エネルギー供給構造の概要

オーストリアのエネルギー供給（電気，熱，ガスなど）の１点目の特徴は，国や州，自治体がエネルギー事業体を所有していることである。例えば，フェアブント社（Verbund AG）は水力発電事業を主力とする国内最大手の電力事業者であり，同社の株の51％を国が保有している（Verbund AG 2020）。また，各州では州が出資するエネルギー公社が，州都など都市部では自治体公社が存在している。自治体公社は公共サービスの一環として，交通や上下水道などとともに，エネルギー供給を担っている。概して，基礎自治体など地域の事業者が低圧向けに電力を供給し，州のエネルギー公社が大口・高圧向けの供給と地域の事業者の供給エリア外の低圧向け供給を担っている。

２点目の特徴として，州のエネルギー公社の間の多くで，また主要な自治体公社との間で，持ち株関係があることがあげられる。例えばチロル州は，州のエネルギー公社チロル水力発電（Tiroler Wasserkraft AG: TIWAG）に100％出資している。TIWAG は，同州の州都インスブリュック市の自治体公社やフェアブント社に出資し，フェアブント社には，国と TIWAG のほか，ニーダーエスターライヒ州，ウィーンのエネルギー公社も出資している。

３点目の特徴は，主に町村地域などの供給エリアで，家族経営や協同組合などの形態で100年以上経営されているローカルな電力会社が各地に存在していることである。家庭向けを主な供給先とし，商店や農場，工場向けにもエネルギーを供給している。供給口数は数百から数万件規模で，その多くが創業期に小水力発電を開発している。

以上の３点の特徴から，電力・ガスが自由化した当初，低圧の分野で競争が起こりにくく，消費者による電力会社の切り替えが進まなかった[*1]（E-Control 2011）。一方でこの特徴によって，エネルギー事業体が比較的安定した経営基盤を持ち，中長期的視点で設備や人材への投資が可能な環境となっている。さらに州などの環境・エネルギー政策がエネルギー事業に反映されやすく，地域への密着度も高くなりやすい。エネルギー事業は巨額の投資が必要な産業である。州などが野心的な目標を据え，エネルギーを軸に地域の持続性向上に包括的に取り組むにあたり，こうした構造は重要な基盤になっている。

3　国・州によるエネルギー事業

3-1　フェアブント社

フェアブント社は，オーストリアで最大の発電および電力小売会社である。1947年，アルペン電力株式会社が国営化され，発電および高圧配電事業を受け継ぎ設立された。現在，12ヶ国で事業を展開し，2019年の売上は約39億ユーロ，従業員数は約2800名，電力，ガスの卸供給，小売事業のほか，エネルギー相談など多様なサービスを展開する（第11章参照）。現在，同社の株を国が51％，複数の州が合わせて３割強所有している。高圧配電網の運営は，電力自由化を契機にフェアブント社の100％子会社であるオーストリア・パワーグリッド社に一本化されている。

同社はドナウ川流域を中心に水力発電開発を行っており，水力発電だけで8200MW を運営し，欧州で屈指の水力発電事業者である[*2]。「クリーンな電力と革新的ソリューションでエネルギーに未来を与える」とのビジョンのもと，100％再エネによる電力供給を目指している。電源は，水力発電を主軸とし風力発電で補い，2020年までに火力発電からの撤退を戦略として掲げている。実際，2020年４月に石炭火力発電所の稼働を終了し，電力供給の柔軟性を確保するためのガスコンバインド発電のみが残された。低圧小口向けにはすでに水力100％電力を供給し，カーボンニュートラルガスの販売も始めている。「オーストリアは2030年までに電力を100％再エネで賄う目標を掲げている。この目標を達成するために，すべてのポテンシャルを発揮する必要がある」とフェアブント社は説明している[*3]。

3-2　州のエネルギー公社

各州のエネルギー公社は，州または州の投資公社やホールディングスなどから50～100％の出資を受け，電力・熱・ガスなどの供給を行っている（表10-1）。各社の創業時期は戦前に遡り，ウィーンとザルツブルク州のエネルギー公社は1890年代に，残り７州のエネルギー公社は1920年代にその起源を持つ。

戦後，電気事業公営化法（Das Gesetz über die Verstaatlichung der Elektrizitätswirtschaft）に基づき電力事業が再構築され，現在に至っている。

各州のエネルギー公社が発行する直近の事業報告書などによると，全9州のエネルギー公社の売上高の合計は120億ユーロ超，従業員総数は約2万3000人にのぼる（Salzburg AG 2020, TIWAG 2020他）。各公社が管理する送配電網の長さは，人口が多く面積も最大のニーダーエスターライヒ州で14万km超，人口および面積の面で小規模なブルゲンラント州とフォアアールベルク州で，それぞれ約1万kmである（Energie Burgenland AG 2020, EVN 2019, Illwerke vkw AG 2019）。

電力自由化以降，各州のエネルギー公社は100％再エネによる電力（以下，エコ電力）や格安電力などに特化した小売子会社を設け，多様な客層向けに事業を展開している。また，ニーダーエスターライヒ州，オーバーエスターライヒ州は旧東欧地域でエネルギー事業を急速に拡大している。

州のエネルギー公社は，各州の持続可能な脱炭素地域づくりの主要なアクターとなっている。例えばザルツブルク株式会社（Salzburg AG）は，ザルツブルク州が2012年に策定した「気候エネルギー戦略2050」のもと，気候中立かつエネルギー自立の実現に向けて州とのパートナーシップを強化している。特に熱・ガス供給の脱炭素化，再エネ発電設備の増強，電気自動車（EV）給電所のスピーディな拡張，エネルギー相談の実施などに取り組み，住民一人一人がエネルギー大転換の一部になるよう理解を促していくとしている（Salzburg AG 2020）。TIWAGは，チロル州の長期ビジョン「チロル2050年エネルギー自立」の実現に向け，自社を「電力自立のけん引役である」と明確に位置づけている[*4]。ホームページなどで，水力発電設備の更新や拡張事業の進捗状況が動画も用いて詳しく紹介され，気候保全対策として必要な措置であるとPRするとともに，地域の価値創造にもつながることを発信し理解を求めている。ケルンテン電力株式会社（Kärntner Elektrizitäts AG: KELAG）も水力を主電源とし，100％再エネによる電力を供給している（KELAG 2019）。エネルギーシュタイアーマルク株式会社（Energie Steiermark AG）は，100％州産のエコ電力メニューを売りにし，農業者や林業者向けの特別メニューや蓄電池付きベランダ太陽光発電設備の販売なども行っている。また，同社のエネルギーサービスの

表10－1　各州のエネルギー公社と所有者など

連邦州	人口（人）	エネルギー公社	所有者	売上高（100万ユーロ）	従業員数（人）
ブルゲンラント	約30万	エネルギー・ブルゲンラント㈱	ブルゲンラント州ホールディング 51%，ブルゲンラント・ホールディング㈱ 49%	339	889
ケルンテン	約56万	ケルンテン電力㈱	ケルンテン・エネルギーホールディング投資㈲ 51.07%，フェアブント㈱ 35.17%，innogy 国際投資 N.V.（独）12.85%，公開株 0.91%	1,300	1,524
ニーダーエスターライヒ	約168万	エネルギー供給ニーダーエスターライヒ㈱	ニーダーエスターライヒ州投資ホールディング㈲ 51%，EnBW 信託 e.V.（独）29.7%，公開株（従業員株含む）18.2%，自社株 1.1%	2,204	6,908
オーバーエスターライヒ	約148万	エネルギー㈱オーバーエスターライヒ	オーバーエスターライヒ州ホールディング㈲ 52.73%，ライファイゼン・オーバーエスターライヒ州銀行 13.96%，リンツ㈱ 10.34%，チロル水力発電㈱ 8.27%，フェアブント㈱ 5.2%，オーバーバンク 5.17%，公開株 4.33%	1,813	4,506
ザルツブルク	約56万	ザルツブルク㈱	ザルツブルク州 42.56%，ザルツブルク市 31.31%，エネルギー㈱オーバーエスターライヒ投資会社 26.13%	1,536	2,300
シュタイアーマルク	約124万	エネルギー・シュタイアーマルク㈱	シュタイアーマルク州 75%＋1株，マッコーリー銀行投資子会社 25%＋1株	1,373	1,854
チロル	約75万	チロル水力発電㈱グループ	チロル州 100%	1,286	1,303
フォアアールベルク	約40万	イル電力・フォアアールベルク発電㈱	フォアアールベルク州 95.5%，WEG（州投資会社）4.5%	668	1,213
ウィーン	約190万	ウィーン・エネルギー㈲	ウィーン自治体公社㈲（ウィーン市100%出資）100%	1,677	2,222

出所：E-control, Strom-und Gaslieferanten für Kleinkunden in Österreich- Eigentumsverhaeltnisse（2019年12月），各州エネルギー公社の事業報告書などをもとに筆者作成。

写真10－1　ケルンテン電力株式会社のステッカー「100%水力発電のエコ電力」（2017年，筆者撮影）

写真10－2　同社の本社玄関に展示されている水力タービン（2018年，筆者撮影）

利用やイベント参加などに伴って貯まるポイントを，州内のスポーツアクティビティや地場産品との交換に活用できる顧客サービスを提供するなど，地域の多様な主体が連携し地域経済の総合的な活性化に資する事業を展開している。

3-3　州エネルギー公社の合弁会社
――エネルギーアライアンス・オーストリア有限会社

エネルギーアライアンス・オーストリア有限会社（Energieallianz GmbH: EEA 社）は，2001年に複数の州エネルギー公社と自治体公社が出資し設立された。電力・ガス自由化を見据え競争力を強化することが目的である。現在は，ウィーン・エネルギー社（Wien Energie GmbH）が45%，エネルギー供給ニーダーエスターライヒ社（Energieversorgung Niederösterreich AG）が45%，エネルギーブルゲンラント社（Energie Burgenland AG）が10%を出資している。2019年１月時点で，EEA 社の売上高は23億ユーロ，販売電力量20TWh，顧客数29万を数え，国内最大級のエネルギー小売会社である。主にオーストリア，ドイツ，さらにオランダで，大口の高圧向けを主軸に，低圧も含めたすべての市場にサービスを提供している。自由化直後に EEA 社も100%子会社を２社設立している。一社はスイッチ社で，安さとサービスを売りにしている。もう一社はエコ電力を求める消費者層向けにナチュアクラフト社を設立し，100%国産の再エネ電力を販売している。ドイツとオーストリア向けに前者は490GWh の電力を，後者は約1500GWh の電力を販売している。

同社は，電気，ガス，石油などを扱うほか，CO_2排出削減証書や発電源証明証書の発行業務も行っている。また，大口の顧客層向けに，エネルギー効率化法[*5]（Energieeffizienzgesetz）への対応に関する情報を，丁寧に発信している[*6]。同法は，2012年の EU 指令（No. 27/2012）に基づき，オーストリアで国内法として制定され，大手企業（雇用者数に準じる）に対し継続的なエネルギー効率向上とエネルギーマネージメントの実施を，エネルギー供給事業者にはエネルギー効率向上と省エネ対策の証明などを課している。エネルギー供給事業者は自ら義務を履行するとともに，需要家に適切なアドバイスを行い，省エネの効果と事業性向上をサポートする役割も担っているのである。

4　基礎自治体のエネルギー事業

4－1　自治体公社

オーストリアには，エネルギー事業に特化した公社を含め，40を超える自治体公社が存在する。自治体公社は主に基礎自治体が主体となり，電力，ガス，熱などのエネルギー供給や，上下水道，福祉サービス，文化・芸術事業，廃棄物事業，通信，住宅供給，地域交通，墓地の運営まで，地域のニーズにあわせてあらゆる公共サービスを総合的に提供している。自治体公社を持つ自治体の人口規模は，千数百人から数万人，最大で約190万人（ウィーン）と幅広く多様である。地域交通事業には，州政府や交通事業者，運輸連合などと連携しエリアとしての交通サービス向上に取り組んでいる（第13章参照）。多岐にわたる公共事業を統合的に経営することで，事業間の連携による効率的な運営や相乗効果の創出を可能にし，事業間の資金再配分も行われる。

組織形態は，自治体が100％出資するケース，複数の自治体や民間企業などと共同出資するケースがあり，その多くが有限会社や株式会社である。創業から100年以上の歴史を持つ公社も少なくない。公社には，自治体の意思やビジョン，政策を考慮し，経済的かつ環境に配慮した方法で，公共サービスを安定的に提供する役割がある。第９章や第12章で詳しく述べられているように，公社は地域の幅広い主体と連携し，地域で投資を行い，雇用や人材育成の場を地域で生み維持する重要な役割を担っている。

4－2　自治体公社・地域エネルギー公社の中間支援組織・ネットワーク

オーストリア自治体公社連合（Der Verband kommunaler Unternehmen Österreichs: VKÖ）は，自治体公社の利益を代表する連合体である。上述の約40社のうち24社と，後述の自治体供給公社協会シュタイアーマルクが加盟している。同連合の会員自治体・地域の人口総数は300万人を超え，総人口の３割強にあたる[*7]。VKÖは，自由化した競争市場でも会員企業が公共サービスの持続可能性と品質を維持するために適切な法制度や経済的な枠組みが不可欠であるとし，大きく表10－2に示す５点に取り組んでいる。

表10－2　オーストリア自治体公社連合の役割

項目	内容
政策決定過程への関与	・EU 委員会や EU 議会，国・州の省庁等の政策決定機関や規制組織，担当する政治家等との情報交換，交渉など ・会員の利害に関する要望・提言 ・法制度や省令，規制に関して検討段階で早期に影響を行使
調査活動	・国内外の法制度や規制をめぐる動向の把握 ・EU の補助制度など関連情報の集約と会員への提供 ・欧州および国内法に関する分析と情報提供
会員へのコンサルティング	・施行される法律や行政手続き，補助制度などに関するサポート，情報提供 ・重要な事業方針の決定に係る事業コストの把握などの支援
コーディネート	・事業や政策に関する専門家と政治・経済諸機関などとの間の仲介 ・国内および欧州の自治体公社や公共機関などとのネットワーキング
情報サービス	・出版，講演，広報など ・ニュースなどの発行（メディアクリップ，EU 委員会最新動向，エネルギー・環境・交通に関する定期ニュースなど）

出所：オーストリア自治体公社連合の HP より筆者作成。

VKÖ は，エネルギーの分野で特に国内の制度面での環境整備に中心的な役割を担っている。会員公社が配電エリアを接する送配電事業者などと交渉する際も，個別の公社に同伴し，あるいは複数の公社とともに協議を行い，成果を上げている。欧州レベルでは，会員数2000社を超える地域ローカル電力・ガス事業者連合会に加盟し，EU 委員会などに対しエネルギー，廃棄物，交通，環境などに関するロビイングを行っている。

情報サービスに関して，例えば2020年最初のエネルギーニュース[＊8]では，「天然ガス輸送に関するロシア，ウクライナ，EU 三者協議がベルリンで開催され，成功裏に終了」「EU 理事会，セクターカップリング[＊9]をコスト的に見合う脱炭素社会化とエネルギー効率利用の促進策として，支援策と規制緩和を議論」などが報じられている。セクターカップリングは，電気，熱，交通，廃棄物処理などのインフラを所有し複合的に運営している自治体公社にとって，すでに実践を重ねてきた得意分野である。グリーンディールの促進とセクターカップリングとを組み合わせ，VKÖ は蓄積されたノウハウを最大限活用していく方針である。また，EU 規模でのブラックアウトが数年以内に発生するリスクが指摘されており，VKÖ は，停電の際に上下水道などライフラインを維持できるよう，早期に備えることを会員企業や自治体に対し呼びかけている。

その背景には，自然災害の増加や激甚化，化石資源の供給不安定性，テロ，送電網の運用リスクなどがあげられている。

VKÖ は，会員向けに「エネルギー効率向上プラットフォーム」を提供している。このプラットフォームには，省エネ義務を課されている事業者や省エネ証明発行事業者，業界団体，技術事務所，コンサルタントなど多様な主体が参加している。先述のエネルギー効率化法に対応するための情報ネットワーク兼オンラインツールであり，VKÖ の会員たちがノウハウ共有やマッチング，法定の義務履行に必要な商取引などをできる場でもある。

4−3　自治体公社の州域ロビー団体
——自治体供給公社協会シュタイアーマルク

自治体供給公社協会シュタイアーマルク（Die Arbeitsgemeinschaft kommunaler Versorgungsunternehmen Steiermarks）は，シュタイアーマルク州特有の組織である。同協会は1950年に設立され，ユーデンブルク市に拠点を構え，VKÖ に参加している。同州には最も多くの自治体公社が存在しており，現在26社が同協会に加盟し，全会員の従業員総数は約1300人である。同協会は，州内の自治体公社の利益を省庁や民間企業，諸組織に対して守る役割を担い，加盟事業者間の経験交流や連携を促進し，専門知識や最新状況を共有するイベントなどを開催している。

例えば，同協会会員であるムーラウアー市公社有限会社[*10]（Murauer Stadtwerke GmbH）は，同州西部に位置し（人口約3700人，約77km^2），電気，地域熱を約4000件に供給するほか，エネルギー・アドバイスも行っている。また，ケーブルテレビやインターネットなど通信事業，電気製品の修繕，屋外・屋内プール運営などを担い，約70人の雇用を抱える。同社は1907年に水力発電設備の導入を議会で決議し創業した。創業のきっかけは，中世から続く地元のビール醸造所へ電気を供給するためであった。この醸造所は，公社がバイオマス熱電併給設備から供給する熱を利用して，2014年から再エネ100％ビールの醸造を始めている。ビール自体が国内外の複数コンテストで受賞している上，同社は欧州で最初のCO_2ニュートラルな醸造所（中規模以上）の一つとして注目され，さらに原料調達やリターナブル瓶の利用などあらゆる過程で持続可能性に配慮した経営を行っており，食の持続可能性や環境配慮に関する様々な認証を受け受賞もしている。同社は気候同盟参加企業であり，ムーラウアー市も気候同盟都市である（第7章参照）。

創業時に導入された100kW の水力発電設備は，1980年代から2000年にかけて4500kW にリプレイスされている。現在，同公社は約6000kW の水力発電を運営し，木質バイオマスガス化設備から熱電併給も行い，「CO_2も核廃棄物も出さない100%ムーラウアー産の電力」を売りにしている。

5　ボトムアップ型のエネルギー事業

エネルギー市場全体に占める割合は大きくないが，100年以上の歴史に耐えてきたローカルなエネルギー事業体が，主に町村部・地域に存在している。組織形態は，協同組合，有限会社，個人経営などで，小水力発電を主電源としている。また，電力自由化後に生まれた独立系のエネルギー事業体などを紹介する。

5-1　地域・地元企業によるエネルギー事業

ローカルなエネルギー事業体の特徴として，もともと製材や製粉などに水車を動力利用していたケース，または地場産業などで電気利用のニーズが高まり小水力発電の開発を行い起業するケースが多く見られる。

アントン・キッテル水車プライカ社[*11]（Anton Kittel Mühle Plaika GmbH）は，製粉業と農業，電気事業（発電・配電・小売・電力卸）を営む有限会社で，現在，大小様々な多数の小水力発電設備などを計約45MW 運営している。国内最大の製粉事業者の一つでもある。ホームページ上で電力の切り替えと小麦粉類の注文ができ，種や穀物栽培の相談にものっている。ニーダーエスターライヒ州西部に位置するプライカ地区では1000年ほど前から製粉業が営まれてきた。1904年にアントン・キッテル夫妻が水車経営（製材・製粉）を受け継ぎ，1907年に発電設備を設置し地域への配電が始まった。1970年代から製粉設備と小水力発電設備（主に～1MW/基）が増強され，1997年からはオーガニック小麦の生産を始めている。同社は1970年代に15t であった製粉能力を190t にまで拡大し，いまでは地元農家と協力して遺伝子組み換えでないオーガニックな穀類，雑穀，豆，ヒマワリ・カボチャの種などを扱っている。また，電力自由化以降，風力発電の開発や協調投資なども積極的に行い，近隣の約３万7000件と製粉事業の取引先などに電力の供給先を拡大している。何より，創業当初からエコ電力を扱い気候保全に貢献していることを，誇りにしている。

2018年には，東チロル地方で同時期に起業した個人経営の電気事業を，飛び地ながら同社が承継した（小水力発電４基，約１MW，需要450件および配電エリア)。事業継承後には，配電網の更新が直近の課題であり，2020年内にプライカ地区と同様の品質にすることを目指している。

5-2　協同組合によるエネルギー事業

ライファイゼン協会オーストリアの統計によると，国内のエネルギー生産協同組合は，1995年に25組合（組合員数約3100名)，2013年に395組合（同約１万6000名)，2020年１月時点で387組合（同約１万7000名）存在する[*12]。オーストリアでエネルギー自立運動が発展し（第４章参照)，電力自由化が始まり，エコ電力法（Ökostromgesetz）などによる再エネの導入が促進された時期に，組合数は増加している。

グラツィング・リュストルフ電力協同組合[*13]（Glatzing-Rüstorf eGen）は，オーバーエスターライヒ州中部のリュストルフ地域で，地域の生活の質向上を目的に，地元の有志32名によって1920年代に設立された。たびたび地域を襲う洪水に備えて，運河の建設計画を進める中で，地域で発電した電気を利用しようという住民から出された発案がきっかけとなり，協同組合を設立することになったのだ。

その後，2011年にも洪水に襲われるなど紆余曲折を経ながら，現在，７ヶ所計７MWの小水力に加え，太陽光，小規模風力などの発電設備が稼働し，年間約4200万 kWh 発電している。リュストルフ地域の24自治体（一部を含む）125km^{2}に同組合はエネルギーを供給し，変電設備120ヶ所と約520km の配電網を管理している。住民参加による太陽光発電の設置を促進するため，複数の導入メニュー（発電設備の設置，屋根貸し，市民発電所への共同出資など）が用意されている。また，エネルギー相談や，電動アシスト自転車・EV 向けサービスも充実しており，防災セット「ブラックアウトボックス」も取り扱っている。同組合は，市民団体が主催するエコ電力会社チェックで，2017年から継続して全国３位に選ばれている。

電灯協同組合ノイキルヒェン[＊14]（Lichtgenossenschaft Neukirchen eGen）は，1929年にザルツブルク州西部の2000m 級の山間に位置するノイキルヒェンで，住民65名が出資し設立された。トレッキングやクロスカントリースキーなどを楽しみに周辺国からも保養客が訪れる景勝地で，３基の水力発電設備を運営し，700件に電力を供給している（13変電設備，年間1280万 kWh 発電）。現在は，電灯協同組合，地域熱供給有限会社，水道協同組合のグループ会社となっている。

両組合に共通しているのは，適正な価格で必要なサービスや最適なアドバイスを提供し，地域，顧客・組合員の暮らしを守ることを重視する点である。利益重視ではなく，出資口数には上限が設けられている。両組合は，供給する地元の電気がフェアで透明性が高い本物のエコ電力であることを売りにし，プロシューマー（生産消費者）として共に地域で発電し，エネルギー大転換に参画しようというメッセージを顧客・組合員に強く打ち出している。

ローカルなエネルギー事業体の特徴として，長年地元で運営してきた小水力発電設備を拡張し，さらに太陽光発電やバイオマスなどの地域で利用できる自然共生的なエネルギー活用へと展開する例が多く見られる。事業範囲は家電雑貨ショップの経営，エネルギー相談，太陽光発電などの導入，e カーシェアリング，通信インフラ事業と幅広い。多くのローカルなエネルギー事業体が，従業員の１割ほどの人数の職業訓練生を継続的に受け入れており，地元の雇用創出と人材育成にも貢献している。

こうした事業体のホームページでは，運営する発電設備や地域の電気利用の歴史が丁寧に紹介され，管理する配電網の長さ，変電設備の数，配電エリアなどの情報，管理するスタッフの写真がよく掲載されている。住民たちは，地元の自然資源の電気利用が暮らしを豊かにしてきた地域の歴史・文化を受け継ぎ，今も豊かさを共に享受し，地域でエネルギーを自治していることを誇りにしているように感じる。今日，気候危機の意識や持続可能な地域づくりへの関心が高まる中で，こうした事業体が再評価され，ローカルな産業の付加価値やブランド力を創出していることは大いに示唆的である。

5-3　新興の独立系エネルギー会社

エコシュトローム社（oekostrom AG）は，1999年に設立されたオーストリア最大の独立系エネルギー会社である（2020年現在）。同社は，持続可能なエネルギーシステムの構築を目的とし，主旨に賛同する一般から広く出資を募っている。2019年時点で約2050の株主が出資し，資本金は825万ユーロにのぼる。従業員数は35人，小売事業の供給口数は，2018年に比べ約１万3000件増え，約８万件に上っている。2019年の年間売上は4630万ユーロ，販売電力量は348GWh，経常利益は120万ユーロである（oekostrom AG 2020）。ガス（国産の天然ガス，バイオメタンガス）小売，家庭用EV 充電設備の設置，CO_2フリーなモビリティを後押ししようと，顧客向けに自転車用の多機能ヘルメットの販売も行っている。

同社は，国内で新設された再エネ発電設備からの電力のみを販売している。その理由は，再エネ電力の販売による収益が，確実に再エネ発電設備の拡張につながるからである。また，同社は国や州，大手の自治体公社などから独立しているため，電力小売事業の収益が化石エネルギーを扱う親会社や関係会社に流れない。さらに，排出権取引や発電源証明証書などを利用して火力発電などによる電力をエコ電力化する，見かけ倒しのエコ電力商品を販売していない。こうした事業体，お金の流れ，電力商品の透明性の高さから，同社は高い評価と信頼を得ているのである。

2019年現在，約1700ヶ所，約40万 MW（風力14.7万 MW，水力24.6万 MW，太陽光８MW，バイオガス0.6MW）の国内電源から電力を調達し，自社開発した発電設備（主に風力発電28サイト）で年間117GWh を発電している。同社は現在，①電力小売，省エネ・太陽光発電等の設計・導入などの最終消費者向けサービスを提供する事業体，②電力調達や需給調整などを行う事業体，③ウィンドファームなど発電所の建設・開発を担う事業体，の３つの子会社を展開している。

EU とりわけ周辺地域を含めてエネルギー業界が持続可能になることに同社は積極的に関与しており，例えばハンガリーやチェコなど国境を接する国々の原子力発電開発に市民団体などと共に反対している。また，EU が原子力産業に税金を用いて補助金を出すことの違法性を問い，ドイツのエネルギー会社や複数の自治体公社などと協力して訴訟を起こし，連邦政府にも働きかけを行っている[*15]。同社は，小規模な発電設備所有者と連携し電源を束ねて調達するアグリゲート事業やプロシューマーの促進なども積極的に展開している。

アウワーパワー欧州協同組合（OurPower: Our Power Energiegenossenschaft SCE mbH）は，2019年に設立された新しい独立系の電力会社である[*16]。前述のエコシュトローム社の創業者らによって，エコ電力市場の透明性を高め，エネルギー大転換のスピードをさらに上げることを目的として設立された。同社のビジョンは，消費者と電力生産者がオンラインで直接つながり，顔の見えるエコ電力市場をつくることと，人々が「エネルギー」に責任を持ち，2030年までに100％再エネ電力が各地域の発電所から分散型で供給されることである。

同組合の設立に，第6章で紹介されているNPOエネルギー郡フライシュタット（EBF）が立ち上げたヘリオス・ソーラー電力有限会社（Helios Sonnenstrom GmbH）が参画し，電力供給元の仲介パートナーとなっている。市民参加型の太陽光発電設備の導入実績を多数持つ同社が参画したことによって，生産者と消費者を直接つなげる同組合の事業モデル構想が，実現に向けて大きく前進したのである。2020年7月現在，約3500基，約53MWの太陽光発電設備が電源として確保されている。協同組合への出資は，クラウドファンディングなどで募り，これまでに約50万ユーロを調達している。出資額100ユーロ／口から組合員になることができ，上限は100口である。

法人格に欧州協同組合を選んだ理由として，エネルギー大転換をなしとげるには，エネルギー市場のあり方をラディカルに変える必要があることをあげている。その中心にあるのは，まず，大手エネルギー会社と距離をおき電力市場を民主化[*17]すること，そして人々の関心を渾身の力でエネルギー大転換と気候保全に向けること，の2つの考え方である。そのためにも，新しい法人格である欧州協同組合は，デジタルインフラを利用した参加型プロジェクトの実施や利益の幅広い活用，クラウドファンディングによる資金調達に適しているという。とりわけ，協同組合原則である，出資の多寡にかかわらない「一人一票」が同社の重要な基礎であり，オーストリアで最初の欧州協同組合として，エネルギー分野に限らず多様な領域で，多くの共益的なプロジェクトにとっても模範となることを意図している。

5-4　民間主導による消費者参加の取り組み ——エコ電力取引所と気候セント

電力小売の全面自由化に際しては，消費者自身が直接参加し（追加費用を支払い），市場で取り引きされる再エネ電力を地元で増やす仕組み「エコ電力取引所」がつくられた。個人や自治体，地域などが，支払う電気料金kWhあたり1セントを支払い，そのお金は地元で建設される特に小規模な発電設備の設置資金などに活用される。国や州の政策とは別枠の，民間の主導と消費者の参加によるボトムアップ型のエコ電力市場拡張モデルである。2002年，フォアアールベルク州内のすべての電気事業者がパートナーとなり，「エコ電力取引所フォアアールベルク」が設立され，2005年には8万7000GWhが取り引きされた。同年にザルツブルク州に，続いて全国にこの仕組みは広がった。

現在，エコ電力取引所は「気候セント[*18]」へと展開している。2018年に「エコ電力取引所オーストリア」は「気候セントオーストリア」に名称を変更し，15年以上の間に各地で構築されたパートナーシップをベースにし，ネットワークをさらに拡張している。気候エネルギー基金が支援し，「気候エネルギーモデル地域（Klima- und Energiemodellregionen: KEM）」（第6章参照）とも連携している。

日本にも，類似の消費者参加型の仕組みとして「グリーン電力基金」や生協などによる電力小売会社が提供する電力メニューがある。ただ，地域で複数のエネルギー事業者と消費者・生産者が協力し，面としてエコ電力市場を拡張する取り組みは見られない。

気候セントは，対象を電力のみでなくすべてのCO_2排出に広げている。CO_2排出1kgあたり，飛行機での移動1kmあたり，資源利用のコスト1％あたりを1セントと換算し，自らのCO_2排出への責任を負うイメージを分かりやすく表現している。この背景には，パリ協定を受けて経済活動，モビリティ，住まい，余暇などあらゆる領域を脱炭素化する必要があることや，原子力発電や化石燃料・資源利用に伴う社会的コストを本来負担する必要があるという考え方を社会に根づかせ，政策にプレッシャーを与えるという意図がある。また，この仕組みによって，経済的基盤とライフスタイルの脱炭素化を，2050年までではなく，できる限り早急に実現することを目指している。

気候セントの金額は任意に決めることができる。個人は50ユーロ / 年，団体などは200ユーロ / 年から参加でき，参加する際，気候セントの使途を以下から選ぶことができる。1つめはローカルな個別プロジェクトを選ぶダイレクト支援。気候セントは主に発電設備の設置，また省エネやモビリティに関するプロジェクトに活用される。2つめはふるさと気候ファンド。地元自治体の環境委員会や「e 5 プログラム（e 5 -Programm: e 5）」チームの活動の財源に気候セントが活用され，市民共同発電所や EV の給電所などが設置されている。3つめは肥沃な土壌・腐食土・湿原保護ファンド。これらは CO_2 の吸収源であり生物多様性の点から重視されている。4つめは平和のためのエネルギーファンド。気候セントは南米やアフリカで小規模な再エネ設備を教育，医療機関などへ導入する資金に活用される。工業国による資源の調達は，時に資源生産国で紛争を引き起こし，貧困層が戦闘員になるなど負の影響をもたらしている。分散型で自律的なエネルギー供給システムが構築され，資源国でエネルギーの地産地消と紛争の回避が進むことで，平和な共生の世界を築こうとしている。足元でエネルギー大転換を確実に進めるとともに，エネルギー利用により日々享受している豊かな暮らしを，世界中でシェアできるようになるよう，ボトムアップ型で変革を促しているのである。

6　エネルギーの地域自治が拓く持続可能な未来

オーストリアではエネルギー供給が，国，州，都市部，農山村地域で地域の主体によって，また新興の独立系エネルギー事業体によって重層的に担われている。日本のエネルギー供給の姿に比べてはるかに分権的である。脱炭素化に向けては，地域資源の持続可能な活用が基本的な方向性であることから，仕組みが分権・自律分散的であることは重要な要素の一つといえる。

同国の事例から，日本での持続可能な地域づくりと脱炭素社会の実現に向けて，以下の3点が参考になる。第一に，エネルギー供給に関する設備，情報や経験，人材を地域が所有している。エネルギーインフラは，重要な社会資本である。地域が所有することで，地域の政策や意思，中長期ビジョンに基づき，設備を計画的に保守，拡張，運用できる。また，市民参画なども取り入れ，地域の未来像をともに構築しながら資金を地域で調達し，経済に好循環を生み，地域固有の課題解決と組み合わせた事業展開も可能になる。同様に，知識や技術を地域が蓄積し，雇用の創出や人材育成，ノウハウの継承も行える。長期的視点で戦略的に何にどれだけ資源を投入するか，地域が決定権を持ち，責任を負いながら事業性やリスクを考慮して判断できる，いわば地域の資源利用の自治を行える意義は大きい。

第二に，エネルギー大転換が持続可能な発展と不可分であるというビジョンが社会で共有され，エネルギー会社と消費者の関係は次のように変化している。エネルギー会社の役割は，電気，熱，ガスなどの供給に留まらず，①エネルギー相談などにより実効力のある省エネルギーを推進し，②太陽光発電など小規模創エネ設備の設置と発電電力の買い取り，蓄電池の販売などを行い，社会全体のプロシューマー化を促進している。また③モビリティの脱炭素化につながる商品・サービスの充実が著しい。自転車関連のサービスやEV用の電力料金メニュー，EU全域で利用可能なキャッシュレスカードの発行など利便性が急速に向上している。エネルギーの利用者は，単に消費するのではなくエネルギー大転換のパートナーの役割を果たし始めている。

第三に，再エネ100%のエコ電力商品が，オーストリアでは当たり前の選択肢となっているが，より迅速に，社会的に公正な地域エネルギー100%社会を目指す，ボトムアップ型の動きがある。エコ電力国産100%や○○州産，我が町産，地元産のバイオガス（木質系・有機廃棄物系）といった，地産地消を進めるエネルギー商品のブランド化も盛んに行われている。その理由として，①より透明性の高いエネルギー供給構造が求められていること，②エネルギー

写真10－3　ハルトブルク市公社の100%エコ電力ｅカーシェアリング（2018年，筆者撮影）

大転換は地域や人々が当事者になり積極的に関与することでなしとげられること，③最適な未来を社会・世界全体で，将来世代とも享受できるようにするために適正な費用負担が必要であること，があげられる。

日本でも2050年までにCO_2排出実質ゼロを表明する自治体が急増している。いかに現在の生活の質を維持し，脱炭素化を実行するか。気候エネルギー政策が，持続可能な地域の内発的な発展に資するものであるとともに，地域・国外，将来世代に与える負荷を最小化することも求められる。この２要素を満たすのは，エネルギーの大転換を通して，自律分散的で自然と共生するローカルな経済圏を足元からつくることである。オーストリアでは，自然共生的な資源利用や伝統的な地場産業とエネルギー事業が連動し，環境・経済・社会面で好循環を生む地域社会の姿が，いまに引き継がれて，ボトムアップでも促進されている。これはLEADER（Liaison Entre Actions de Développement de l'Économie Rurale）（第８章参照）や気候変動適応モデル地域（Klimawandel-Anpassungs modellregionen: KLAR!）」（第６章参照）などを通した住民参画による農山村の地域再生と，エネルギー自立の動き（第９章参照）にも共通している。

日本でもかつて1000を超える電力事業者が存在し，自然環境と共生しながら経済・社会面で好循環を生むエネルギー利用の姿が各地で見られた（手塚 2018，西野 2014）。エネルギー事業の担い手があらためて日本の各地に根づき，地域の気候風土・文化や歴史に即し，地域資源を丁寧に使い循環させる地域経済社会への大転換をけん引する役割を果たすことを期待したい。

注

＊1　2006年頃から低圧電力契約の切替件数が増え，2014年頃から周辺国の電力会社も参入し，現在の切替割合は年間４％前後を維持している。

＊2　水力発電開発と環境配慮の両立は常に課題となっている。1980年代に起きた，ドナウ川ハインブルク氾濫原（ウィーン東部）での水力発電計画反対運動は，原発国民投票と並んでオーストリアの環境政策と市民運動に多大な影響を今も与えている。同計画は，国内外を巻き込む大規模デモや数千人規模の座り込み，国民請願を経て中止された。

＊3　フェアブント社での聞き取りによる（2017年９月）。

＊4　www.tiwag.at/energiewende/

＊5　エネルギー効率化法において，第９章で企業に対する義務が，第10章でエネル

ギー供給事業者に対する義務が課されている。

＊6　www.energieallianz.com/de/at/service/faqs-energieeffizien, zgesetz.html

＊7　www.vkoe.at/ueber-uns/

＊8　www.vkoe.at/vkoelink/voewg_En_Sp_2020_1.html

＊9　これまで電力や輸送，熱，ガスといったセクターごとに分かれていたエネルギー利用形態をカップリング（連携）し，需給バランスに柔軟性を持たせることで，再エネ電力を最大限活用し事業性を高め，脱炭素化を進める社会インフラ改革の方策。再エネ電力の導入が進むドイツなど欧州で推進されている。

＊10　www.stadtwerke-murau.at

＊11　www.kittelmuehle.at

＊12　www.raiffeisenverband.at/raiffeisen-in-oesterreich/zahlen-im-ueberblick/ エネルギー生産協同組合に関する統計情報であり，エネルギー協同組合全体についての情報は掲載されていない。伝統的なエネルギー協同組合では，生産と供給・小売事業を総合的に行うケースが一般的である。

＊13　www.kwg.at

＊14　www.lichtgenossenschaft.at

＊15　連邦政府は，原発建設計画へのEUの財政支援は域内の競争市場をゆがめ，EU加盟国の共通の利益にあたらずEU法にふれるとして，2018年1月ハンガリーの原発に関して提訴，2018年9月にはルクセンブルクとともにイギリスの原発に関して控訴することを表明し，EU司法裁判所にて係争中である。

＊16　www.ourpower.coop ウィーンと，EBFがあるノイマルクト（Neumarkt）に拠点を構えている。

＊17　電力自由化によって誰もが電力会社を選択し一票を投じることができるようになり，再エネの普及によって誰もが発電をできるようになった。一方で，消費者の主権者意識や電力システムの透明性は十分ではなく，さらに多様なプレイヤーが電力市場に公正に参加できるようになることが求められている。

＊18　www.klimacent.at および www.oekostromboerse.at

参考文献

西野寿章　2014「戦前における市営電気事業の展開と特性」『地域政策研究』16（2）：1-19。

手塚智子　2018「山陰地域における電気利用の歴史と地域性に関する研究」『山陰研究』11：99-114。

E-Control 2019. *Strom- und Gaslieferanten fuer Kleinkunden in Oesterreich-Eigentumsverhältnisse.*

―― 2011. *10 Jahre Energiemarkt-Liberalisierung.*

Energie AG Oberösterreich 2019. *Geschäftsbericht 2018/2019.*

Energie Burgenland AG 2020. *Geschäftsbericht 2018/2019.*

Energie Steiermark AG 2020. *Konzernbericht 2019.*

EVN（Energieversorgung Niederösterreich AG）2019. *Ganzheitsbericht 2018/2019.*

Illwerke vkw AG, 2019. *Energie für Generationen.*

KELAG（Kärntner Elektrizitäts-AG）2019. *Wertvoll Nachhaltigkeitsbericht 2018/2019.*

oekostrom AG 2020. *Integrierter Nachhaltigkeits- und Geschäftsbericht der oekostrom AG für Energieerzeugung und -handel 2019.*

Salzburg AG 2020. *Geschäftsbericht 2019.*

TIWAG（Tiroler Wasserkraft AG）2020. *Geschäftsbericht 2019.*

Verbund AG 2020. *Integrierter Geschäftsbericht 2019.*

Wien Energie GmbH 2020. *Analyse des Geschäftsverlaufs 2019.*

第11章

生活の質を高める実効的な省エネ支援

上園昌武・木原浩貴・上園由起

1　省エネとは

省エネルギー（省エネ）とは，エネルギー効率性を改善することで投入エネルギー量を減らすことを指し，高性能エアコンや低燃費車，高断熱性のペアガラス・トリプルガラスなど機器類の性能改善，もしくは公共交通や地域暖房システムなどのインフラの整備によって達成される（交通については第12章を参照)。省エネの効果は，単位あたりのエネルギー消費量の減少によるCO_2排出や光熱費の削減である。

しかし，おそらく日本人の大多数は，省エネと聞くと「効率の向上」ではなく「我慢を伴う個人の努力」を思い浮かべるだろう。例えば，暖房の設定温度を低く，冷房の設定温度を高く設定し，シャワーの時間を短くするなどの行動である。世界79ヶ国の市民１万人への意識調査では，「あなたにとって，気候変動対策はどのようなものか」との設問において，世界全体の66％が「生活の質を高める」と肯定的に回答した。それとは対照的に，日本人の60％が「生活の質を脅かす」と否定的に回答した（図11－1）。省エネ・気候変動対策のこうした捉え方が，日本において脱炭素社会への移行が支持されない要因になっていることが指摘されている（木原他 2020a，木原他 2020b，江守 2020)。また，日本では省エネ対策が節電に偏っており，熱利用（冷暖房や給湯）やガソリンを含めた一次エネルギー全体で脱化石燃料対策を進めていく必要がある。

本来の意味での省エネ，つまりエネルギー効率性の改善は，健康増進や医療費の削減（伊香賀他 2011，海塩他 2016)，低所得者の光熱費削減や社会参画の

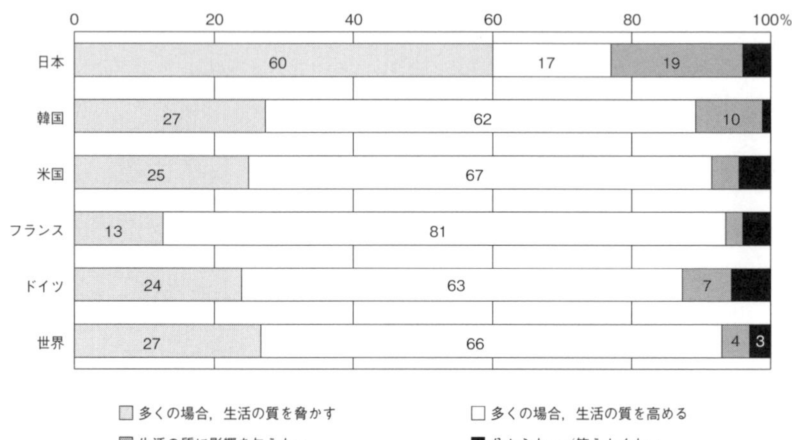

図11－1　あなたにとって，気候変動対策はどのようなものか？
出所：World Wide Views on Climate and Energy 2015.

写真11－1　生活の質を向上させる省エネ対策の例。左から，美しい景観の建築物，トリプル窓ガラス，分厚い床断熱材（上園昌武撮影）

後押し（上園 2017），地域経済の活性化（村上 2014，枝廣 2018），地域雇用の創出（平岡他 2018，歌川 2015）など様々な便益をもたらし，生活を豊かにすることが期待できる。実際，欧州では，生活を豊かにする省エネ対策が無数に存在する。例えば，保育園の建物は分厚い断熱材とトリプルガラス窓で断熱化されるだけではなく，化学塗料や化学製品を用いないで無垢材などの自然の素材で作られ，周りにはビオトープがあり，自然と触れあう安全な環境で子育てができる（写真11－1）。

しかし，こうした「生活の質を向上させる省エネ対策」は複合的な配慮や工夫が求められるため，適切なアドバイスや支援が必要である。本章では，オーストリアで取り組まれている建築物の断熱・省エネ対策，エネルギー・アドバイスの実践例，エネルギー貧困対策を取り上げていく。

2　建築物の断熱・省エネ対策の促進

建築物の暖房と給湯は，2017年の国内CO_2排出総量の約10％（830万t）を発生させており，その内訳は８割強が住宅用，２割弱が事業所や公共建築物である。建築物のエネルギー消費は暖房や給湯による熱利用が大きく，断熱性能の向上が課題となる。建築物関連のGHG排出量は1990年に1400万tであったが，2005年をピークに減少傾向にある。排出削減の要因は，バイオマス熱の普及，天然ガスや暖房石油の消費量の減少，建築物の断熱化である（BMLRT 2019)。オーストリアには，建築物の持続可能性を評価するシステムとしてクリマアクティブ（klimaaktiv）基準があり，中立的な立場で評価される。この基準は，低消費電力（標準的な建物と比較して熱消費量が約３分の１に削減。最高基準のクリマアクティブ・ゴールド（klimaaktiv Gold）は消費エネルギーが４分の１），快適性の向上（高品質の断熱材により快適な室温を実現），健康住宅（低排出物質と自動換気システム），経済効率（エネルギーコストを削減し，改修補助金利用を容易にする）の実現を目指している。

建築物の持続可能性を促進するためには，補助金の提供や先進例の情報公開が効果的である。築20年以上経過した民間住宅は，クリマアクティブ基準や40％以上の暖房エネルギーの削減につながる断熱改修を行う場合に4000～6000ユーロの補助金を利用できる。また，断熱材が再生可能な原材料であれば，最大で3000ユーロの補助金か費用の最大30％相当額が供与される。断熱改修の例として外壁や最上階・天井・地下の断熱材，窓やドアの改修や交換などがある。

クリマアクティブ基準をクリアし，表彰された建築物が学校や役所，アパート，オフィスビルなど50軒ある。これらの建築物は，クリマアクティブのホームページにデータベースとして公開されており，建物の特徴や写真，エネルギー性能やCO_2排出量などの情報が掲載されている。こうした優れた事例の詳細な情報が公開されることによって，国内の建築物の断熱や環境性能の改善を底上げしていくことが意図されている。

3　エネルギー・アドバイスの実践例

3-1　エネルギー・アドバイスとは

エネルギー・アドバイスは，建築物の新築や改築時に省エネ化や再エネ導入に向けて設備の選択や補助金利用などについて専門知識を持つアドバイザーが行う助言である。住宅や建築物は間取りや立地条件，建築材，築年数，劣化状態などが千差万別であり，また所有者が用意できる資金額も異なるため，個別相談で対応することになる。後述する事例で見るとおり，このアドバイスは無料で受けられること，アドバイザーは特定の業者や企業に肩入れすることなく中立の立場にあることによって，安心して相談できる工夫が見られる。なお，アドバイスはあくまでも参考となる判断材料を提供するものであって，施工や工事を行う場合には業者との相談で行われることに留意する必要がある。

日本では類似した取り組みとして，個人向けの省エネ診断や事業者向けの省エネルギーサービス（ESCO），中小企業向けの省エネ診断などがある。個人向けの省エネ診断では，自宅のエネルギー消費の実態を把握し，どこの対策を行うべきかアドバイスを受けられるものもある。エアコンや冷蔵庫など，省エネ型への買い換え促進に力点が置かれているものの，最大の省エネ効果が見込める建物の断熱改修についてはほとんど言及されない。冷蔵庫の開閉回数を減らすことやテレビの視聴時間を短くすることなどもアドバイスのメニューにあるが，これらは取り組みやすいものの個人の行動制限を伴うものであり，前述の生活の質を脅かし，省エネ効果も乏しい。平易な省エネ行動をすべて否定するわけではないが，本来のエネルギー効率の改善につながるような取り組みが必要である。

3-2　エネルギー環境ニーダーオーストリアの事例

ニーダーエスターライヒ（NÖ）州では，ライファイゼン地方銀行ニーダーエスターライヒ・ウィーン（NÖ-Wien）が，エネルギー環境ニーダーオーストリア（eNu）と協働で省エネ対策に取り組んでいる（豊田 2018）。eNu は，州のエネルギー・エージェンシーであり，州から100％出資される中間支援組織である。６つの支部があり，約90名の職員が10のイニシアティブに取り組んでいる。気候エネルギー分野では，主にエネルギー・アドバイス，「e５プログラム（e５-Programm: e５）」の認定を受けた自治体や「気候エネルギーモデル地域（Klima- und Energiemodellregionen: KEM）」の支援，「気候変動適応モデル地域（Klimawandel-Anpassungsmodellregionen: KLAR!）」で活動している（第６章参照）。

eNu のエネルギー・アドバイスは，住民と自治体向けで行われている。住民は，①電話アドバイス（専門家が対応），②ウェブ相談，③直接アドバイス（すべての住民は無料で年に１回受診可能で，２万軒で実施された）という３つの方法でアドバイスを受けることができる。相談内容は，住宅を新築・改築する際に，建材や建築部品，暖房・再エネ設備などの情報提供である。eNu は，特定の企業に便宜を図ることがなく，中立の立場として活動しているため，住民からも信頼が厚いという。こうした住民向けのエネルギー・アドバイス事業は，州政府も支援しており，省エネ対策のパンフレットの発行，ラジオやテレビ，講演会など様々なイベントで利用を促している。

次に，自治体向けのエネルギーサービスは，KEM に加盟している210の基礎自治体で行われている。アドバイス内容は，エネルギー会計の整備，自治体の熱供給設備の診断，街灯の整備，電気自動車の普及などである。また，eNu は州のエネルギー供給会社のグリーンエナジーラボ（Green Energy Lab）と自治体や住宅にプロトタイプを導入していく事業にも関わっている。こうした取り組みによって，自治体のエネルギー消費量が着実に削減されている。

州内には80人のエネルギーコンサルタントが建築物の省エネや再エネの相談に対応している。eNu はコンサルタントにアドバイスの品質管理のための教育を継続的に行うことで，顧客の満足度につなげている。

3-3　オーバーエスターライヒ省エネ連合の事例

オーバーエスターライヒ（OÖ）州は，オーストリア北部に位置する人口145万人の州である。ここでも NÖ 州と同様に，エネルギー・アドバイスが行われている。

OÖ 州は，州都であるリンツに鉄鋼産業が集積しているが，州全体の再エネ割合は，電気の77％，暖房の58％にのぼる。州は特に建築物の高効率化に力を入れており，建築物からのCO_2排出量は2005年からの10年間で41％減少した。2019年９月からは新築建築物での石油暖房が禁止された。これに併せて既存建築物を対象とする「オイルからの脱却（Raus aus dem Öl）」プログラムが進められており，石油ボイラーから木質バイオマスボイラーなどへの転換に対して，連邦政府に加えて州政府の補助が行われ，2018年４～６月の３ヶ月間に1600件もの更新が行われたという。

こうした州の政策の実行を支えるのが，州が作る中間支援組織のOÖ省エネ連合である。OÖ省エネ連合の主要業務の一つが建築物の省エネルギー・アドバイスであり，外部専門家とも連携して60～70人体制でアドバイスを実施している。アドバイスの件数は簡易的なものを含めれば年間１万件に上る。単にアドバイスを行うだけではなく，具体的な省エネ改修方法を提案し助成金を紹介することで，地域の工務店や設備事業者の仕事を生み出している。

OÖ省エネ連合の担当者は，ヒアリング調査時に「地域の脱炭素化によって『生活の質』を『保つ』のではなく，むしろ向上させることがポイントである。つまり，住民や事業者に脱炭素化がポジティブに認識されることが重要だ。そして，建築技術やエネルギー技術における市場でリーダーシップを発揮し，投資を引き出すことが重要である」と語っており，エネルギー・アドバイスの目的が，地域経済を含む生活の質の向上にあることが分かる。

4　SDGs実現にむけたエネルギー貧困対策

4-1　オーストリアにおけるエネルギー貧困の現状

2015年に国連はSDGsを採択して，貧困・ジェンダー・エネルギー・経済成長・雇用・気候変動などの問題を解決し，持続可能な社会の実現を目指すことになった。豊かなはずの先進国でも，低所得者層の多くはエネルギー貧困や燃料貧困（電気やガスなどの近代的なエネルギーを利用できない状態）に直面している。オーストリアのエネルギー貧困人口は，総人口比で３％とEU諸国の中でも低く，政治的課題としてそれほど注目されてこなかった。そのため専門家によると，オーストリアのエネルギー貧困対策は，省エネ対策の中で52％が進展

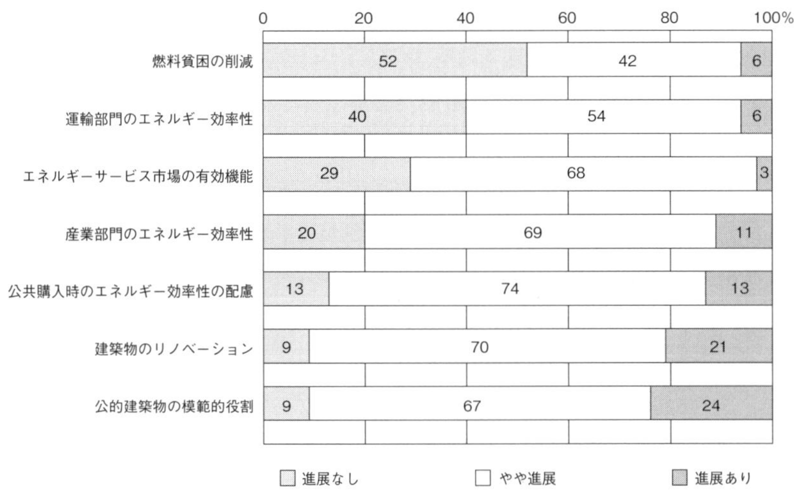

図11－2　オーストリアの省エネ改善の進展状況（専門家への意識調査）
出所：Thomas *et al*. 2015: 10.

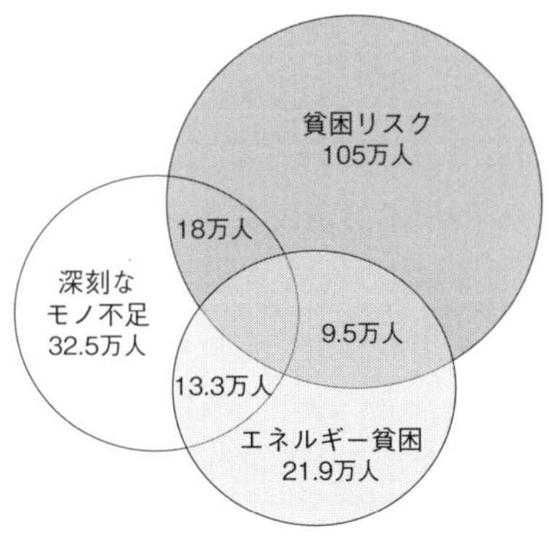

図11－3　オーストリアの複合貧困人口
出所：Höltl *et al*. 2013: 2.

していないと批判されている（図11－2）。政府によると，2011年のオーストリアのエネルギー貧困人口は21.9万人（総人口比2.6％）である。そのうち貧困リスク（実質月収1066ユーロ以下）が9.5万人，深刻なモノ不足が13.3万人いると推計されており，貧困が複合化している（図11－3）。ただし，2003～11年のエネルギー貧困人口は17.1～33.3万人と，年によって上下しており，エネルギー価格の変動や冬の寒さの度合いによる暖房消費の変化などの影響を受けていると考えられる。また，エネルギー貧困を測定した統計が少ないために実態が十分に把握されておらず，家賃や世帯構成などの多面的な要素も考慮すべきだという指摘がある（Energie-Control Austria 2012）。

エネルギー規制当局のE-Controlによると，2016年のエネルギー貧困世帯は

11.7万世帯（総世帯の3.1％）である。オーストリア統計（Statistik Austria 2017）によると，世帯所得層を３区分（高・中・低所得）に分類して住宅（暖房，給湯，電気）のエネルギー費用や消費量などを分析したところ，所得層で顕著な特徴を示した。年間エネルギー消費量（2013～14年）は，低所得世帯で１万4100kWh（1550ユーロ），中所得世帯で１万7860kWh（1860ユーロ），高所得世帯で２万3540kWh（2230ユーロ）である。エネルギー費用が可処分所得に占める割合は全平均で4.6％，低所得世帯で9.0％，中所得世帯で5.3％，高所得世帯で3.2％であり，最貧所得世帯は22.8％と際だって高く生活費を圧迫している。エネルギー貧困の世帯人数は１人が66％，２人が23％で，独居の割合が高い。年齢構成は60～74歳が32％，75歳以上が26％と，高齢世帯が多い。また，エネルギー貧困世帯の最終学歴は，義務教育修了が21％と高い。エネルギー貧困世帯の52％は1960年以前の建築物に住み，しかも断熱改修が行われていないケースが多く，1991年以降の建築物の居住者はわずか1.1％である。

4-2　カリタスのエネルギー貧困対策

エネルギー貧困は，基本的人権を脅かすものであり，社会的正義や公平性の問題として認識される必要がある。ドイツでは，社会福祉団体のカリタス（Caritas）が2008年に失業者を職業訓練して省エネ診断士に雇用し，社会的弱者を対象に無料の省エネ診断を行い，省エネ機器を無料で提供する省エネ診断制度を始めた。その結果，省エネ化によるCO_2排出削減（環境保全），光熱費の削減（福祉改善），雇用創出（失業対策）という複数の社会課題を同時に解決して大きな成果を収めた（上園 2017）。

オーストリアでも，社会福祉団体のカリタスが2009年にエネルギー貧困者を救済するために，電力事業者のフェアブンド社（Verbund）と協働で電気援助基金（Verbund-Stromhilfefonds）を設立した。インタビュー調査によると，当時フェアブンド社は料金不払い者への対応を苦慮していたが，その問題の根底にある社会的弱者の貧困救済が不可欠であると認識し，カリタスに解決策の相談を持ちかけたという。双方の組織について簡単に説明すると，カリタス・オーストリアは，全国に55ヶ所の事業所で1.6万人のスタッフと５万人のボランティアが失業者や高齢者など社会的弱者を救済する福祉事業に取り組んでいる。フェアブンド社は，オーストリア最大の発電会社で電力販売量が552億kWh（2016年）であり，21ヶ国で事業を展開し，従業員約3000人（2015年），年間売上約30億ユーロである（第10章参照）。発電所は，水力発電（河川ダム，貯水型，揚水），ガス火力発電，風力発電であり，水力発電が発電量全体の95％を占めている。同社は，企業の社会的責任として持続可能性の実現を掲げて再エネの普及を促進し，社会公正のために電気援助基金の事業に取り組んでいる。

電気援助基金の事業内容は，①コンサルタントによるエネルギー・アドバイス，②省エネ機器への交換，③ブリッジング・エイド（光熱費支払い不能者に最大100ユーロを支払う）である。③は，料金不払いで電力供給停止による停電を防ぐための緊急救済措置である。エネルギー・アドバイスは，フェアブンド社と契約していなくても受けることができ，次の流れで行われる。①初回の相談時に顧客のエネルギー貧困の状況を把握する。②初回の診断で得られたデータをもとに，データバンクのプロトコル（図11－4）を活用して対策内容を検討する。③データバンクに省エネ機器の交換情報が入力されて機器が発注され，顧客に配布される。④１年後にコンサルタントが顧客宅を再訪問してエネルギーデータ情報を収集する。このデータは，エネルギー貧困世帯の問題点や

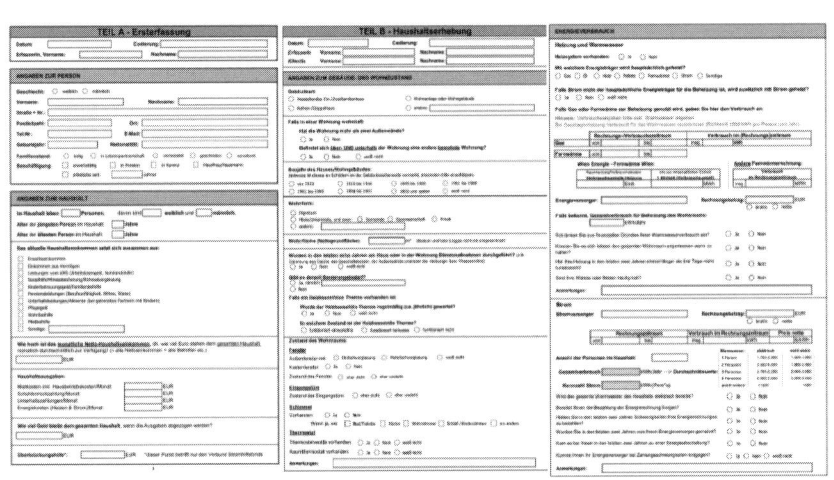

TEIL A - Ersterfassung

TEIL B - Haushaltserhebung

図11－4　エネルギー・アドバイスのプロトコル

出所：Bruckle 2018b.

注：世帯構成や光熱費，エネルギー消費状況などの情報が記載されている。

要望を把握できるため，極めて重要な情報とされている。

基金の事業実績は，2009〜17年の累計で3737世帯，9472人である（Bruckl 2018a）。エネルギー・アドバイスは，11のアドバイスセンターから約50人のコンサルタントによって2796世帯で実施され，1851世帯で省エネ機器に交換された。省エネ機器は，事業で連携しているボッシュ（Bosch），シーメンス（Siemens），ネフ（Neff），レクセル（REXEL）各社から格安か無償で提供された。世帯当たりの平均支援額は715ユーロである。これらの成果として，全体の省エネ量が年間499万 kWh，CO_2排出が711t 削減された。なお，ウィーン市などの182世帯のデータを分析したところ，アドバイスから１年後に平均302ユーロの省エネ効果が達成できたという。この事業は簡易な取り組みではあるが，省エネ効果の便益は支援の費用を大きく上回り，費用対効果が優れた取り組みと評価できる。

エネルギー・アドバイスの顧客は子どものいる中年層の世帯が多く，賃貸住宅に84%，1980年以前に建築された住宅に79%が居住している。2017年の顧客の平均電力消費量は4223kWh であり，全国平均と比べても少ない。顧客の多くは様々な不安や生活での不都合を訴えている（図11－5）。顧客の86%が光熱費の支払いに不安があり，72%が光熱費の催促請求を心配している。また，41%が給湯の利用，35%が暖房の利用を制限して不便を感じている。

エネルギー・アドバイスの結果，コンサルタントから分割払いの提案や安い

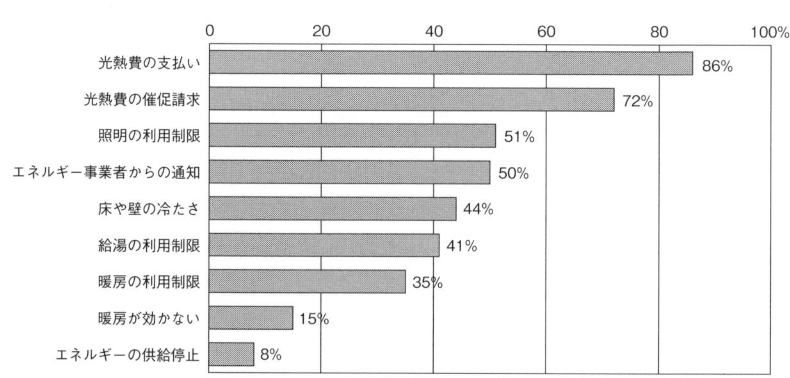

図11－5　エネルギー・アドバイスを受けた顧客が回答した生活での制限と不安な事柄
出所：Bruckle（2018a: 25）を一部修正。

電力会社の紹介などによって顧客の半分が問題を解決できたという。求められるアドバイスで多い項目は，暖房，省エネ全般，家電利用，換気の順である。貧困世帯は安い製品を使うと光熱費が高くなることを知らない人が多く，省エネ対策を正確に理解できていない。そのため，エネルギー・アドバイスを実施したことで，受診者は切電や省エネの知識を得て，環境意識の啓発にもつながっており，Win-Win の成功したプロジェクトと認識されている。

5　省エネ対策による生活の質の向上にむけて

省エネ対策は，日本で広く流布されている「我慢を強いる個人努力」では決してない。そのような行動は持続しないし，省エネ効果にも限界がある。本章で説明してきたように，省エネ対策は適切な支援を施すことで生活の質を向上させ，様々な便益をもたらし，社会的課題の解決につなげるものである。オーストリアの省エネ対策で工夫されていることを4点指摘し，本章のまとめとしたい。

第一に，クリマアクティブという省エネ基準を満たした新築・改築をあちこちで増やしていくことで，そのよさを広く共感してもらう工夫が見られる。断熱・省エネ住宅に滞在してみないと，その快適性を実感することが難しく，身近に存在すると実感しやすくなる。第二に，エネルギー・アドバイスを誰もが無料で受けることができ，その助言が住宅の省エネや再エネ対策につながっている。また，どの企業や業者からも独立した中立の立場でアドバイスを行っていることも重要な点である。第三に，カリタスのエネルギー貧困対策は SDGs が目指す貧困の根絶や公平な社会への移行と合致し，まさに「誰一人取り残さない」持続可能な社会を実現する取り組みである。第四に，こうした取り組みは，中間支援組織を介して様々な主体や自治体・行政と協働しながら，試行錯誤で創意工夫が重ねられてきている。本書を通じて中間支援の役割が大きいことを明らかにしているが，日本で同様の仕組みを輸入したとしても，コミュニティレベルの住民自治が機能しなければ，実効性が生まれないことに注意を要する。

付記

本章の一部は，上園（2019，2020）を大幅に加筆修正している。

参考文献

伊香賀俊治・江口里佳・村上周三・岩前篤・星旦二・水石仁・川久保俊・奥村公美 2011「健康維持がもたらす間接的便益（NEB）を考慮した住宅断熱の投資評価」『日本建築学会環境系論文』76（666）：735-740。

上園昌武　2020「エネルギー自立に向けた地域金融の役割――ライファイゼンバンクの取組を事例に」『社会科学研究年報』50：75-85。

――　2019「オーストリアのエネルギー貧困対策――Caritas と Verbund 社との協働事業」『人間と環境』45（2）：46-50。

――　2017「地球温暖化対策とエネルギー貧困対策の政策統合――ドイツの省エネ診断制度を事例に」『経済科学論集』42：63-85。

歌川学　2015『スマート省エネ――低炭素エネルギー社会への転換』東洋書店。

海塩渉・伊香賀俊治・安藤真太朗・大塚邦明　2016「高断熱住宅への住み替え前後の家庭血圧比較」『日本建築学会環境系論文』81（722）：357-366。

枝廣淳子　2018『地元経済を創りなおす――分析・診断・対策』岩波新書。

江守正多　2020「気候変動問題への『関心と行動』を問いなおす――専門家としてのコミュニケーションの経験から」『環境情報科学』49（2）：2-6。

木原浩貴・羽原康成・金悠希・松原斎樹　2020a「気候変動対策の捉え方と脱炭素社会への態度の関係」『人間と環境』46（1）：2-17。

木原浩貴・羽原康成・松原斎樹　2020b「情報提供による脱炭素社会の支持度の変化――心理的気候パラドックスに着目して」『人間と生活環境』27（1）：27-37。

豊田陽介　2018「オーストリア・ニーダーエスターライヒ州における自治体エネルギー政策の重層的支援」『人間と環境』44（2）：32-35。

平岡俊一・豊田陽介・的場信敬・木原浩貴「国内外の地域エネルギー政策・事業の事例」的場信敬・平岡俊一・豊田陽介・木原浩貴『エネルギー・ガバナンス』学芸出版社，49-84頁。

村上敦　2014『キロワットアワー・イズ・マネー――エネルギー価値の創造で人口減少を生き抜く』いしずえ。

Bruckl, M. 2018a. VERBUND-Stromhilfefonds der Caritas -Berichtszeitraum 1. 01. 2017 bis 31. 12. 2017.

―― 2018b. VERBUND-Stromhilfefonds der Caritas, 28. 8. 2018.

BMLRT（Bundesministerium für Nachhaltigkeit und Tourismus）2019. Maßnahmen im Gebäudesektor 2009 bis 2018.

Energie-Control Austria 2012. Energy Poverty in Austria - Definitions and Indicators.

Höltl, A. *et al.* 2013. Quantifying Austria's Energy Poverty. Danube University Krems.

Statistik Austria 2017. Haushaltsenergie und Einkommen mit besonderem Fokus auf Energiearmut 2014.

Thomas, S. *et al.* 2015. Energy Efficiency Policies in Europe Analysis of National Energy Efficiency Action Plans and Policies in EU Member States 2014 - Country Report, Austria.

World Wide Views on Climate and Energy 2015. WWVIEWS Result Report, http://climateandenergy.wwviews.org/publications/

第12章

地域交通の維持とモビリティの潮流

久保田学・滝川薫

1　地域交通を変革する気候エネルギー政策

1-1　気候エネルギー戦略と交通

第３章のとおり，交通分野はオーストリアの気候エネルギー政策の最大の課題である。本書で紹介してきた先駆的な自治体も，電力や熱の自給は見通せても交通分野の脱炭素化は遅れており，地域交通の維持や自動車使用抑制の難しさは我が国とも共通している。しかし，同国では交通分野の気候エネルギー対策は，農山村においても地域の存続や競争力強化策の一環として地域主導で進められ，競うように強化されてきている。そこには，自治体のリーダーシップとともに，そうした変革を実効的に支援し，地域発展と気候エネルギー対策の統合的な推進を可能とする連邦レベルでの政策間連携がある。

連邦は，2018年に策定した気候エネルギー戦略「＃ mission2030」（第３章参照）の中で，交通分野についても2050年の気候中立を掲げ，2017年度の排出量2400万 tCO_2から，2030年までに800万 t 削減し，以降10年ごとにさらに800万 t ずつ削減する「８−８−８ルール」を目標として掲げている。そして，（交通需要の）回避，（公共交通などへの）シフト，（動力源の再エネ・電化に向けた技術の）改善の３つを原則に，ゼロエミッション公共交通への構造転換を目指しており，モビリティマネジメント，e モビリティ，アクティブモビリティの３つを特に重視している（Eder 2019）。後述の事例もこれらが組み合わされており，結果的に気候エネルギー政策が地域交通の変革に関わっている。

同戦略の12本の先導事業の冒頭には，効率的な物流，鉄道交通の強化，e モ

写真12－1　都市の公共交通は利便性が高く歩行者が回遊する
（リンツ市，2019年。以下すべて，久保田撮影）

ビリティの３つが並び，交通分野最重視の姿勢が見える。ただし，現在の施策では年110～250万 tCO_2 の削減に留まり，上記目標と隔たりがあることから追加対策を必要としている[＊1]（Eder 2019）。

一方，2012年に改訂された総合交通計画は，経済・社会発展を前提としつつ，バリアフリーなどの社会性や安全，環境，効率などを重視し，2025年に交通分野の CO_2 排出量を2010年比19％減，エネルギー消費13％減を目標としている（BMVIT 2012）。この目標は＃ mission2030ですでに上書きされているが，環境と資源効率の観点から，公共交通，電気自動車，物流の鉄道へのシフトなどを明確に方向づけ，手段としてのソフトモビリティ（環境にやさしい交通）をこの時点で明確に位置づけている（写真12－1）。

1－2　eモビリティ戦略

交通分野の気候中立に向けた柱の一つが再生可能エネルギーで動く車輛への転換である。＃ mission2030は，電気自動車導入と充電インフラ整備（資金供給，関連法整備），鉄道の電化，ソフト対策（カーシェアリングやデマンド交通など）の３つを先導的に進めることとしている。

2019年の電気自動車普及台数は３万7371台[＊2]で，全体の0.74％に留まるが，新規登録車に占める比率は3.45％まで増加している（図12－1）。充電所も国内4300ヶ所（うち554ヶ所は急速充電所）に設置されている（BMVIT 2019）。実際，「e５プログラム（e５-Programm: e５）」（第６章参照）の認定を受けた自治体を訪問すると，中心街や役場などに充電所が設置され，優れたデザインの電気自動車による安価なカーシェアが提供されており，住民の認知度も高いと思われる。ゼロエミッション車輛は保険税と自動車税が免除されるほか，CO_2 排出量90g/km 以下の車輛は消費税も免除される。連邦は2019～20年にかけて，自動

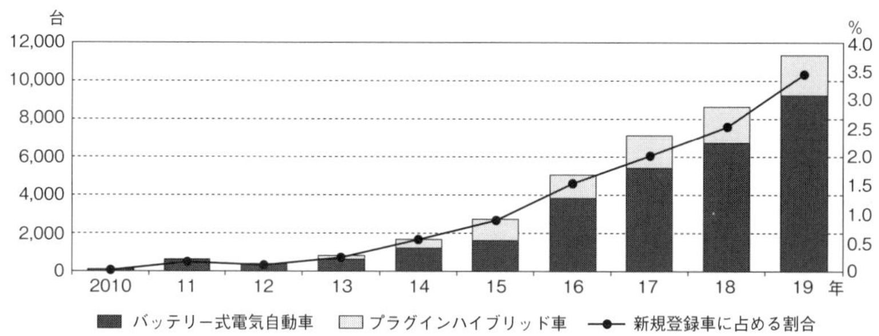

図12－1　電気自動車（8席以下）の新規登録状況
出所：BMVIT（2019）より久保田作成。

車・バイク輸入事業者，自転車販売事業者などの協働により，自転車から大型バスまで電動車両や充電設備に総額9300万ユーロの助成を開始し，さらに2020年7月には乗用車購入助成を3000ユーロから5000ユーロに増額するなど対策を加速している（BMK 2020）。

一方，鉄道については，電化率を現在の73％から2030年に85％まで高める目標を立てている。同国の鉄道は人口当たりの輸送距離がEUトップで顧客満足度も高く，脱炭素化が先行する電力と相俟って同国の交通脱炭素化の基盤をなす強みとなっている。

こうした車輌の電化と平行して，燃料の80％を占める軽油について，バイオ燃料への代替を国策として進めており，燃料販売者にはガソリン3.4％，ディーゼル6.3％のバイオ燃料の混入が義務づけられている[*3]。

1-3　アクティブモビリティの推進

アクティブモビリティとは，徒歩や自転車などの人力移動を意味し，健康，気候，環境などの観点からEUをあげて推進している。2015年策定の連邦自転車マスタープラン（Masterplan Radfahren 2015-2025）は，自転車の交通分担率（7％）を2025年に倍増（13％）させる目標を掲げる。これにより，20万tのCO_2削減とともに健康増進による14億ユーロの医療費節約も見込む。これに基づき，州ごとの目標設定，地域・都市・企業のプロジェクトへの総額4600万ユーロの助成，電動自転車販売数の年間2800台から7万7000台への増加，自転車道や共有レーンなどの交通法規への追加などが進められている（Eder 2019）。

また，同年には「歩行者交通推進の国家戦略（Masterplan Gehen - Strategie zur Förderung des Fußgängerinnenverkehrs in Österreich）」も策定され，連邦・州・自治体の協働イニシアチブとして，インフラ改善・投資，歩行者にやさしい都市・交通計画，歩行者にやさしい通りと道路の安全，情報システム，意識啓発など10分野26項目に及ぶ対策を進めている。

このように自転車や徒歩についても連邦レベルで政策が体系化・重点化され，以下の資金助成やLEADER（Liaison Entre Actions de Développement de l'Économie Rurale）（第8章参照）などにより地域への実装が進められている。公共交通との接合も改善され，健康政策や国内の関連産業の振興などとも統合されて官民の幅広い支持を得て多義的に進められている。

1-4　モビリティ対策への資金供給

これらの政策の実働を担うのが連邦気候エネルギー基金に2004年に設置された「クリマアクティブ・モビル（klimaaktiv mobil）」である。その活動領域は，企業，自治体，観光業界，学校・若者などの対象グループ別に，アドバイザーによる無料の相談・助言，各種プロジェクトへの助成，気候にやさしいモビリティの啓発，エコドライブトレーナー・自転車技術者などの育成，認証，顕彰など幅広い。

核となる資金助成は2007年に開始され，2018年までに，eモビリティ導入に4790万ユーロ，モビリティマネジメントに2540万ユーロ，自転車関連に4910万ユーロ，計1億2240万ユーロを拠出し，約1万5000件（企業1万2500件，都市・自治体1200件，観光・レジャー分野900件，学校400件）を支援した。これにより電気自動車3万1600台を含む3万4300台の車輌を代替して年45万tのCO_2を削減し，グリーンジョブによる雇用7000件を創出している。

また，2018年には1390万ユーロの外部資金を調達し，欧州農業開発基金（EAFRD）による230万ユーロの協調融資もとりつけ，総額8億1600万ユーロの投資効果を誘発している（BMNT 2019a: 6-8）。

2　自治体の交通戦略

2－1　e5都市のモビリティ政策——フィラッハ市

ケルンテン州第二の都市であるフィラッハ（Villach）市は，アルプス地方とアドリア海を結ぶ交易ルートに位置し，ローマ時代から交通の要衝として栄えてきた。人口約６万2000人はオーストリアでは７番目に大きく，e５の最高ランク（５つのe）取得自治体中で最大の都市である。近年はIT産業が集積するとともに，1992年の気候同盟加盟以来気候対策のモデル都市として活動し，2011年に専門家や経済界との協働イニシアチブとして打ち出したスマートシティ戦略は国外からも注目されている。その目標は表12－1のとおりで，交通分担率を自家用車から公共交通にシフトする高い数値目標が設定されている。2016年時点の分担率は，自動車57％，公共交通８％，自転車20％，徒歩14％である。

2016年には住民参加により都市開発戦略（Stadtentwicklungskonzept Villach: stevi 2025）が策定された。これと，同年に採択された州の交通ビジョン（Mobilitats Masterplan Karnten 2035: MoMaK 2035）とをふまえ，人口の５割に迫る３万人の交通行動調査，専門家会議と市民会議を組み合わせた１年半の議論を経て，2018年に現在の交通戦略（Stadt Villach 2018）が完成した。同戦略の原則は表12－2のとおりである。これに沿って次のような施策が実施されている。

電気自動車は市内のすべての短時間駐車ゾーンに３時間無料

表12－1　スマートシティ戦略の目標

指標（基準年2010年）		2020年	2050年
人口あたりのCO_2排出量		－30％	－90％
再生可能エネルギー割合		50％	90％
エネルギー効率向上		20％	50％
交通分担率	公共交通	＋10％	＋30％
	自家用車	－10％	－30％

出所：フィラッハ市ウェブサイトをもとに久保田作成。

表12－2　交通戦略の原則

1	持続可能な交通はすべての人の義務
2	すべての交通手段の利用可能性の確保
3	近距離移動の確保
4	交通空間よりも生活空間の優先
5	交通の優先順位（徒歩と自転車—公共交通—車）
6	新しい交通の形態の受容
7	地域との協働
8	交通安全の最優勢
9	空間計画（SteVi 2025）との調整

出所：Stadt Villach（2018）より久保田作成。

で駐車できる。街中には20分で60～80％充電できる急速充電ステーションも設置されている。2016年からは，電気自動車や電動スクーター・モペット，電動自転車の購入，改造などに，最大4000ユーロの資金を助成している。2019年６月には電動スクーター90台が約30ヶ所のステーションに配置され，基本料金１ユーロと１分につき0.15セントで利用できる。また，同年12月にｅカーシェアリングを開始し，2020年からは電動自転車シェアシステムも開始された。

一方，フィラッハは135km^{2}の市内に120kmの自転車道が整備された自転車の町でもある。市内中心部を流れるドラウ川沿いにはイタリアとスロベニアを結ぶ366kmの国際ルートもある（写真12－２）。2020年からは旧市街の歩行者空間も自転車で走行できるようになった。これは前年の社会実験を経て安全性や市民の意向を確認して導入したもので，歩行者，自転車，自動車の共存に向けた道路空間の公正利用を合わせて呼びかけている。たくさんの駐輪場や空気入れなどのサービスステーションも設置され，それらに関する情報はすべてウェブ上で入手できる。夏季には２時間無料（４時間まで２ユーロ，24時間まで４ユーロ）の自転車の保管サービスも提供され，自転車旅行者にも便宜を図っている。市長は「州で最も自転車に優しい地域」を志向しており，2018～19年だけで100万ユーロ以上が自転車インフラに投資された。

公共交通については，近郊電車（Ｓバーン）２路線が30分～１時間間隔で運行し，市バスは市が独自に２社に委託して運行している。2019年にＳバーン駅が１ヶ所新設され，さらに２駅の新設を連邦鉄道と交渉中である。また市バスは，2020年にかけて運輸連合（次節参照）による地域交通との整合の下に路線再編とパターン運転，電気バス化が検討されている。公共交通を補完する夜間の乗合タクシーも運営され，160ヶ所の停留所からゾー

写真12－２　市中心部を流れるドラウ川。河岸に国際自転車道が走る（2018年）

ンに応じて３～７ユーロで利用でき，経費の不足分は市が負担している。

このほか，徒歩・滞在の質を重視した空間設計（バリアフリー，安全，照明コンセプトとの統合など），公共交通と自転車やｅモビリティの接合，自転車道や空間計画などにおける近隣自治体との協働など，施策は多岐にわたる。

これらの対策の個々はオーストリアの自治体では特に目新しいものではなく，むしろ後発気味のものもあるが，徒歩・自転車・公共交通に加え，ここでは触れないが自動車交通についてもソフト・ハード両面で多様な対策を打っている。交通戦略は開始されたばかりで成果は未知数だが，このように歴史ある都市でありながら今も年々進化を続けている。

2-2　農村交通を維持する自治体連携――農村バス

フォアアールベルク州の山間地であるブレゲンツァーヴァルト（Bregenzerwald）地域で，自治体連携により運行されている農村バス（Landbus Bregenzerwald）は，農村における公共交通の模範事例として知られている。

同地域では1970年，24の自治体が共同で地域の課題に取り組むために，NPO法人ブレゲンツァーヴァルト地域計画共同体（REGIOnalplanungsgemeinschaft Bregenzerwald: REGIO）が設立された。80年に鉄道が閉鎖されたことをきっかけに公共バスの供給が始まり，93年にはREGIOにより農村バスが立ち上げられる。

以来，この自治体連携により，路線や停留所，運行頻度をコーディネート，決定し，出資を行い，同地の特性に合ったバスシステムを構築してきた。バス事業の経営は，REGIOの子会社であるブレゲンツァーヴァルト地域発展有限会社（Regionalentwicklung Bregenzerwald）の下で行われている。

農村バス・ブレゲンツァーヴァルトの供給地域は592km^{2}と広く，地形は複雑で，人口は3.2万人と少ない。20あるバス路線の総長は758.2kmで，402ヶ所の停留所を供給する。路線は，ブレゲンツ（Bregenz）とドルンビルン（Dornbirn）という麓の２つの主要駅を基点に，４ヶ所の乗継地点で谷に分岐してゆき，スキー場や鉱泉・保養地のある奥山まで通じている。乗り継ぎ地点では，待ち時間なく，スムーズに乗り継げる時刻表となっている。

平日の６～18時までは，毎時１本の定刻運行で２方面の主要都市に出られる接続が基礎供給をなす。メインの路線や通学時間帯では，毎時２本以上の頻度で運行されている。それ以外の時間帯や週末は間引かれるが，通勤・通学・観光客の足としては十分な内容だ。土曜の夜には，町に遊びに出かけた若者の帰宅をサポートするナイトバスも２路線で運行されている。

フォアアールベルク州にも地域の公共交通が乗り放題になる年間乗車券があり，年385ユーロで販売されている。ブレゲンツァーヴァルト地域では住民の約15％が年間乗車券を所有し，バスの利用者数は年1500万人にのぼる。そして販売数も利用者数も毎年増え続けている。

2019年の農村バス・ブレゲンツァーヴァルトの予算は958万ユーロ（約11.5億円)。内訳は，チケット販売が23.3％，通学バスが14.4％，自治体負担が18.6％，州負担が20.3％，国負担が23.4％となっている。自治体の負担分は人口一人あたり54ユーロで，合計171万ユーロ（約２億円）である。山間自治体にとっては少なくない額であるが，それだけの価値がある社会インフラとして位置づけられている。

快適で現代的な農村バスは，第９章２−２で紹介した中心市街地の高密度化・機能強化の対策との相乗効果もあり，同地域の居住地や産業立地としての質，環境保全に多いに寄与している。地域経済への効果も大きい。メインの受注会社はポストバス（Postbus）社であるが，運行サービスの４割は地元のバス会社に委託することを契約条件としている。そして地元では複数の民間バス業者が共同で会社を設立し，その受託者となっている。運行に関わる直接的な雇用だけでも100人分がある。

1990年代の同地域は，経済的には決して豊かな地域ではなかったが，なぜこのように充実したバスシステムを構築していくことができたのか。「その背景には州のモビリティコンセプトと，モビリティ分野を変革し，自動車交通に対策を打ち出したいという自治体連携の政治的意思がありました。自治体はその必要性を早い段階で認識していました」と，REGIOのモビリティ担当者アロイス・グロイスィング（Alois Greussing）氏は語る。今後は，2019年に発表された州と自治体の新しいモビリティコンセプト（交通政策の中期計画）により，運行頻度の向上やバス交通の優先化，バスレーンの拡張などが予定されている。

写真12－3　クルムバッハ村中心街のバス駅。各方面にスムーズに乗り継げる（2015年）

ちなみに人口40万人のフォーアールベルク州の運輸連合（次節参照）には，同事例を含めて７地域の農村バス，５都市のシティバス，２街区の地区バス，国鉄・山岳鉄道が統合されている。農村バスはどの地域でも自治体連携により運用されている（写真12－3）。

なお，小規模自治体のモビリティ対策は第９章の事例にも注目に足る取り組みが含まれており，あわせて参照いただきたい。

3　地域交通を支える運輸連合

3-1　オーストリアの運輸連合

オーストリアの農山村を訪れると，小さな村でもバス路線が存続し，その利便や快適さとともに乗車率の高さにも驚かされる。こうした地域交通の維持に重要な役割を担っているのが運輸連合である。運輸連合とは，交通事業者が連合体を構成して地域交通を一元的に運行する仕組みで，域内共通の運賃体系，乗り継ぎの利便，サービス水準の確保などを特徴とする。1965年にドイツ・ハンブルク市で自家用車からのシェア奪回に向けて結成された交通事業者のカルテルが発祥とされ，欧州ドイツ語圏では広く普及している。オーストリアでは，1984年のウィーン市，ニーダーエスターライヒ州，ブルゲンラント州北部[*4]にまたがる東部地域運輸連合（Verkehrsverbund Ost-Region: VOR）の結成以降，90年代にかけて州ごとに設立され，現在は国土全域が７つの運輸連合でカバーされている。ドイツの運輸連合が主に10万人以上の都市を核に成立しているのに対して，オーストリアはすべて州単位で組織されている。州ごとに料金体系は異なるが，域内を６～10km 程度のセルやゾーンで分割し，利用する交

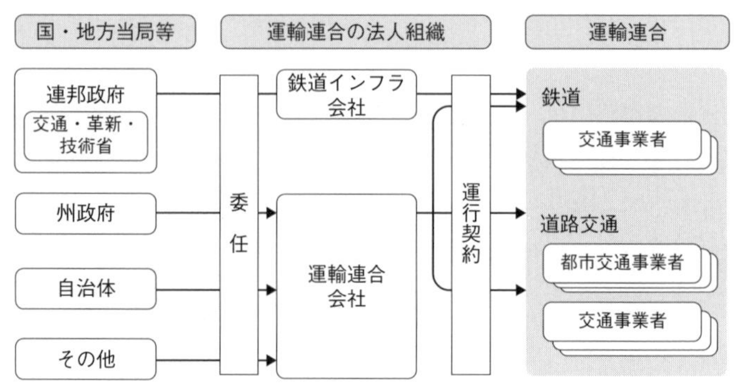

図12－2　運輸連合の仕組み
出所：ザルツブルク運輸連合提供資料より久保田作成。

通事業者にかかわらず通過する数に応じた域内共通の料金（都市部は均一料金が多い）が適用され，たいへん使い勝手がよい。なお，2021年からは全州共通の年間定期券が1095ユーロ（３ユーロ／日）で導入される。[＊5]

オーストリアの運輸連合は，連邦公共旅客・地域交通法（ÖPNRV-G 1999）に基づき，連邦と州・自治体間で基本協定，資金調達協定を締結し，自治体に代わって交通事業者と運行業務契約を結ぶ仕組みである（図12－2）。低運賃で高水準のサービスを提供するため営業収入では到底採算を見込めないが，不足分は協定に基づき連邦が補填することで存立しており，その額は2017年で9060万ユーロに及ぶ。同法に基づく地域交通への財源補填は，ほかにも鉄道運行（7.4億ユーロ），学生・職業訓練生の無料・割引補填（４億ユーロ）もあり，自治体による運行発注支援（4200万ユーロ）を合わせると12.7億ユーロに達する。[＊6]これは，オーストリアでは公共交通を福祉と同様に公共サービスに位置づけ，国に基盤的供給を義務づけると共に，若者（24歳未満の学生や職業実習生）の通学・通勤の無料化を保証しているからである。オーストリアの運輸連合については宇都宮（2019）が地域鉄道維持の財政構造を論じる中でその役割を明らかにしているが，ここでは２つの運輸連合の具体的な運営状況を紹介する。

3－2　ザルツブルク運輸連合

ザルツブルク運輸連合（Salzburger Verkehrsverbund: SVV）は1995年に結成

され，交通事業者23社（従業員計2310人）が参画している。ザルツブルク市（人口15万3000人）を拠点に面積7155km^2，人口55万5000人（2019年）のザルツブルク州とドイツ・バイエルン地方南部を含む周縁部でバス130路線，鉄道18路線を運行し，2500ヶ所のバス停や駅を管理する。運営組織であるザルツブルク運輸連合有限責任会社（Salzburger Verkehrsverbund GmbH: SVG）は，州が100％出資し，州交通大臣が代表を務める職員40人の公営企業である。輸送実績は年間2800万 km，乗客数6800万人で，4700万ユーロの運賃収入がある（2017年）。収支は非公表だが年間予算は約1.1億ユーロで，不足分は連邦・州・自治体が法律上の役割に基づきおおむね３分の１ずつ負担している。SVG はこの収入をもとに交通事業ごとに総合評価入札を行い資金配分する。

公共交通の競争入札には，収支リスクの負担方法により２つの方式がある。総費用契約方式は，発注側が業務の要件を詳細に示し，条件を満たす最も安価な事業者と契約する。発注者が収支リスクを負い，収支によらず一定額が支払われるため参入しやすく競争が促進されるが，サービス改善に向けた力は働きにくい。一方，純費用契約方式は，発注者の仕様を満たす事業収支を交通事業者が算定し，不足見込み額を入札する。受注者は収支のリスクを負うが，収入増に向けたサービス改善などの力が働く。また，仕様書は総費用契約より簡易で済む。ただし，収支次第では事業運営に支障が出る可能性がある（川島他 2015)。SVG は総額契約方式を採用しているが，ザルツブルク都市交通についてのみ市が直接歳入し不足分を SVG が補填している。

普通運賃は１ゾーン2.1ユーロ（ザルツブルク市内は1.9ユーロ均一），同１日券4.2ユーロ～，１ヶ月券43ユーロ～（市内57ユーロ）などで，我が国と極端に異なる額ではない。しかし，若年層の優遇や年間パス（１ゾーン365ユーロ，２ゾーン495ユーロ）の破格は際立ち，さらに2020年１月には州内全域用年間定期券を前年の1539ユーロから595ユーロまで引き下げた。年間パスは自由に貸借，譲渡できるほか，100ユーロの追加料金で土日祝日は同伴者も無料となる。また，24歳未満の学生・職業実習生は上述のとおり通学・通勤は無料（自己負担年19.6ユーロ）で，専用定期券（SUPER s' COOL-CARD）を発券でき，96ユーロで州内年間券（s' COOL CARD）も購入できる。ほかにも，障害者の同伴者無料，高齢者（63歳以上）用州内定期券（Edelweiss Ticket）月25ユーロ（年

299ユーロ）など，公共交通を本来必要とする利用者層への割引が充実している。これらの割引の財源は連邦労働家族青年省（bmafj）と州が負担しており，2020年からの年間定期の引き下げに際しても，州は運輸連合への補助を3000万ユーロ増額した。

SVV の特徴の一つがスポーツ試合やコンサートなどの催事，観光施設など目的地との連携である。これらの入場券に公共交通運賃を含めて販売するもので，財源は多くの場合主催者が負担する。これにより駐車場がない施設も来場しやすくなり，来場者が増えれば増収する好循環の仕組みで，渋滞を回避しエネルギーも削減される。2020年５月時点では州内36組織がこうしたパートナーとして登録されている。

SVV の輸送実績は伸びており，特に農村部は好調で近年路線廃止は起きていない。年間予算は次に紹介するケルンテン州の運輸連合とほぼ同規模だが，運賃収入は３倍以上ある。両州は面積，人口，自治体数などに大きな差はないが，一人あたり GDP（52万400ユーロ）が国内１位という州の経済的な豊かさが人の移動にも反映されている可能性も考えられる。

3-3　ケルンテン運輸連合

イタリア，スロベニアと国境を接するケルンテン州は，3000m 級の山頂93座を擁し，州面積9535km^{2}の53％を森林が占める山岳地帯である。人口は北側に隣接するザルツブルク州とほぼ同等の56万人だが，一人あたりの GDP は同州の７割に留まり，ハイテク産業や製造業が立地する州都クラーゲンフルト市（人口10万人）や前掲のフィラッハ市などの中央部を除き，人口はやや減少傾向にある。人口当たりの国道距離が最も長い「自動車州」であり，公共交通の分担率は2014年に６％まで低下したが，2016年に策定された州交通マスタープラン（MoMak 2035）は，これを2035年までに20％に引き上げ，自動車分担率を現在の77％から40％に低下させる高い目標を掲げている。

同州の運輸連合（Verkehrsverbund Kärnten GmbH: VKG）は2000年に結成され，現在，連邦鉄道（ÖBB）とポストバスの大手２社およびクラーゲンフルト都市公社，フィラッハ市営バスなど州内のバス会社８社で構成されている。SVG と同様に州営企業で，州交通大臣が代表を務め，職員はオーストリアの運輸連合では最少の18人（フルタイム換算）である。

VKG の収支は表12－3のとおりである。運賃収入は12. 7%に過ぎず，連邦政府が5割以上，州および自治体が3割以上を負担することで地域交通が維持されていることが分かる。二大都市を除く地域バスでは，約半額を前述の若年層の無料化のための連邦女性・家族・青年省の補助に依っているが，その額は通学人口に左右され増減する。同州は年2%の人口減少が続いており，毎年50万ユーロ程度の縮減が続いているという。

こうした厳しい財政の中で，VKG は様々な工夫をしている。例えば，路線

表12－3　VKG の2012年の収支（単位：ユーロ）

収入		
旅客運賃収入	**13, 853, 768**	**12. 7%**
連邦女性・家族・青少年省	**22, 851, 978**	**20. 9%**
連邦交通・技術・革新省	**36, 688, 000**	**33. 6%**
連合経費（資金調達協定）	2, 850, 000	
鉄道（ÖBB）基本サービス（ÖPNRV-G）	*30, 800, 000*	
VKG 経費（資金調達協定，ÖPNRV-G）	969, 600	
地域バス経費（資金調達協定）	2, 068, 400	
州政府	**19, 859, 365**	**18. 2%**
連合経費	3, 532, 000	
鉄道（ÖBB）追加サービス	9, 946, 400	
地域バス経費	4, 407, 000	
VKG 経費	818, 400	
その他	1, 155, 565	
州内自治体	**15, 800, 280**	**14. 5%**
連合経費	3, 191, 000	
地域バス経費	1, 603, 906	
クラーゲンフルト市バス（都市公社に支出）	*10, 000, 000*	
フィラッハ市バス補助	111, 373	
VKG 経費	894, 000	
民間	**223, 533**	**0. 2%**
計	**109, 276, 924**	**100. 0%**
うち，VKG 取扱い分（*斜字*は VKG 管理外）	68, 476, 924	62. 7%

支出		
鉄道（ÖBB）	**54, 315, 721**	**49. 7%**
運賃収入（長距離交通の域内分）	5, 884, 000	
家族省補助（同上）	2, 850, 721	
連合経費（同上）	3, 090, 000	
基本サービス	*30, 800, 000*	
追加サービス（州）	11, 691, 000	
地域バス（8社）	**33, 522, 511**	**30. 7%**
運賃収入	3, 470, 568	
家族省補助	16, 161, 500	
連合経費	4, 917, 000	
追加サービス（州・自治体）	8, 973, 443	
クラーゲンフルト市バス	**17, 974, 757**	**16. 4%**
運賃収入	*4, 000, 000*	
家族省補助	2, 846, 757	
連合経費	1, 128, 000	
追加サービス（一部を VKG が管理）	*10, 000, 000*	
フィラッハ市バス	**2, 107, 636**	**1. 9%**
運賃収入	499, 200	
家族省補助	993, 000	
連合経費	483, 000	
追加サービス	132, 436	
VKG 本部経費	**1, 356, 300**	**1. 2%**
VKG 運営業務	855, 900	
広告・顧客情報業務	381, 600	
技術業務（運賃制度など）	118, 800	
計	**109, 276, 925**	**100. 0%**
うち，VKG 取扱い分（*斜字*は VKG 管理外）	68, 476, 925	62. 7%

出所：久保田 2019。

計画にあたり，州内の人口密度を250m メッシュで算出し，学校などの所在地や人口50人以上のセル，さらにそれらと隣接する１人以上の居住セルを抽出して規模ごとに運行基準を決めている。この方式で，人口の87%をカバーする路線網を設定し，最低でも最寄り中心地まで朝１本，午後３本の運行を維持している。こうした最低限の「基礎的サービス」は州に負担義務があるが，それ以上は担保がなく，通勤通学以外の週末やレジャー，工場の夜間通勤などのニーズに対しては「追加的サービス」として州や自治体，企業の発注を受けて運行する。VKG はそうした市場の開発と資金調達も担っている。

あるいは，VKG は入札方法を工夫することで，不利な条件下で高品質のサービスを維持している。VKG は，鉄道とクラーゲンフルト市バスの直接発注分を除き，運行事業者との契約に前述の純費用契約方式を用い，入札基準を独自に開発している。具体的には，最重視する運行計画に加え，車輌設備，顧客サービス，地域関係者の協力，運輸連合内の協力，環境および生活の質の各分野について詳細な要求水準と評価尺度を用意し，応札者の追加的サービスや改善努力を含めすべて数値換算し，価格点を合わせて総合評価している。これにより，事業者の発意と工夫が活かされ，地域内の協力を組み上げて路線を維持できる運行事業者が選ばれ，費用対効果を最大化して減収をカバーしている。

3-4　市場開放と地域交通維持

EU は「鉄道および道路による公共旅客輸送サービスに関する規則（Regulation (EC) No 1370/2007）」で，加盟国にすべての公共サービス契約における競争入札への移行を義務づけている。商業ベースでは維持できない地域交通などの不採算部門は，公共サービス義務により国や自治体が交通事業者と契約して維持する仕組みとしているが，これについても自治体所有事業や小規模事業などを除き，入札による欧州全事業者への市場開放が義務づけられた。オーストリアでは州所管の公共交通についても2010年から10年間の猶予期間を設けて適用されている。

ザルツブルク州は全州で入札を導入した最初の州である。SVG は入札のメリットについて，コストの低下，コスト構造の透明化，交通事業者との個別調整の回避による契約の迅速化の３点をあげる。一方，交通事業者の収入減少に

写真12－4　オーバーエスターライヒ運輸連合の路線を運行するポストバス（2019年）

よる運転手教育などの品質低下や，水素自動車などの入札条件による参入障壁などのデメリットを指摘する。

他方，予算の制約下でも独自の工夫で路線を維持するKVGに見るように，運輸連合は避けようのない自由化の流れの中で，公共交通を維持する国策を担保する調整役として地域交通全体の維持・最適化を担い，農山村の維持や青少年育成，気候エネルギー対策などを支えている。

ただし，交通企業は影響を受けている。「ポストバス」（本社ウィーン，ÖBBの完全子会社）は，貨客混載形態の「郵便バス」に始まる１世紀以上の歴史を有し，2019年時点で2335台のバスで1792自治体にまたがる751路線を運行するオーストリア最大のバス会社である。自治体直営で参入できない都市などを除く国内市場の54％を占有し，現在も同国の農山村の地域交通を支える存在である（写真12－4）。年間２億400万人（うち70％は通学）の利用があるが，市場開放によりバス路線の多くが入札による５～10年間の運行契約となり，一次顧客は運賃を支払う乗客ではなく国内７つの運輸連合である。以前は路線・運行計画，各種サービスを提案し，広報・営業活動も行っていたが，今はそれらを運輸連合が決めるため，企業努力の幅は狭まり，下請的な色彩が強まっている。

一方で，EU は2019年にクリーン自動車指令を改正し（Directive（EU）2019/1161），公共サービス契約におけるバスの調達基準に関し，オーストリアでは2021～25年までに45％，2026年以降は65％を，電気，水素，バイオ燃料，天然ガスなどに転換することが義務づけられた[*7]。同社によれば，電気バスや水素バスの調達費用はディーゼルバスの３倍程度かかるが，前述のとおり連邦政策による助成はあるものの現在は20～30％しかカバーできず，助成制度の拡充を課題として指摘する[*8]。

4　クルマのない観光

4-1　観光と交通対策

オーストリアは2018年時点で4480万人，1億4980万泊を受け入れる世界有数の観光大国であり，25万人が従事する観光関連産業がGDPの16％を産出している。観光は都市や景勝地のみならず，国土全域に広がる農山村の経済や生活の質を維持する上で重要な役割を果たしており，条件不利地の農村景観も国策で維持されている（第8章参照）。

他方，観光は人の移動に伴うエネルギー消費が不可避であり，特に自動車交通が問題となる。2016年の世界の交通分野の排出量の22％（人為起源排出量の5％）は観光由来で，2030年までに25％増が見込まれており（UNWTO 2019），観光交通の脱炭素化の優先度は高い。この問題は早い段階で連邦の政策課題となり，2006年には専門家会議により環境にやさしい交通と観光に関する共同宣言をまとめ[*9]，前掲のクリマアクティブ・モビルは2013年にかけて観光・レジャー分野で約380件の資金助成を実施している（BMWFW 2014）。連邦科学・研究・経済省も，2014年にそうした支援策や具体的手法・事例などをまとめた「観光における持続可能なモビリティガイド（Nachhaltige Mobilitat im Tourismus Leitfaden）」を発行して地域に対策を促してきた。2019年策定の観光マスタープランは，気候エネルギー対策による観光地の競争力保持を提唱し（BMNT 2019b: 26），同年に観光地での「やさしいモビリティ」の具体的な導入に向けた詳細な手引き（Wie wird meine Tourismusdestination nachhaltig mobil?）を公表している。

さらに，2019年には「気候エネルギーモデル地域（Klima- und Energiemodellregionen: KEM）」（第6章参照）に，観光分野の対策に特化したプログラム「KEMツーリズム（KEM Tourismus）」が創設された。これは，人口3000～6万人，2018年に50万泊以上の観光規模，複数自治体連携の3点を条件に，10項目のエネルギー対策を実施する地域を選定し，専任マネージャーの配置を含む資金を提供するもので，2020年6月以降3年間で100万ユーロの予算が用意されている（Klima -und Energiefonds 2019）。

このように，連邦レベルで観光・交通・気候エネルギー政策が連携し，この分野の対策を重層的に支援している。

4－2　ソフトモビリティによる競争力向上

観光地における自動車交通抑制の例としては，ガソリン車の乗り入れを禁止するスイスのカーフリー・リゾートが有名である。しかし，それらの成立動機は，土地や地形の制約により住民の生活環境や生業を守ることや，地形や予算から道路を早期に開通できず鉄道に依存していた経緯によるもので，積極的に車を閉め出したわけではないことが知られている（池永 2014，小林 2003）。そうした選択が結果的に魅力・競争力を高めたことは明らかだが，これとは異なる文脈で「自家用車を使わない休暇・観光」を積極的に目指す地域が出てきている。

2006年にアルプス地域の５ヶ国17自治体が結集し設立した「アルパインパールズ（Alpine Pearls）」は，「環境にやさしい移動（ソフトモビリティ）」を軸に質の高い観光創出，ブランド化を目指す国境を越えた自治体間ネットワークである[*10]。「クルマなしの休暇」を売りとし，鉄道・バスで快適にアクセス，駅から電気自動車などで無料送迎，滞在中の観光・買い物などが電動車輌や徒歩・自転車で可能，などの条件を満たすリゾートを認証し，さらに条件を満たす宿泊施設と連携して「鉄道で行く高品質のリゾート」を実現しようとしている。加盟条件は，中心となるモビリティ対策に加え，観光施設への再生可能エネルギー導入，自然・景観保全，地場産品・域内循環，文化イベント提供，建築・街並みの美観保全など，必須29項目を含む全61項目にも及び，他の観光地との差別化に向けて品質が最重視されている（Alpine Pearls 2014）。その中に2030年までのエネルギー80％自給も含まれており，気候・エネルギー，観光，モビリティに統合的に取り組む姿勢は革新的だ。交通事業者やホテルに強制力がないことや，国ごとの交通システムの違いなどの課題も指摘されているが（Verbeek 2013），設立当初からの参加自治体の集客数は概して増えており，その要因は複合的ではあるが一定の成果として受け止められている（高澤 2017）。以下にオーストリアにおける２つの事例を紹介する。

4-3　村の再生と交通対策——ヒンターシュトーダー村

オーバーエスターライヒ州最南部に位置するヒンターシュトーダー（Hinterstoder）村は州境の2500m級の険しい山岳に至る谷の最奥に位置し，150km²に約900人が暮らす。ワールドカップが開催されるスキー場と夏季のハイキングなどで2018年度には1700床に14万2000泊（冬季が6割）の入り込みがあり，68軒ある農家もほとんどが兼業で観光に関わっている。

村は，地域発展に関する様々なネットワークに参加するとともに，「ローカル・アジェンダ21（Local-Agenda 21: LA21）」（第8章参照）を活用して予算とファシリテーションの支援を受け，住民とともに「住み続けたい村」の将来像を描いてきた。一貫して高い生活の質を追求し，「住民が充足し活気ある村がゲストを惹きつける」との信念のもとに，協働，イノベーション，住民参加，自発性，国際的視点などを重視し，人々を巻き込んで変革を進めてきた。そうした中で，地域のアイデンティティ，教育・文化，若者のNPO活動，公共建築などとともに，それらが交錯する中心街の魅力向上，活性化が重要テーマとなり，そこから歩行者・公共交通重視の空間再構築が進められてきた。これまでに，メインストリートの歩道整備・段差解消，30km/h規制，心地よいLED照明デザインなどが実現している（写真12－5）。

この一環として，2007年からアルパインパールスに参加し，海外の加盟自治

写真12－5　歩道を広げ段差を解消した村の中心街（2019年）

写真12－6　登録宿泊施設で配られるピュルン-プリール・アクティブカード（2019年）

体とも情報交換しながらブランドづくりを進めてきた。観光の公共交通分担率25%，年19万泊（夏冬半々）の目標が立てられ，これまでに自動車が入れないゾーンの設定，電動バス導入，充電所や自転車の圧縮空気充填ステーション整備などが実現している。近隣９自治体の連携により，登録施設の宿泊者に「ピュルン-プリール・アクティブカード（Pyhrn-Priel AktivCard）」を配布し，５月中旬から10月中旬の間，一帯の登山鉄道，ガイド付きハイキング，プール，美術館，公共交通，子ども向けプログラムを無料で利用できるサービスも導入している（写真12－6）。中心街の魅力が高まることで投資も誘発し，2018年に99室のリゾートホテル，2019年末に330床のアパートホテルがそれぞれ開業した。

村は2018年にARGE[*11]の欧州村のリニューアル賞を獲得している。村の人口は微減が続くが，公共交通での来訪者は増えているという。プロジェクトには常に賛否があり，すべてが順調だったわけではないが，ヘルムート・ヴァルナー（Helmut Wallner）村長の次の言葉は，条件不利地における変革の可能性を広げ，勇気づけてくれる。

> 「いいプロジェクトからは必ずそれに付随した事業が生まれる。何もしなければ何も生まれない」
>
> 「多くの事業が村で実践されると住民から新しいことへの受容度が高まる。目標に到達しなくとも村の発展に貢献することが理解され，受け入れられる。村の人は谷のように考えが狭いと思われているが，実際は多くを受け入れられる。すべては学びのプロセスが大事だ」

4－4　モビリティを観光資源とする村――ヴェルフェンヴェンク村

ヴェルフェンヴェンク（Werfenweng）村は，ザルツブルク市南方の山岳地帯の標高900～1000mの谷間に広がる山村で，農林業が生産と景観を維持し，26kmのトレイルと25kmのスキー場で夏冬賑わい，1950床で年30万泊を受け入れるリゾート地である。人口は約1000人だが過去半世紀で倍増しており，平均年齢37歳は州で最も若い。この村にはアルパインパールスの本部が設立当初

写真12－7　村中心部。左側がモビリティ広場（2019年）

から置かれ，1989年から村長を務めるペーター・ブランダウアー（Peter Brandauer）氏が一貫して代表を務めるソフトモビリティ発祥の地でもある（写真12－7）。

村は，1990年代の観光の落ち込みに際し，住民参加で打開策を検討する中で，観光業界から「クルマを使わない観光」による周囲との差別化が提案され，ソフトモビリティによる地域発展の模索が始まった。当初はツェルマット（スイス）のようにガソリン車を止めて電気自動車を走らせることを望んだが，制約の大きさから住民に受け入れられず，これに代わって99年に導入したのが「SAMO カード」である。

「SAMO」とは「sanfte Mobilitat（ソフトモビリティ）」の頭文字をとった愛称で，「SAMO ホスト」として登録された村内の宿泊施設を予約し，鉄道・バスで訪れるか，マイカーで来ても鍵を観光協会に預けた来訪者に10ユーロで販売し，滞在中の移動とアクティビティ350ユーロ相当分を無償で提供する仕組みだ（表12－4）。夜間を含めてほとんどの移動ニーズに対応し，滞在中有効で

表12－4　SAMO カードの無料特典

通年	W３ シャトル（８～12km 離れた鉄道駅と村内任意地点間の送迎） ELOIS（電気自動車の村内タクシー） 電気自動車レンタル（BMWi３，ルノー Twizy など11台，電源は太陽光）
夏季	自転車レンタル（マウンテンバイク，電動自転車など） 自転車タクシー（予約制） 日帰りバスツアー（ザルツブルク市，近隣観光地など） ガイド付きハイキングツアー，ガイド付きノルディックウォーク 楽しいモビリティ（セグウェイ，二人乗り自転車，各種変わり種自転車など）
冬季	そり，スケートレンタル クロスカントリースキーレンタル，コース利用 ガイド付きスノーシューハイキングツアー，ラマトレッキング スキーバス

出所：Brandauer（2018）より久保田作成。

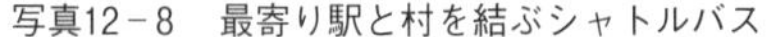
写真12－8　最寄り駅と村を結ぶシャトルバス

写真12－9　人気のｅレンタカー

回数の制約もない（写真12－8）。使い勝手のよさから活用されており，電気自動車レンタルは年３万km/台，電気タクシーは１万kmの利用があり，セグウェイなどの「楽しいモビリティ」の夏季の貸出実績は１万2000件にのぼる（2016年）。ドライブ自体を制約するのではなく電気自動車を貸し出すことで，悪天時には村を拠点にザルツブルク市や近郊を探訪するなど圏域の観光資源も活用し，長期滞在を可能としている（写真12－9）。財源は，SAMOホストが１泊1.4ユーロを宿泊費に上乗せし徴収しており（それゆえSAMOホスト宿泊が販売条件となる），総泊数の約70％をカバーして年30万ユーロを調達している。

これにより，村内泊数は1998年の16.2万泊から2004年に21.2万泊に増え，現在30万泊に達している。鉄道で来る宿泊者の割合も６％から25％に増加し，これらによるCO_2の推定削減量400t/年は人口1000人の山村の交通対策としてはインパクトがある。住民の評価も高く，2011年からは住民向けの「WirSAMO」も導入された。これは，通勤者，家族，若者など自動車利用形態別に回数限定で移動手段を組み合わせたパッケージで，住民に交通量削減と気候対策への貢献を働きかけるツールとなっている。現在，日帰り客向けSAMO，SAMOアプリ，歩行者空間の拡大，中心部外側へのソーラー駐車場の設置，新たな拠点（モビリティセンター）設置なども構想されており，さらなる進化が見込まれる。

村は気候エネルギー対策全般に1990年代から取り組んでおり，現在は村内材によるバイオマス暖房を全公共建築に供給し，州最大級の235kWpの太陽光発電で村内の電気自動車の電源を賄い，太陽光による自立電源のLED街灯54基が村の夜を照らしている。また，地域内供給を重視し，農家ショップや古民家レストランも開設され活況を呈している。2012年には大型ホテルと国際会議施設も稼働し，通年観光の強化により雇用も拡大しており，観光地としての競争力は確かに高まっている。

本書で紹介してきた他の事例と違わず，ここに至るまでには，住民参加のワークショップや無作為の市民会議による未来像の議論が重ねられ，LEADERを活用して住民提案を形にしてきている。ブランダウアー村長は，「1000歩のステップ」として，そうした小さなプロセスを重ねる必要性を強調する。

4−5　気候エネルギー対策と観光開発の両立

モビリティは観光の重要な要素であり，観光地の魅力を左右する。ここで紹介した２つの事例は，交通分野の気候エネルギー対策と観光経済・地域振興を両立する同時解決の実例であるとともに，注目されがちな都市交通ではなく農山村の小規模自治体の統合的な取り組みである点で興味深い。

ヒンターシュトーダー村は中心街の活性化を核とする生活の質の向上の中に交通が明確に位置づけられ，観光以前に住民の充足を目指す地に足のついた取り組みである。LA21を活用した効果的な住民参加プロセスで進められ，プロジェクトを継続することで住民を巻き込み続けて民意を高め，地域づくりへの支持を作り出している。

ヴェルフェンヴェンク村はモビリティそのものが町おこしのテーマとして活用され，さながら交通テーマパーク，エコミュージアムとして進化し続けている。リゾートとしてのブランドのみならず，居住地としての価値が形成され，若い世代の移入をもたらしていることも魅力的である。

第９章の事例とも共通するが，いずれも国や州の政策を待つのではなく主体的，内発的な地域発展であり，地域の将来像を住民とともに描きながら長い時間をかけて実現している。そこから見えてくる，小規模自治体ならではの可能性と観光地域づくりのあり方は，我が国の気候対策や中山間村の未来を考える上で示唆と夢を与えてくれる。

付記

本章は久保田（2019，2020）の一部に大幅な加筆・編集を加えて執筆している。

注

＊1　2020年樹立の連立政権は新たに2040年の気候中立を表明しており，さらなる政策強化が見込まれる。

＊2　8席以下の乗用車のデータで，プラグインハイブリッド車（7807台），燃料電池車（41台）を含む。

＊3　EUでは食料や飼料と競合しない廃棄物由来のバイオ燃料への移行を義務づけており，2020年10%，2030年14%の目標が設定されている。

＊4　2016年からブルゲンラント地方運輸連合を統合し，州全域をカバーしている。

＊5　https://www.bmk.gv.at/service/presse/gewessler/20200609_oeffiticket.html

＊6　https://www.bmk.gv.at/themen/mobilitaet/transport/nahverkehr/finanzierung/bund.html

＊7　この目標値は国ごとに異なる。

＊8　2019年9月3日同社経営者トーマス・ドゥシェク（Thomas Duschek）氏へのインタビューによる。

＊9　https://www.bmk.gv.at/themen/mobilitaet/alternative_verkehrskonzepte/tourismus/erfolge.html

＊10　2020年7月現在，ドイツ，オーストリア，イタリア，スロベニア，スイスの5ヶ国21自治体で構成されている。

＊11　欧州農村振興・村のリニューアル協会。住民参加による農村発展を目的として活動し，18ヶ国・州が参加する。

参考文献

池永正人　2014「スイスアルプスの自然環境保全と多様なアクティビティ」『地理空間』7（2）：169–184。

宇都宮浄人　2019「オーストリアにおける地域鉄道の財政支援構造」『交通学研究』62：133–140。

川島裕一郎・仲田知宏・高久真以子　2015「地域公共交通における競争入札制度に関する調査研究（中間報告）」『国土交通政策研究所報』58号2015年秋季：8–23。

久保田学　2020「観光・地域発展と統合された交通の脱炭素化――オーストリア・ヴェルフェンヴェンク村の事例」『人間と環境』46（2）：49–53。

久保田学　2019「オーストリア・ケルンテン州の地域交通を支える運輸連合」『人間と環境』45（2）：41–45。

小林英俊　2003「スイスアルプス・カーフリーリゾートに見る観光地の自立性に関する

研究――ヒアリング調査・報告編」『自主研究レポート2003』財団法人日本交通公社，87–92頁。

高澤由美　2017「欧州における観光地域づくりを目的とする組織の変遷とその特徴に関する考察」『都市計画論文集』52（3）：582–587。

Alpine Pearls 2014. *Kriterienkatalog.*

BMK（Bundesministerium Klimaschtz, Umwelt, Energie, Mobilität, Innovation und Technologie）2020. E-Mobilitatsforderung 2020.

BMNT（Bundesministerium für Nachhaltigekeit und Tourism）2019a. *Klimaaktive mobil fördert saubere Mobilität heute für das Österreich von morgent.*

―― 2019b. *Plan-T Masterplan für Tourisums.*

BMVIT（Bundesministerium für Verkehr, Innovation und Technologie）2019. *Elektromobilität in Österreich Zahlen, Daten & Fakten Dezember 2019.*

―― 2012. *Gesamtverkehrsplan für Österreich.*

BMWFW（Bundesministerium fur Verkehr, Innovation und Technologie）2014. *Nachhaltige Mobilität im Tourismus.*

Eder, M. 2019. Good Practice for Clean Mobility（BMVIT 訪問時提供資料）

Klima -und Energiefonds 2019. *Leitfaden-Anhang Klima- und Energie-Modellregionen KEM Tourismus.*

Stadt Villach 2018. *Mobilitätskonzept Villach 2035.*

UNWTO 2019. *Transport-related* CO_2 Emissions of the Tourism Sector.

Verbeek, D. 2013. Alpine Pearls: Tourist destination's response to a need for more sustainable tourism mobilities, *Proceedings of the International Conference on Tourism*（*ICOT 2013*）, pp.479–492.

補　章

オーストリアのエネルギー需給構造と温室効果ガス排出量

歌川　学

1　国全体のエネルギーと CO_2 排出量の特徴

1-1　現状および他国との比較

オーストリアの2018年の温室効果ガス排出量はEU28ヶ国の約２％を占める。

一次エネルギー供給のうち再エネが３分の１を占める（第３章の図３-２参照）。発電量は再エネが約８割（水力だけで６割）を占める（図３-２）。石炭は一次エネルギー供給割合で10％以下，電力では2020年４月に事業用石炭火力を廃止し，石炭火力ゼロとなった。原発は国内にない。

エネルギー種別 CO_2 割合は石油が６割，部門別 CO_2 割合は運輸が３分の１を占める。石油割合の高さは運輸の高止まりが寄与している。

温室効果ガスのうち CO_2 が85％を占める。また，温室効果ガスの37％が欧州排出量取引制度（EUETS）対象（大型火力発電所，素材製造業工場など）である（図13-１）。

他の先進国と比較すると，一次エネルギー，電力とも再エネ割合が大きく，石炭割合が小さい。CO_2 の燃料種

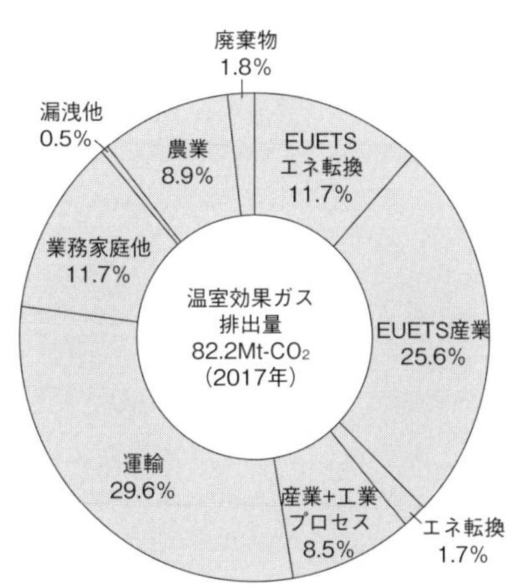

図13-１　部門別に見たGHG排出量の割合（2017年）

出所：Environment Agency Austria（2019），UNFCCC（2020）より筆者作成。

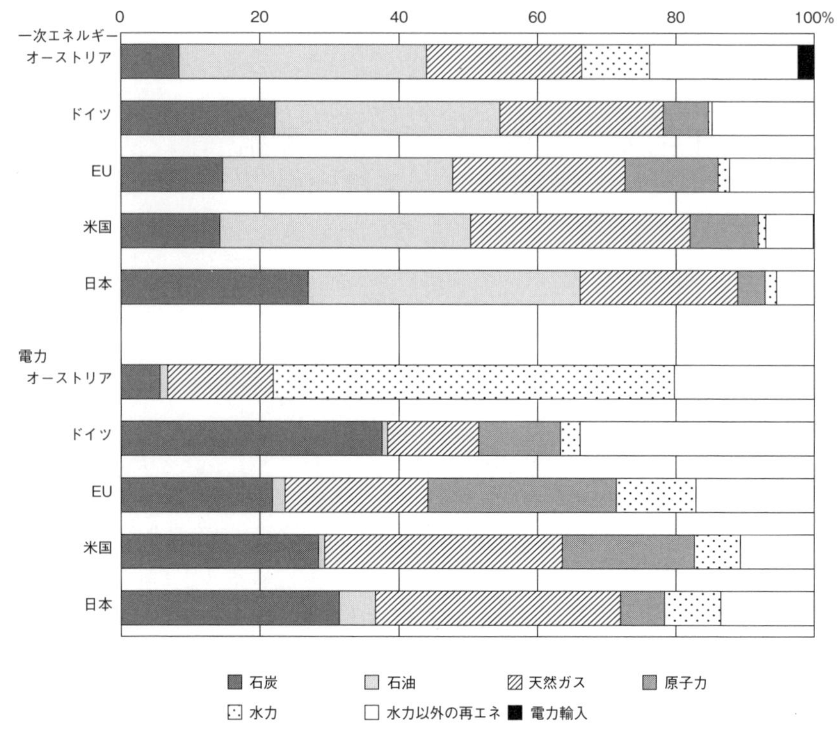

a）一次エネルギー供給および電力割合

図13－2　一次エネルギーおよび電力割合と CO_2 排出量の割合（2018年）
出所：IEA（2019），UNFCCC（2020）より筆者作成。
注：a）のEUは2017年。

別割合は石炭が小さく，石油が大きい。部門別割合はエネルギー産業（主に発電所）割合が小さく，運輸が大きい（図13－2）。

1-2　エネルギーと CO_2 の時系列

オーストリアの一次エネルギーは1990～2018年に33％増加，増加の多くを水力以外の再エネ（バイオマス，風力など）が占めた（図13－3）。

温室効果ガス排出量は同期間に0.6％増加，CO_2 排出量は7.4％増加した。

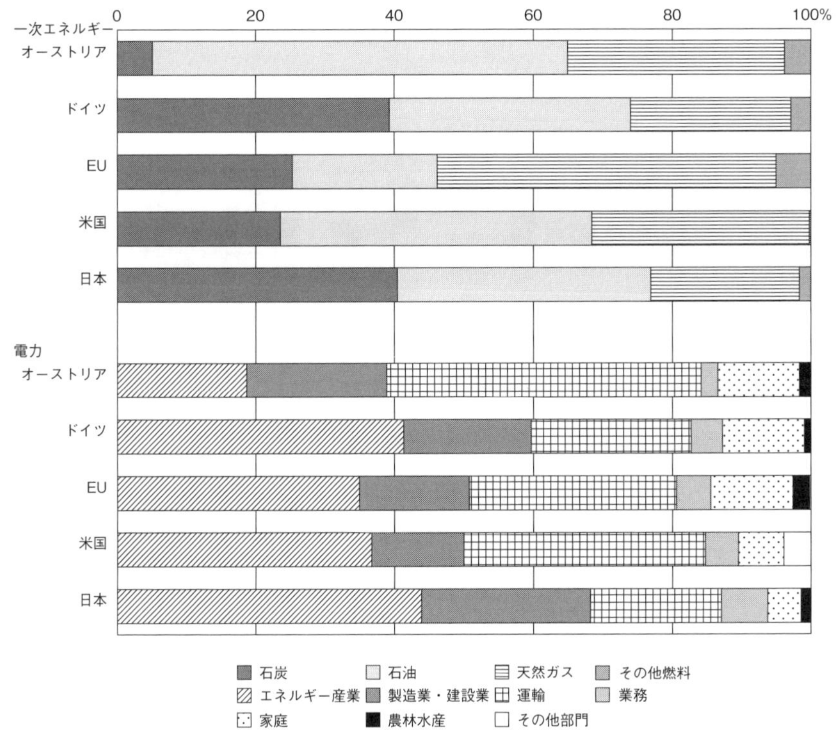

b）CO_2排出量割合（部門別・燃料別）

CO_2排出量は2005年まで増加後減少，最近はほぼ一定である。燃料別には，石炭は減少，石油は2005年まで増加後減少，最近増加傾向にある。部門別にはエネルギー転換，業務，家庭は減少傾向だが，産業，運輸が増加，特に運輸部門は1990～2018年に75％増加した（図13－4）。石油が減らない理由に運輸の増加がある。

1990～2018年のCO_2増減率で，EU28ヶ国（含英国）が23％減，周辺国も減少しているのと比較し，オーストリアの増加が目立つ（図13－5）。

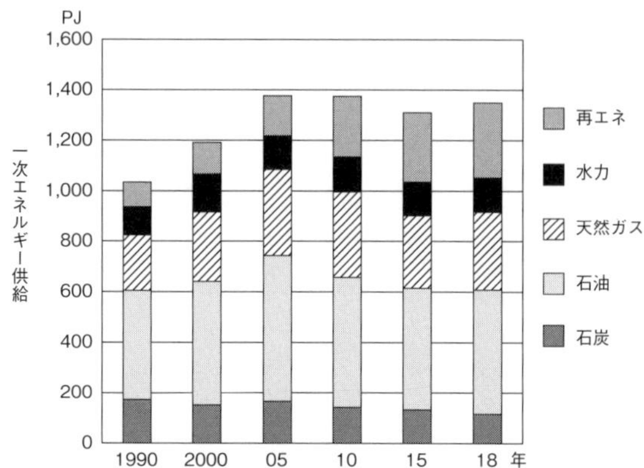

図13－3　エネルギー種別に見た一次エネルギー供給量の推移（1990～2018年）

出所：IEA（2019）より筆者作成。

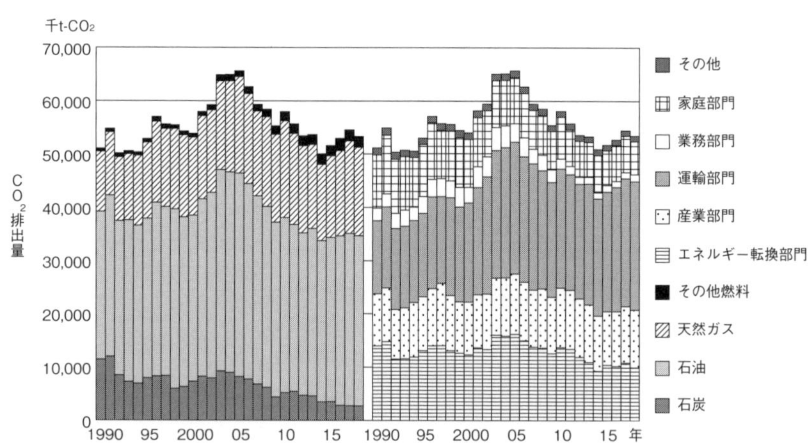

図13－4　エネルギー種別および部門別に見た CO_2 排出量の推移（1990～2018年）

出所：UNFCCC（2020）より筆者作成。

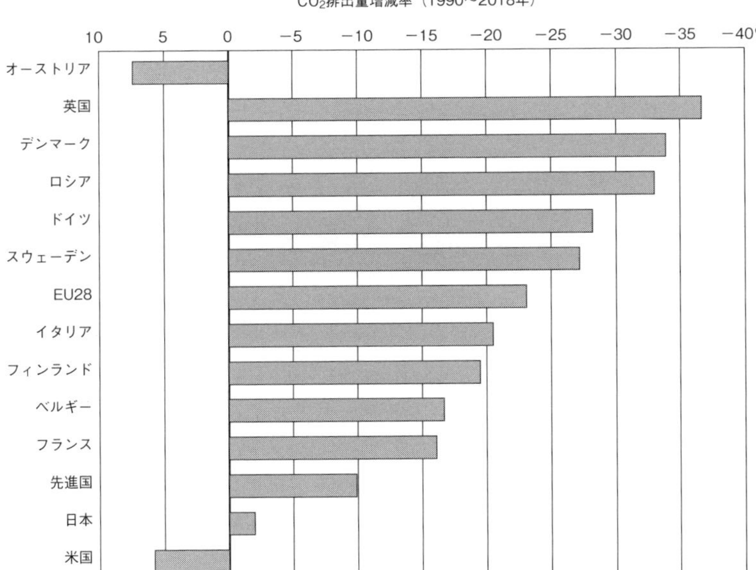

図13－5　先進国における CO_2 排出量の増減率（1990～2018年）
出所：UNFCCC（2020）より筆者作成。

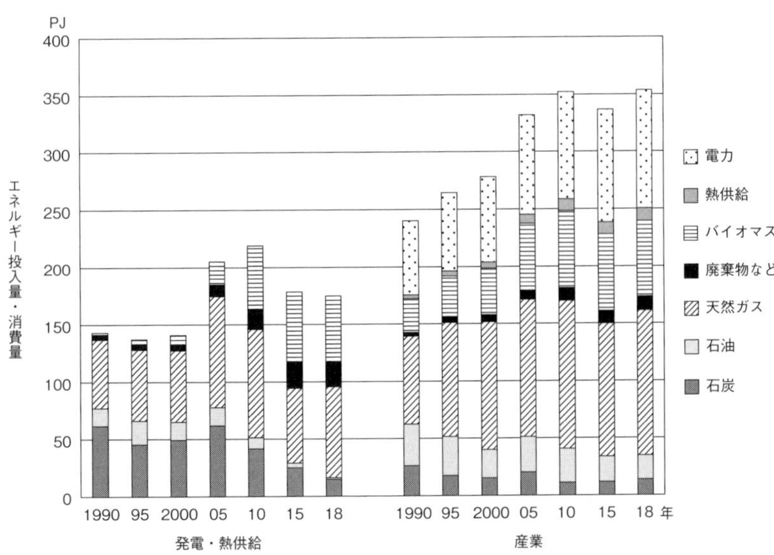

図13－6　火力発電・熱供給の投入エネルギー量と産業部門のエネルギー消費量の推移
出所：UNFCCC（2020）より筆者作成。

2　部門別にみた構成・推移

2-1　エネルギー転換部門

エネルギー転換部門（多くが発電所。日本の統計と異なり発電時の排出は発電所の排出）のCO_2排出量は1990～2018年に29％減少した。発電の再エネ割合が1990年の66％から2018年に78％に増加した。2020年4月に事業用石炭火力発電所はゼロになった。国内に原発はない。事業用火力発電と熱供給の投入エネルギー量は2010年頃まで増加後減少，石炭と石油が減り，天然ガスとバイオマスが増加した（図13-6）。

2-2　産業部門

産業部門（製造業・建設業）のCO_2排出量は1990～2018年に11％増加した。エネルギー消費は増加したがバイオマスと電力が増加。化石燃料消費は2005年頃まで増加後ほぼ一定で，天然ガスが増加，石炭と石油が減少した（図13-6）。

2-3　業務部門，家庭部門

業務部門（オフィスなど）のCO_2排出量は1990～2018年に43％減少，家庭部門は37％減少した。業務部門はエネルギー消費が2005年以降減少，化石燃料消費のうち特に石油が減少した。家庭部門はエネルギー消費が2010年以降減少，化石燃料消費は2005年以降減少，特に石炭と石油が減少した（図13-7）。

2-4　運輸部門

運輸部門のCO_2排出量は1990～2018年に75％増，エネルギー消費量も約75％増加した（図13-8）。運輸燃料のうち自動車のCO_2は「燃料輸出」が1990～2018年に約4倍，約450万t-CO_2増加，運輸の増加の約半分を占める（図13-8）。「燃料輸出」は外国の自動車の給油で，同国の自動車燃料税が周辺国より安いことが理由と考えられる。

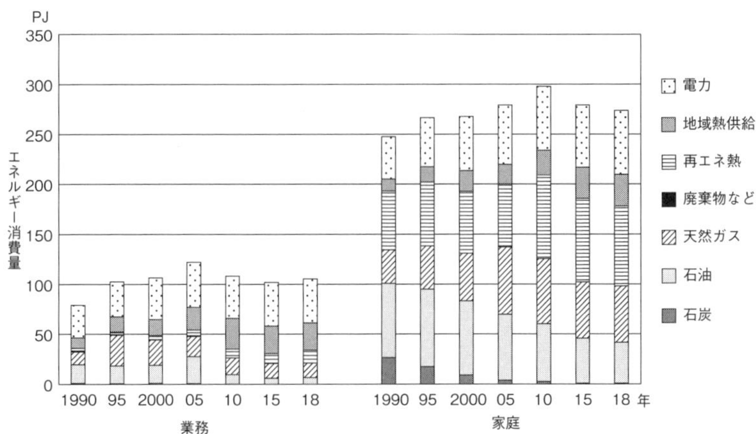

図13－7　業務部門・家庭部門におけるエネルギー消費量の推移（1990～2018年）
出所：UNFCCC（2020），Eurostat（2020）より筆者作成。

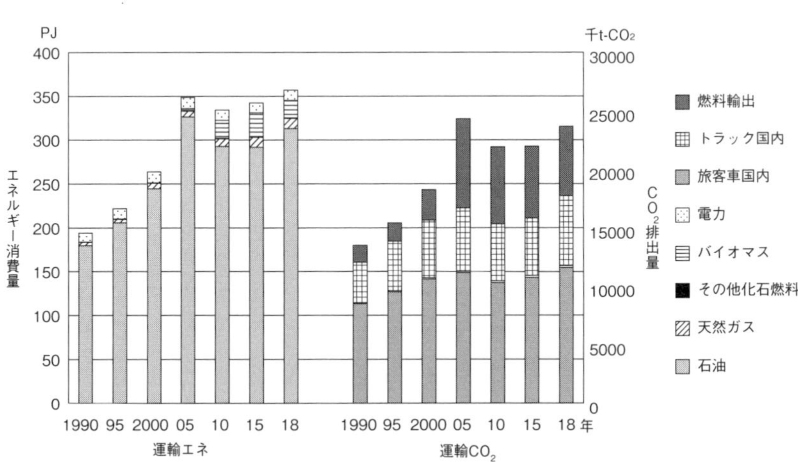

図13－8　運輸部門におけるエネルギー消費量と CO_2 排出量の推移（1990～2018年）
出所：UNFCCC（2020），Eurostat（2020）より筆者作成。

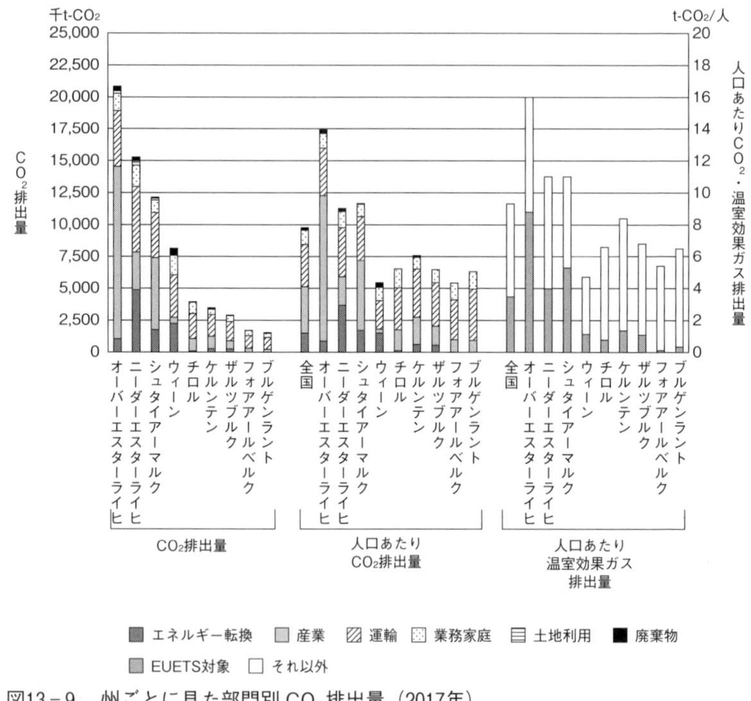

図13－9　州ごとに見た部門別 CO_2 排出量（2017年）

出所：Environment Agency Austria（2019）より筆者作成。

3　各州における特徴

オーストリアの９州のうち，産業部門の排出量の大きい３州は CO_2 排出総量，人口あたり CO_2 排出量ともに大きい（図13－9）。この３州とウィーン市は火力発電割合が高く，他州は電力の大半が再エネである（図13－10）。３州の人口あたり温室効果ガス排出量は，EU 排出量取引制度（EUETS）対象事業所の寄与が大きく，それ以外は他州とあまり変わらない（図13－9）。

オーストリアは再エネ割合を高め石炭を減らし，発電の CO_2 が減少，省エネ・再エネ熱利用拡大で業務・家庭の CO_2 削減が進んだ。発電は国の目標と EU 制度と国・州・自治体の各再エネ電力政策の効果，業務・家庭は自治体などの省エネ政策，地域熱供給再エネ化政策などの効果と見ることができる。

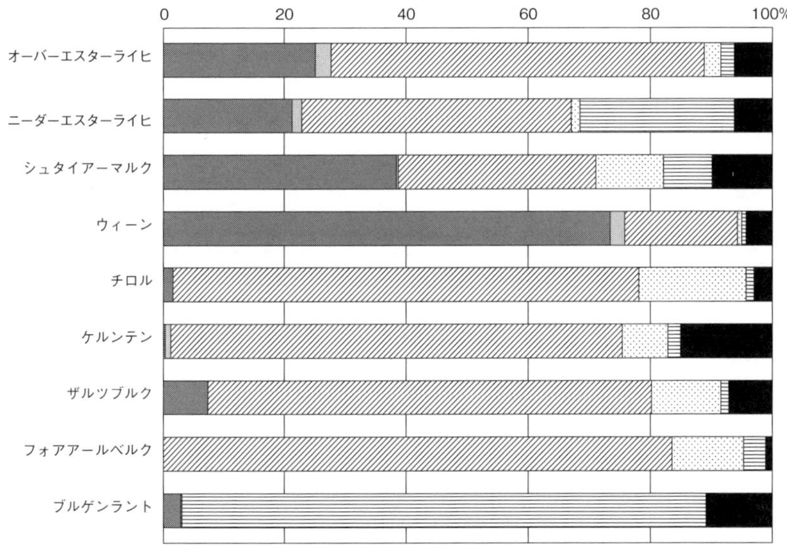

図13－10　州ごとに見たエネルギー種別発電量の割合（2017年）
出所：Environment Agency Austria（2019）より筆者作成。

産業と運輸はCO_2が増加，特に運輸は1990～2018年に75％増加した。他国の自動車給油の「燃料輸出」４倍増は自動車燃料税の安さが原因と見られ，政策に課題がある。

参考文献

Environment Agency Austria 2019. Bundesländer Luftschadstoff- Inventur 1990–2017, https://www.umweltbundesamt.at/fileadmin/site/publikationen/REP0703.pdf

Eurostat 2020. Energy Balances 2020, https://ec.europa.eu/eurostat/web/energy/data/energy-balances

—— 2019. World Energy Balances 2019.

UNFCCC 2020「気候変動枠組条約への温室効果ガス排出量各国通報」https://unfccc.int/ghg-inventories-annex-i-parties/2020

付表　オーストリア訪問調査・ヒアリング先リスト

取材先	属性	取材年	訪問日
ウィーン			
連邦農業・林業・水資源・環境省（生命省）	連邦政府	2017	8月31日
連邦持続可能・観光省	連邦政府	2018，2019	8月28日，9月3日
連邦交通・技術・革新省（持続可能・観光省にて取材）	連邦政府	2019	9月3日
連邦気候エネルギー基金	連邦政府	2017，2019	8月30日，9月2日
オーストリア・エネルギー・エージェンシー	中間支援組織	2017	8月30日
ローカル・アジェンダ21ウィーン	中間支援組織	2017	8月31日
ウィーン市（エネルギー計画課）	自治体	2017	9月1日
気候同盟オーストリア	NPO	2017	9月1日
フルードナウ発電所（ファーブント社，カリタス・オーストリア）	NPO・電力	2018	8月28日
ライファイゼン銀行インターナショナル	銀行	2019	9月2日
ポストバス社	企業	2019	9月3日
ブルゲンラント州			
ブルゲンラント州研究所	中間支援組織	2018	8月29日
ケルンテン州			
ケルンテン州（エネルギー部門）	州政府	2018	9月3日
ケルンテン運輸連合	運輸連合	2018	9月3日
フィラッハ市	自治体	2018	9月5日
アイゼンカッペル・フェラッハ村	自治体	2018	9月4日
ケッチャッハ・マウテン村	自治体	2018	9月6日
気候同盟ケルンテン（フィラッハ市役所にて取材）	NPO	2018	9月5日
フィラッハ・テクノロジーパーク（フィラッハ市）	企業	2018	9月5日
ケルンテン・テック・リサーチ（フィラッハ市）	企業	2018	9月5日
シリコン・アルプス・クラスター（フィラッハ市）	企業	2018	9月5日
ライファイゼン銀行ケッチャッハ・マウテン	銀行	2018	9月6日
アルペン・アドリア・エネルギー社（ケッチャッハ・マウテン村）	電力	2018	9月6日
JAKOB LEDERER 社（製材所）	企業	2018	9月6日
ニーダーエスターライヒ州			
ニーダーエスターライヒ州（環境エネルギー経済課）	州政府	2017	9月4日
ニーダーエスターライヒ州エネルギー環境エージェンシー	中間支援組織	2017	9月4日
オーバーエスターライヒ州			
オーバーエスターライヒ州（環境保全・エネルギー経済計画課）	州政府	2019	9月4日
気候同盟オーバーエスターライヒ（州政府にて取材）	NPO	2019	9月4日
オーバーエスターライヒ省エネ連合	中間支援組織	2019	9月4日
オーバーエスターライヒ州（未来アカデミー）	州政府	2019	9月6日
エネルギー郡フライシュタット	自治体	2019	9月5日
LEADER 地域ミュルフィアテル・ケルンラント	自治体	2019	9月5日
気候エネルギー地域ミュルフィアテル	自治体	2019	9月5日
ヒンターシュトーダー村	自治体	2019	9月6日
Holzkompetenz Herbert Leitner（製材所）	企業	2019	9月5日

注：省庁名は訪問時点のものを記載。

取材先	属性	取材年	訪問日
ザルツブルク州			
ザルツブルク空間計画・住宅研究所	中間支援組織	2017，2019	9月5日，9月9日
ザルツブルク運輸連合	運輸連合	2019	9月11日
ザンクトヨハン・イム・ポンガウ市	自治体	2017	9月5日
ザンクト・コロマン村	自治体	2019	9月9日
ゼーハム村	自治体	2019	9月10日
ザルツブルク湖水地方自治体連合	自治体	2019	9月10日
ヴェルフェンヴェンク村	自治体	2019	9月11日
Sägewerk Thomas Rettesteiner（製材所）	企業	2019	9月11日
シュタイアーマルク州			
シュタイアーマルク州（エネルギー・エージェンシーにて取材）	州政府	2018	8月30日
シュタイアーマルク・エネルギー・エージェンシー	中間支援組織	2018	8月30日
グラーツ・エネルギー・エージェンシー	中間支援組織	2018	8月30日
オーバーシュタイアーマルク・エネルギーエージェンシー	中間支援組織	2018	8月31日
州土発展シュタイアーマルク北部支部	中間支援組織	2018	8月31日
グラーツ市（エネルギー・エージェンシーにて取材）	自治体	2018	8月30日
ユーデンブルク市	自治体	2018	8月31日
ハルトベルク市	自治体	2018	8月29日
ハルトベルク市自治体公社	自治体公社	2018	8月29日
チロル州			
チロル州（エネルギー部門，エネルギー・チロルにて取材）	州政府	2016	9月2日
エネルギー・チロル	中間支援組織	2016	9月2日
ヴェルグル市自治体公社	自治体公社	2016	8月30日
フィルゲン村	自治体	2016	8月30日
インスブルック大学省エネ建築部門	中間支援組織	2016	9月2日
ユース・オリンピック・ビレッジ（ノイエ・ハイマット・チロル社）	自治体公社	2016	9月2日
フォアアールベルク州			
フォアアールベルク州	州政府	2015	9月7日
エネルギー研究所フォアアールベルク	中間支援組織	2014，2015	9月2日，9月8日
LEADER 地域 Regio V（フォアアールベルク地域発展協同組合）	自治体	2017	9月6日
LEADER 地域 VWB（ツヴィッシェンヴァッサー村，デュンサーベルク村）	自治体	2017	9月8日
ドルンビルン市	自治体	2015	9月8日
フェルトキルヒ市	自治体	2017	9月7日
ランゲンエック村	自治体	2015（～2020）	9月9日
クルムバッハ村	自治体	2015（～2020）	9月9日
ヒッティサウ村	自治体	2015（～2020）	9月9日
グローセスヴァルサルタール自治体連合	自治体	2017	9月7日
エネルギー地域ブルーメンエック（ルーデッシュ村）	自治体	2017	9月8日
農村バス・ブレゲンツァーヴァルト	自治体	2020	7月3日

■執筆者紹介

上園昌武（Masatake UEZONO）…………………… 編集，序章，第3章（2-3，2-4，5-2除く），第7章4節，第11章（3-1，3-3除く）

上園由起（Yuki UEZONO）……………………………………………………第11章3-1・5節
縁パワーしまねコーディネーター

歌川　学（Manabu UTAGAWA）……………………………………………第3章2-3，補章
産業技術総合研究所主任研究員

木原浩貴（Hirotaka KIHARA）……………………… 第3章2-4，第6章5節，第11章1節・3-3
京都府地球温暖化防止活動推進センター副センター長

久保田学（Manabu KUBOTA）…………… 第8章2節，第9章（2-2除く），第12章（2-2除く）
公益財団法人北海道環境財団事務局次長

滝川　薫（Kaori TAKIGAWA）…………………… 第3章5-2，第4章，第9章2-2，第12章2-2
スイス在住環境ジャーナリスト・著者，専門視察企画，ガーデンデザイナー

手塚智子（Tomoko TEZUKA）…………………………………………第7章3節，第10章
市民エネルギーとっとり代表

豊田陽介（Yosuke TOYOTA）……………………………………… 第6章（第5節除く）
特定非営利活動法人気候ネットワーク上席研究員

平岡俊一（Shunichi HIRAOKA）…………… 編集，序章，第7章1・2・5節，第8章1・3・4節

渕上佑樹（Yuki FUCHIGAMI）…………………………………………………… 第5章
三重大学大学院生物資源学研究科准教授

的場信敬（Nobutaka MATOBA）………………… 編集，序章，第1章，第2章，第8章3節

＊取材協力：滝川　薫（www.takigawakaori.com）

■編者紹介

的場信敬（Nobutaka MATOBA）
龍谷大学政策学部教授。Ph-D- in Urban and Regional Studies
専門は地域ガバナンス論，持続可能性論。ステイクホルダーのパートナーシップによる持続可能な地域社会の実現について，政策・システムの視点から研究。
主な著書に，*Depopulation, Deindustrialisation & Disasters: Building Sustainable Communities in Japan*（eds., Palgrave Macmillan, 2019），『地域空間の包容力と社会的持続性』（共編著，日本経済評論社，2013年）など。

平岡俊一（Shunichi HIRAOKA）
滋賀県立大学環境科学部講師。博士（社会学）
参加・協働型の持続可能な地域づくり推進のためのガバナンス・社会的基盤のあり方について，各地でのフィールドワークをもとに研究。
主な著書に，『エネルギー・ガバナンス——地域の政策・事業を支える社会的基盤』（共著，学芸出版社，2018年），『持続可能な地域づくりと学校——地域創造型教師のために』（共編著，ぎょうせい，2017年）など。

上園昌武（Masatake UEZONO）
北海学園大学経済学部教授。修士（商学）
島根大学法文学部教授を経て現職。専門は資源・エネルギー経済論。国内外の気候エネルギー政策を分析し，脱炭素社会にむけた政策提言を研究。
主な著書に，『先進例から学ぶ再生可能エネルギーの普及政策』（編著，本の泉社，2013年），『環境の政治経済学』（共著，ミネルヴァ書房，2010年）など。

龍谷大学社会科学研究所叢書　第135巻

エネルギー自立と持続可能な地域づくり
——環境先進国オーストリアに学ぶ

2021年2月26日　初版第1刷発行

編　者　的場信敬　平岡俊一　上園昌武

発行者　杉田啓三

〒607-8494　京都市山科区日ノ岡堤谷町3-1
発行所　株式会社　昭和堂
振替口座　01060-5-9347
TEL（075）502-7500／FAX（075）502-7501
ホームページ　http://www.showado-kyoto.jp

印刷　亜細亜印刷

ISBN978-4-8122-2017-7